本书系教育部人文社会科学研究规划项目（编号：23YJA630048）、重庆市教委人文社会科学研究重点项目（编号：23SKGH246）的阶段成果

Research on digital transformation of Chinese manufacturing enterprises: the perspective of corporate innovation and entrepreneurship

中国制造企业数字化转型研究

——公司创新与创业的视角

李　巍　李雨洋　著

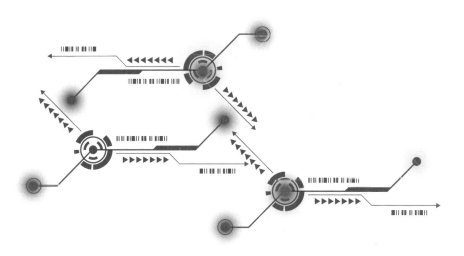

经济管理出版社

ECONOMY & MANAGEMENT PUBLISHING HOUSE

图书在版编目（CIP）数据

中国制造企业数字化转型研究：公司创新与创业的视角/李巍，李雨洋著 . —北京：经济管理出版社，2024.5

ISBN 978-7-5096-9724-5

Ⅰ.①中⋯ Ⅱ.①李⋯ ②李⋯ Ⅲ.①制造工业—工业企业管理—数字化—研究—中国 Ⅳ.①F426.4

中国国家版本馆 CIP 数据核字（2024）第 110168 号

组稿编辑：赵天宇
责任编辑：赵天宇
责任印制：许　艳
责任校对：蔡晓臻

出版发行：经济管理出版社
　　　　　（北京市海淀区北蜂窝 8 号中雅大厦 A 座 11 层　100038）
网　　　址：www.E-mp.com.cn
电　　　话：（010）51915602
印　　　刷：唐山玺诚印务有限公司
经　　　销：新华书店
开　　　本：720mm×1000mm/16
印　　　张：15
字　　　数：286 千字
版　　　次：2024 年 7 月第 1 版　　2024 年 7 月第 1 次印刷
书　　　号：ISBN 978-7-5096-9724-5
定　　　价：98.00 元

前　言

随着人工智能、区块链、云计算和大数据等数字技术的快速发展和普及，新兴技术的产业应用在政策和市场力量的双重加持下持续推进，产业数字化与数实融合已经成为中国制造企业必须面临的新形势。早在 20 世纪 90 年代，管理信息系统领域的数字化转型研究就关注到了信息技术和组织转型的关系。在计算机与互联网时代，企业需要历经根本性的转变才能有效地利用信息技术。当新兴数字技术对社会生活和工作的方方面面产生革命性影响时，制造企业更加迫切地需要进行转型升级，进而应对社会及技术环境的变化。

中国制造企业正面临"全球化、数字化和生态化"三重叠加的新兴产业环境，大量传统的制造企业推进数字化转型已不是"选择题"，而是"必修课"，数字化工具正成为驱动企业创新与创业的组织资源和技术力量。本书的研究是从公司创新与创业视角，探究中国制造企业数字化转型的理论与实践议题，既涵盖制造企业数字化转型的理论分析，又包括基于大样本调研的实证研究，还呈现优秀制造企业数字化转型实践的典型案例。本书试图构建对中国制造企业数字化转型的系统理论认知，丰富制造企业转型升级以及数字化创新等领域研究成果。本书从理论、实证与案例三大层面深化对中国制造企业数字化转型的理论探索、实证检验和实践阐释，具体内容如下：

理论篇。本篇以理论研究和文献分析为主，在全面建设"数字中国"的历史和现实背景下，以制造业的产业数字化为行业情境，从创新与创业视角探讨制造企业数字化转型的背景、内涵以及动因和模式。本篇内容包括：①产业数字化背景下的制造业转型升级。主要涵盖数字经济的特征与中国数字经济发展现状，产业数字化的兴起及发展趋势，以及数实融合背景下的制造业高质量发展基本路径，制造业转型升级的现状及趋势等内容。②创新创业与制造企业数字化转型。主要包括转型时代的公司创新与创业，公司数字创业，以及制造企业数字化转型的创新与创业路径等内容。③制造企业数字化转型的动因及模式,包括制造企业数字化转型的特性、动因以及主要模式等内容。

本篇强调从公司创新与创业视角,对我国制造企业数字化转型的历史沿革、现实背景、基本内涵和动因等进行理论构建,拓展制造企业数字化转型的理论内涵与分析范式,深化理解产业数字化背景下中国制造企业数字化转型的创新实践。

实证篇。本篇由三个相对独立但彼此关联的实证研究组成,分别从员工和组织视角探究驱动制造企业数字化转型的实现机制,继而探索制造企业数字化转型塑造竞争优势的实现机制。研究运用问卷调查方法获取实证数据,对研究假设进行检验并形成若干研究结论,相关研究结论为制造企业生产、经营和管理活动提供了理论借鉴和实践建议。

本篇通过三个实证研究构建了制造企业数字化转型的内涵、测量、前置因素和绩效结果的整合框架,主要研究包括:①员工数字能力与制造企业数字化转型的关系研究。现有的企业数字化转型的前置因素分析大多借鉴高阶理论分析视角,关注管理者,甚至是高管团队的角色和作用,较少从基层员工视角探究驱动机制。研究基于自下而上的分析逻辑,从员工能力的视角探究员工数字能力、数字自我效能感在团队领导和网络管理的权变效应下驱动制造企业数字化转型的内在机理。研究结论从员工视角为我国制造企业实现数字化转型提供了管理建议。②驱动制造企业数字化转型的组织因素研究。制造企业数字化转型是数字时代组织变革的重要体现,对组织因素的价值和作用探究还缺乏综合框架,较少探究不同组织因素之间匹配产生的整合效应。研究借鉴配置理论,从组态视角,基于影响制造企业数字化转型的若干关键组织因素构建整合框架,系统分析制造企业数字化转型的多重驱动模式。研究结论从组织视角为我国制造企业实现数字化转型提供了管理建议。③制造企业数字化转型如何塑造竞争优势的机制研究。大多数企业数字化转型都不及预期,甚至是以失败告终,究其原因在于制造企业数字化转型实现竞争优势的作用机制目前尚不清晰。为了厘清制造企业数字化转型的作用机制,更好地指导实践,研究基于组织能力的分析路径,引入产品导向型能力和服务导向型能力,探究制造企业数字化转型在制度情境下塑造竞争优势的作用机制。研究结论能够为制造企业运用数字化转型获取和维持竞争优势提供管理借鉴。

案例篇。本篇由三个独立的制造企业数字化转型案例构成,分别是赛力斯、宗申集团、青山工业三家重庆地区优秀制造企业在数字化应用及创新方面"最佳实践"的梳理和总结。案例 1，赛力斯汽车从东风小康发展而来，在华为的技术加持下开展智能造车的探索，其智能工厂的建设水平全球领先，全面体现了一个传统制造企业转向智能化企业的发展历程。案例 2，宗申集团基于传统的摩托车制造行业，抓住工业互联网的发展机遇，积极开展公司数字创业，攫取数字时代的商业机会，从传统的制造企业转型成为中国工业互联网实践的领导企业，旗下忽米网更是成为中国工业互联网的西部标杆。案例 3，青山工业在汽车零部件及配件的研发与制造领域，顺应数字潮流，积极运用数字技术革新传统制造流程、标准和体系，实现从"制造"到"智造"的跨越式发展。

本篇强调从企业实践的角度探究中国制造企业数字化转型的现象及规律，通过深入和系统的案例总结和分析，对制造企业数字化转型的内容、动因、路径和效用价值，以及存在的潜在挑战等内容进行归纳，旨在以领先企业的前沿实践为中国制造企业数字化转型升级提供了经验借鉴和实践案例。

制造业是中国国民经济的主体，是立国之本、兴国之器、强国之基；制造企业是中国企业贡献社会经济及技术进步的核心力量。在数字经济时代，制造业面临新的发展机遇与挑战，制造企业站在了"二次创业"甚至"三次创业"的十字路口。本书基于建设"数字中国"的社会大潮，立足制造业的产业数字化背景，从创新与创业视角探讨中国制造企业数字化转型议题，从理论、实证和案例三大板块梳理了前沿理论，检验了最新结论，总结了最佳实践，构建了符合中国制造企业特色的数字化转型理论框架和实现路径。相关理论观点及研究结论为中国制造企业"以创新驱动发展、以数字化实现转型升级"提供了理论借鉴；为转型经济环境下，激发制造企业的组织活力，应对"双变"+"双强"经营挑战，优化产业结构，推动国民经济从规模速度型粗放增长转向质量效率型集约增长，为实现中国制造业及制造企业高质量发展提供了管理启示。

目 录

理论篇

实证篇

案例篇

理论篇

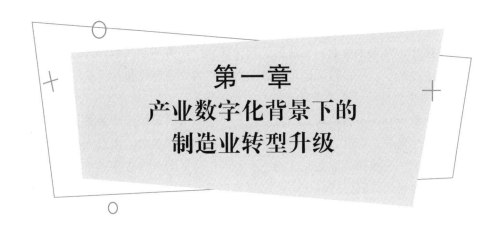

第一章
产业数字化背景下的
制造业转型升级

制造企业数字化转型是建立在数实融合驱动产业数字化转型的政策背景和经济逻辑之下，理解制造企业数字化转型需要从产业转型的机理入手。本章从数字经济的发展和产业数字化的兴起入手，阐述了数实融合背景下的制造业高质量发展基本路径，并对制造业转型升级的现状及趋势进行归纳，为制造企业数字化转型的探讨提供现实基础和理论背景。

第一节　数字经济与产业数字化

一、数字经济的兴起

互联网革命以电子计算机的发明和应用为主要标志，涉及信息、新能源、新材料、生物、空间和海洋等技术，是人类文明史上继蒸汽机的发明和电力的使用之后的又一次重大革命，给全球经济和人们的生活带来了全方位的冲击①。而在数字技术的发展过程中，出现了"数字经济"这一科学概念，数字经济是一种以数字技术和数据要素为核心生产要素的经济形态，是为提高生活质量而生产全

---

① 江小涓，王红梅．网络空间服务业：效率、约束及发展前景——以体育和文化产业为例［J］．经济研究，2018（4）：4-17.

新产品和服务的经济模式①。

（一）数字经济的特征

数字经济是伴随着全球数字化浪潮，在新一轮科技革命和产业变革中孕育兴起的经济模式，以人工智能、大数据、云计算和区块链等新兴数字技术的有效使用作为效率提升和经济结构优化重要推动力。它的主要特征包括：

1. 数据成为推动经济发展最关键的生产要素

在农业经济时代，土地和劳动力要素是经济发展的关键生产要素；在工业经济时代，自然资源、资本、厂房是经济发展的关键生产要素。当进入数字经济时代，数字技术、人才和资源是关键的生产要素；数据则成为数字经济时代生产要素的核心。数据是数字经济时代企业之间甚至是国家之间竞争的核心资产，是数字时代的"新土地"和"新石油"。同时，农业经济和工业经济时代的关键生产要素，如土地、劳动力、资本等总会有数量约束甚至上限，但数字经济时代的数据具有自生成性、自我扩展性，这意味着，只要有生产和生活活动，就会产生数据，而数据的分享并不会影响数据所有制的使用。因此，数据的无限生长性和低成本复制性打破了传统生产资源的约束，成为推动数字经济持续发展的可靠保障。

2. 算法和算力成为数字经济最重要的竞争资产

在面对海量的数据时，如何低成本、高效率地分析和应用数据成为产业博弈和企业竞争的关键环节。本质上讲，数字经济既是互联网经济也是智能经济，互联网是数字经济的基本载体，互联网和移动互联网使数据的采集、传输、处理、分析、利用、存储的能力空前提升，数据超越了时间和空间的边界被充分留存、分析和应用。而人工智能将成为数字经济的竞争核心，人工智能技术使数据的采集出现爆发式增长，也使数据的处理能力得到指数级增强，"算法+算力"高效组合，实现了各领域应用的数字仿真、知识模型、物理模型和数据模型融合，极大地提升了生产力，也改变了产业的竞争形态。

3. 数字基础设施成为数字经济发展的新基础设施

数字经济时代，数据已经成为推动经济发展最关键的生产要素，促使收集、整理和应用数据的数字基础设施成为数字经济发展十分倚重的基础条件。一方面，"硬"基础设施是收集和分配数据的重要设备，例如，无线网、传感器、服务器、云储存等信息技术设施，是广泛采集及分配数据的重要工具；另一方面，

---

① 戚聿东，肖旭. 数字经济时代的企业管理变革［J］. 管理世界，2020（6）：135-152.

"软"基础设施是分析和应用数据的重要基础，例如，大数据算力、数据分析师、公民数字素养等确保数据分析及应用的重要条件，是数据最终发挥其生产要素价值的技术及人力基础。可见，数字经济的发展既依赖数字技术硬件的完善和提升，还受到数字技术软件的影响和制约。

4. 价值共创成为数字经济的新发展范式

传统的农业或工业经济，农户或工厂创造价值，顾客则是消费价值，供给与需求是严格区分的。生产和需求方没有直接的关联，而是以供需关系的方式得以链接。然而，在数字经济时代，数字技术的普及降低了供需双方的信息不对称，提供了供需双方低成本交流的渠道，增强了供需双方的价值联结，从而使数字时代的价值创造活动成为供需双方共同参与的事业。例如，顾客通过信息技术能够及时反馈使用体验，帮助企业改进产品或服务；顾客运用社交媒体软件分享产品使用体验，帮助企业宣传产品，提升品牌影响力。可见，数字经济时代供给侧和需求侧的鸿沟逐渐被抹平，甚至走向了融合，使价值创造活动从单方转向多方，进而实现价值共创。

（二）中国数字经济的发展现状

党的二十大报告明确指出，要加快发展数字经济，促进数字经济和实体经济深度融合，打造具有国际竞争力的数字产业集群。发展数字经济的战略地位更加稳固，发展数字经济已成为推进中国式现代化的重要驱动力量。

根据《中国数字经济发展研究报告（2023年）》数据，近年来，我国数字经济结构优化促进质的有效提升，数字经济的发展呈现出如下显著特点：①数字经济进一步实现量的合理增长。2022年，我国数字经济规模达到50.2万亿元，同比名义增长10.3%，已连续11年显著高于同期GDP名义增速，数字经济占GDP比重相当于第二产业占国民经济的比重，达到41.5%。②数字经济结构优化促进质的有效提升。2022年，我国数字产业化规模与产业数字化规模分别达到9.2万亿元和41万亿元，占数字经济比重分别为18.3%和81.7%，数字经济的二八比例结构较为稳定。其中，三二一产数字经济渗透率分别为44.7%、24.0%和10.5%，同比分别提升1.6个、1.2个和0.4个百分点，二产渗透率增幅与三产渗透率增幅差距进一步缩小，形成服务业和工业数字化共同驱动发展的格局。③数字经济全要素生产率进一步提升。从整体看，2022年，我国数字经济全要素生产率为1.75，相较2012年提升了0.09，数字经济生产率水平和同比增幅都显著高于整体国民经济生产效率，对国民经济生产效率提升起到支撑、拉动作用。从不同的产业来看，第一产业数字经济全要素生产率小幅上升，第二产业数字经济全要素生产率 2012～2022 年整体呈现先升后降态势，第三产业数字经济全要素生产率大幅提升，成为驱动数字经济全要素生产率增长的关键力量。④数据生产要素价值进一步释放。数据产权、流通交易、收益分配、安全治理等基础制度加快建设，破解数据价值释放过程中的一系列难题。同时，数据要素市场建设进程加快，数据产业体系进一步健全，数据确权、定价、交易流通等市场化探索不断涌现。

毫无疑问，随着数字技术的持续渗透，以及其推动经济与社会发展的作用日益强大，数字经济已成为继农业经济、工业经济、信息经济以后又一重要的经济形态，是改变商业竞争范式、革新传统产业形态、推动社会经济发展的支柱力量。

二、产业数字化的发展

2021 年《政府工作报告》已明确指出，"加快数字化发展，打造数字经济新优势，协同推进数字产业化和产业数字化转型，加快数字社会建设，提高数字政府建设水平，营造良好数字生态，建设数字中国"。事实上，在建设"数字中国"的时代背景下，无论是 2020 年底中央经济工作会议，还是 2021 年初全国两会，数字化转型都被多次提及，2021 年甚至被誉为中国企业数字化转型的"关键年"。党的二十大报告更是强调，"加快发展数字经济，促进数字经济和实体经济深度融合，打造具有国际竞争力的数字产业集群"。数字经济对传统产业渗透的逐步深入，日益放大了数字技术、数据资源等数字要素在产业发展和在商业活动中的作用，不断推动产业数字化的发展并呈现出独特的趋势。

（一）产业数字化的兴起

伴随互联网应用扩张，人类社会逐步向"人与数据对话""数据与数据对话"的时代过渡①。在数字技术情境下，数字经济的发展，数字知识和信息已成为新的生产要素，各国都在以此为契机，深化数字经济与实体经济的融合。数字投资的使用可以有效地改变行业的技术结构，从而深刻地影响生产流程。从产品设计到质量检测，从订单分配到终端销售，都离不开数据驱动的潜在影响。在产品被数字化为具体的数据指标后，数据驱动的生产系统避免了由个体的主观意识所造成的误差，在程序性业务的运营上对个体形成了替代，数字经济正在重塑世

---

① 何大安．互联网应用扩张与微观经济学基础——基于未来"数据与数据对话"的理论解说［J］．经济研究，2018（8）：177-192.

界经济版图，也成为中国经济增长的新动能①。

当前，数字经济正在从根本上重塑世界各地的产业结构，这是影响各国产业结构竞争力的大趋势，加强了传统产业的数字化②。产业数字化是指数字技术、数字商品、数字服务对传统产业进行全方位、多角度、全链条的多维度渗透和转型升级，从而提高生产数量和效率的过程③。产业数字化的进程体现在数字经济对传统产业的渗透和普及，它的一些关键特征是以大数据分析和增强的供应链互联性为基础的产业高效率、灵活性和可靠性④。新一轮科技革命和产业变革正在重构全球创新版图、重塑全球经济结构，数字技术、数字经济作为世界科技革命和产业变革的先机，日益融入经济社会发展各领域全过程，全球经济数字化转型已是大势所趋。

从数字技术的层面看，产业数字化是利用现代数字技术对传统产业进行全方位、全角度、全链条的改造与升级。它是以"推新"带动"革旧"，以增量带动存量，通过推动互联网、大数据、人工智能和实体经济深度融合，提高产业的全要素生产率。从数字经济的层面看，产业数字化是数字经济发展的重要组成部分和经济成效，是人类运用人工智能、大数据、云计算、区块链等数字技术，引导、实现资源的快速优化配置与再生、实现经济高质量发展的经济形态。因此，抢抓数字经济发展之先机，促进数字经济和实体经济深度融合，是把握新一轮科技革命和产业变革机遇、加快推动实体经济高质量发展和建设以实体经济为支撑的现代化产业体系的战略选择。

（二）产业数字化的发展趋势

随着物联网、智能技术的不断普及，工业物联网平台企业的快速发展，以及各行业"链主"企业数字化转型的持续推进，推动产业数字化不断深入发展，涌现出平台经济、智能制造、大规模定制等新兴业态和新模式，使产业数字化呈现四大发展新趋势。

---

① Zhang W., Zhang T., Li H., et al. Dynamic spillover capacity of R&D and digital investments in China's manufacturing industry under long-term technological progress based on the industry chain perspective [J]. Technology in Society, 2022, 71: 102129.

② Li K., Kim J., Lang K R., et al. How should we understand the digital economy in Asia? Critical assessment and research agenda [J]. Electronic Commerce Research and Applications, 2020, 44: 101004.

③ Zhang J., Lyu Y., Li Y., et al. Digital economy: An innovation driving factor for low-carbon development [J]. Environmental Impact Assessment Review, 2022, 96: 106821.

④ Liao Y., Deschamps F., Loures R., et al. Past, present and future of Industry 4.0-A systematic literature review and research agenda proposal [J]. International Journal of Production Research, 2017, 55 (12): 3609-3629.

1. 数字技术赋能产业数字化转型提档升级

随着生成式人工智能、大模型等新兴数字技术的不断兴起和成熟，既形成了新技术驱动的新产业生态，也给传统产业生态带来全新的变革和升级，二者均会推动产业数字化的提升升级。一方面，全新的数字生态产业产生新的终端产品和服务，形成产业溢出效应，给整个社会经济及技术发展带来颠覆性影响。另一方面，在传统产业中，由于新兴数字技术的应用，不仅会改进产品生产方式和组织管理模式，还会重塑产业生态，形成新的产业竞争格局，从而实现整个产业的升级改造。

2. 产业内以生态为内核的跨边界竞争成为常态

传统产业的竞争主要围绕产品及服务展开，但数字技术的推广和应用使产品和服务的形态及功能跨越了原有的边界，推动产业组织形态不断发生演变，改变了原有的点状或线性竞争态势，网络化、平台化、生态化的特征日益明显。围绕综合解决方案形成的产业生态之间的竞争逐渐成为产业竞争的重要形式。一方面，企业以用户价值为圆心建立价值网络，形成了数字化生态，从而扩展了产品和企业的边界；另一方面，平台化商业模式的诞生和快速普及使产业内资源流动及共享达到新的高度，推动数字要素资源流动的自由化和产业分工的精细化，进而达到政策、技术与市场的深度融合，最终形成了以"节点"企业或"链主"企业为核心的产业生态。

3. 场景化应用引领产业数字化升级的新方向

从中国经济发展的实践看，大量新兴数字技术的研发及应用均以实践为导向，即坚持场景化的发展路径。从发展成效看，当前数字技术的应用场景越来越广泛，从较早的消费、制造领域，开始向医疗、教育、交通等领域扩展，数字政务、数字社区也成为数字技术应用的新热点。数字技术广泛的场景化应用充分体现其社会经济价值，也对传统的生产、流通及管理等活动产生革新性影响。随着数字技术对组织生产、管理及运营流程的重新构建，必将激活更多的数字新需求，诞生更多的数字新业态，进而推动未来场景化应用的持续扩张和深化，促进产业数字化加速形成并引领产业升级和转型的发展方向。

4. 顾客导向成为产业价值创造的首要原则

无论是数字技术的应用还是数字产品的开发，满足市场需求，被顾客接受是最终的目标；企业在数字化过程中的所有投入和成本最终也需要进行市场消化，才能够维持转型的良性发展。因此，顾客导向成为产业数字化过程中价值创造的首要原则，顾客需求成为产业数字化过程中的重点关注对象。在数字时代，终端顾客在商业价值链中的地位越来越重要，拥有较高数字技能与素养的新兴顾客有兴趣广泛参与到产品研发、设计、生产、销售等各个环节，一些"意见领袖"还成为连接产业链诸多环节的关键节点，在产品创新、市场推广、意见反馈等方面发挥着重要作用，导致顾客在数字化创新及商业模式变革中的话语权不断增强。因而要求产业数字化的价值创造活动应该聚焦市场、关注顾客，通过更加高效、柔性、精准的产品和服务价值提供及维护满足顾客的个性化需求。

第二节　数实融合背景下的制造业高质量发展

一、数实融合：面向产业数字化

2021年12月，国务院印发的《"十四五"数字经济发展规划》提出，以数字技术和实体经济深度融合为主线，为构建数字中国提供有力支撑。2022年10月，党的二十大报告提出，加快发展数字经济，促进数字经济和实体经济深度融合。2023年2月，中共中央、国务院印发的《数字中国建设整体布局规划》，用体系化布局的方式进一步明确数字化转型的主攻方向和重要路径。2024年《政府工作报告》指出，要深入推进数字经济创新发展，实施制造业数字化转型行动；同时，要加快工业互联网规模化应用，制定支持数字经济高质量发展政策，积极推进数字产业化、产业数字化，促进数字技术和实体经济深度融合。

习近平总书记多次强调，要把握数字化、网络化、智能化方向，推动制造业、服务业、农业等产业数字化，利用互联网新技术对传统产业进行全方位、全链条的改造，提高全要素生产率，发挥数字技术对经济发展的放大、叠加、倍增作用。促进数字经济和实体经济深度融合，必须把数字经济由点到面、由表及里、由浅入深渗透、融入和应用到实体经济各领域全过程，在更大范围、更深层次赋能实体经济发展，加快摆脱传统增长路径、适应高质量发展要求，引领生产力跃迁，推动形成数字经济时代更具创新性、融合性的新质生产力。

目前，数字技术正在与实体经济广泛和深度地融合，是推动我国制造业更高质量、更可持续发展的重要驱动力。本质上看，数实融合是数字技术与实体经济的深度融合，它并不仅局限于技术维度的数字技术及软件的推广、应用及普及，更涉及数字技术对产业的生产方式和行业的竞争模式进行全面转变和升级。对国家数据局发布的相关统计数据分析表明，数字技术、数字基础设施和数据资源优势不断巩固，为数字经济和实体经济融合发展奠定坚实基础，主要体现在：①关键数字技术取得突破。近年来，数字技术研发投入逐年上升，2022年数字经济核心产业发明专利授权量达33.5万件，占同期全社会发明专利授权量的42%。人工智能、物联网、量子信息等关键数字技术领域发明专利授权量居世界首位，人工智能、云计算、大数据、区块链、量子信息等新兴技术跻身全球第一梯队，关键核心技术自主可控能力大幅提升。②数字基础设施全球领先。建成全球规模最大、覆盖广泛、技术领先的网络基础设施，互联网普及率从2012年的42.1%提高到2022年的75.6%，截至2023年6月，累计建成开通5G基站293.7万个，总量占全球的60%以上，5G行业应用融入60个国民经济大类。"东数西算"工程加快实施，全国一体化大数据中心体系基本构建，在用数据中心算力总规模位居世界第二。③数据资源供给快速增长。持续打造健康有序的数字化发展环境，初步构建数据基础制度体系的"四梁八柱"。我国数据产量从2017年的2.3ZB快速增长至2022年的8.1ZB，全球占比从8.8%提高至10.5%，位居世界第二。截至2022年底，全国已成立48家数据交易机构，数据要素市场规模迅速扩大。

从融合范围看，数字经济和实体经济深度融合是数字经济和制造业、服务业、农业等产业的全方位融合，将深刻重塑实体经济形态和现代化产业体系。从制造业角度看，作为国民经济的支柱产业，要加快推进制造业数字化转型，通过融合发展统筹推动传统制造业转型升级和战略性新兴产业培育壮大，着力提升制造业高端化、智能化、绿色化水平，助力从制造大国向制造强国的转变。事实上，党的二十大以来，《政府工作报告》多次以不同方式强调，加快传统产业和企业数字化转型，着力提升高端化、智能化、绿色化水平。从具体实现路径看，推动数字技术与传统产业的融合，数字经济与实体经济的融合，是实现支柱产业高端化、绿色化、数字化的主要抓手，是国民经济迈向高质量发展的必由之路。

二、数实融合的特征及赋能逻辑

随着数字技术的快速迭代升级，数字技术与生产场景开始结合，传统产业数字化转型加速升级，产业互联网接力消费互联网成为推动数字经济发展的新引擎。产业互联网开启数字技术和实体经济深度融合新征程，对传统产业的生产、销售、流通、融资等进行流程再造和优化整合，使得生产、流通、运营等效率大

幅提升①。数实融合的典型特征与使能逻辑决定其是制造业产业数字化的核心推动力，并最终体现为制造业组织细胞——制造企业的数字化转型与升级。

（一）数实融合的典型特征

数字经济是重组全球要素资源、重塑经济结构，乃至改变世界竞争格局的关键力量。在构建"双循环"新发展格局的目标下，数字经济与实体经济融合能够产生"降本增效"的作用，提高生产迂回度和附加价值，引致新业态、新组织、新模式诞生，从而赋能产业高质量发展②。数实融合实现了信息的即时互联互通，不仅从生产端促进新产品、新业态的诞生，更从消费端连接多元化、高端化的消费者偏好表达，进而倒逼传统产业利用数字技术进行改造和升级。因此，在数字技术与传统产业融合，数字经济与实体经济融合的双重背景下，数实融合呈现出一些典型特征。丁述磊等（2024）研究指出，在数字经济发展初期，数实融合存在以下三方面的典型特征：产业数字化升级、企业数字化转型、劳动力技能变革③。

（1）产业数字化升级是数实融合的典型特征之一。数字技术和传统产业融合，促使传统产业数字化升级成为数字经济发展的主引擎。当下，三次产业数字化渗透率均不断提升，其中服务业成为数字技术赋能主战场，依次向制造业、农业进行渗透。信息化、品质化、便利化成为服务业发展新趋势，通过连接多个产业，优化组合多种生产要素，拓宽新服务应用场景，网上购物、线上办公、互联网医疗等新业态快速发展。在数实融合趋势下，制造业数字化升级不断提速，数字技术和数据资源贯穿设计、生产、销售、运营、售后服务等全流程。高端化、智能化、绿色化成为制造业发展新趋势，智能工厂、智能生产、智能物流等应用场景的实现大幅缩短了生产周期。

（2）企业数字化转型是数实融合的典型特征之二。企业作为产业的微观主体，借助数字技术对业务、管理、运营完成数字化转型改造已成为必然趋势。以数字技术为支撑的创新生态系统可以显著激发企业创新活力，不断催生企业生产方式的适应性创新。在业务数字化层面，消费互联网的前端应用及商业模式创新带动了后端产业互联网的发展，通过需求牵引供给，通过供给创造新需求。在管

① 沈坤荣，孙占．新型基础设施建设与我国产业转型升级［J］．中国特色社会主义研究，2021（1）：52-57．

② 杨秀云，从振楠．数字经济与实体经济融合赋能产业高质量发展：理论逻辑、现实困境与实践进路［J］．中州学刊，2023（5）：42-49．

③ 丁述磊，刘翠花，李建奇．数实融合的理论机制、模式选择与推进方略［J］．改革，2024（1）：51-68．

理数字化层面，数实融合促使企业组织模式发生变革，管理模式朝着扁平化、网络化方向转变。在运营数字化层面，数字化运营体系的构建以及各种业务场景的贯穿可以帮助企业沉淀数据资产，借助数字技术和数据资产大幅提升获客效率，提高客户体验感和忠诚度。

（3）劳动力技能变革是数实融合的典型特征之三。已有研究证实数字技术会对劳动力市场就业产生"双刃剑"效应，不仅会替代传统重复性、机械性等枯燥的就业岗位，而且会催生更加符合社会发展需求的新型就业岗位。数实融合带来的上述影响是引发劳动力技能变革的重要驱动力。数字技术的创新应用还催生了大量新的就业形态，灵活雇用模式盛行发展，打破了传统单一稳定的雇用模式。弹性化用工模式发展的重要原因之一是劳动者技能的多元化，新一代青年不满足于单一生存技能，而是探索更多选择、期待更多可能的自身价值追求，因而技能的多元化使其拥有多重职业身份，成为典型的"斜杠青年"。

（二）数实融合的赋能逻辑

促进数字经济和实体经济深度融合，既是党和国家的要求，也是推进中国式现代化的重要力量。数字经济和实体经济深度融合（以下简称"数实融合"）是指以推动数字技术与实体经济深度融合为主线，通过数字技术、应用场景和商业模式的融合创新，推进实体经济业务逻辑重构、组织形态变革、价值模式创新的过程①。从供给侧来看，数字技术全面提升了产品生产和服务提供的效率和质量，驱动了新产品、新服务、新模式、新业态的产生，通过广泛的数据分析、数据挖掘、智能搜索、机器学习等技术逻辑为传统产业带来新思想和新方法，赋能传统产业的转型升级。具体而言，数实融合通过资源、流程和结构三条路径赋能产业数字化的实现。

首先，数实融合超越了农业经济、工业经济时代赖以生存的土地、厂房、自然资源、资金等传统资源要素，将先进的数字技术、数据资源、数字人才等作为重要的生产要素投入产业中，改变了传统产业的资源基础构成，形成了新质生产力，为传统产业在生产效率、效益方面的双提升注入了资源动力，进而构成"绿色投入"与"金色产出"的良好产业生态，实现传统产业的转型和升级。

其次，数实融合将人工智能、大数据、云计算、区块链等数字技术广泛地应用于生产及运营流程，极大地改变了传统的生产方式和管理模式。例如，汽车制造行业引入智能制造系统能够使生产过程更加自动化、智能化，降低了对工人数

---

① 欧阳日辉，龚伟.促进数字经济和实体经济深度融合：机理与路径［J］.北京工商大学学报（社会科学版），2023（4）：10-22.

量和劳动技能的依赖，大幅度提高了生产效率，提升了产品质量。数字技术如大数据分析、人工智能在预测市场趋势、优化资源配置等方面的应用，能够使企业更加精准地响应市场变化，减少资源浪费，使企业运营及管理更加智能化。

最后，数实融合通过淘汰落后产能，创造新的生产模式等手段推动产业结构的整体升级。一方面，传统产业通过融入数字技术，实现了向高技术、高附加值方向的转型。例如，工业互联网的发展使传统手工作坊、粗放式加工逐步退出历史舞台，新兴的生产形态，如智能制造、定制化生产等使传统的、落后的产业得以更新，实现产业整体结构的调整。另一方面，从企业层面看，那些未能及时拥抱数字技术以革新生产和运营流程的企业，也将在激烈的市场竞争中被淘汰；落伍企业的淘汰，将进一步优化和提升产业的整体竞争力。

三、制造业转型的现状和趋向

制造业是数实融合最主要的产业部门，制造业的数实融合主要是要素、技术、设施、流程和产品方面的融合，融合范围包括企业内部全领域、供应链全生态和价值链全周期[1]。对制造业而言，产业迈向数字化的核心动力是通过降低生产成本、提高效率、缩短上市时间以及满足对大规模定制和个性化定制生产的需求来获得更高的竞争力[2]。事实上，从全球产业竞争和制造业发展来看，领先的制造企业希望通过实施数字化和智能化来创造新的竞争优势。

（一）制造业数字化转型的现状

制造业是实体经济的基础，是实现经济高质量发展的关键。利用数字化技术发展更智能、更可持续、更具韧性的制造业，已然成为全球各国推动经济发展的战略共识。在全面建设"数字中国"的时代浪潮中，随着《"十四五"数字经济发展规划》《"十四五"智能制造发展规划》《"十四五"信息化和工业化深度融合发展规划》《"十四五"大数据产业发展规划》《中小企业数字化转型指南》等一系列文件陆续出台，顶层设计和政策制度持续完善，以及地方层面积极开展制造业数字化转型政策部署和落实，围绕培育新产品新模式新业态、推进行业领域数字化转型、筑牢融合发展新基础、激发企业主体新活力、培育跨界融合新生态等方面取得了一系列成效。中国制造业数字化转型步入"快车道"，数字技术与数字经济加快向制造业各领域渗透。

---

① 李晓华. 制造业的数实融合：表现、机制与对策 [J]. 改革与战略，2022（5）：42-54.

② Mäkiö-Marusik E., Colombo W., Mäkiö J., et al. Concept and case study for teaching and learning industrial digitalization [J]. Procedia Manufacturing，2019，31（2）：97-102.

近年来,中国制造业克服国际市场需求和国内市场需求的种种挑战,保持良好发展态势并取得了显著成绩。工业和信息化部的统计数据显示,截至 2023 年 6 月,工业企业关键工序数控化率和数字化研发设计工具普及率分别达 60.1% 和 78.3%,比 2012 年分别提升 35.5 个和 29.5 个百分点。已建设近 8000 个数字化车间和智能工厂、209 个具有国际先进水平的智能制造示范工厂,通过智能化改造,示范工厂产品研发周期平均缩短 20.7%,生产效率平均提升 34.8%,产品不良品率平均下降 27.4%,碳排放平均减少 21.2%,转型示范效应凸显。中国"灯塔工厂"的数量占全球总数量的 1/3 以上,在全球遥遥领先。同时,工业互联网融合应用不断深化。截至 2022 年底,工业互联网已覆盖 45 个国民经济大类和 85% 以上的工业大类,全国具备行业、区域影响力的工业互联网平台超过 240 个,重点平台连接设备超过 8000 万台(套),服务工业企业超过 160 万家,助力制造业降本增效。从具体的行业看,钢铁、汽车、装备、石油化工等行业门类涌现出数字化管理、平台化设计、网络化协同、规模化定制等新业态新模式,新型制造模式从概念框架走向落地实施,有力赋能传统产业转型升级,智能制造工程深入实施。

从全球范围看,世界领先的制造企业强调产业数字化将极大地改变当前制造行业的生产和经营方式,毫无疑问,数字化是制造业发展的重要飞跃点[①]。产业数字化的来临将使制造企业推行管理数字化的综合变革,有助于优化业务流程,以确保运作的必要透明度和符合可持续发展的基础,还有助于加速运营流程并改善组织内部和外部的沟通,全面提升行业企业对市场环境的适应性和响应水平[②]。

(二)制造业数字化转型的趋势

数字信息技术的发展带来了全新的机遇和挑战,数字经济时代的到来,使数字化转型成为各个行业发展的必然选择。随着工业和信息化部等部门陆续发布了一系列政策文件,推动深化数字技术与实体经济的融合;同时,全国近 20 个省份结合当地产业特色和转型基础,也发布了支持制造业数字化转型的政策文件,例如,江苏、浙江、山东、重庆等地通过实施"智改数转"三年行动计划、"未来工厂+产业大脑"建设、"工赋山东"行动计划、《深入推进新时代新征程新重庆制造业高质量发展行动方案(2023—2027 年)》等,使中国制造业数字化转

① Whitmore A., Agarwal A., Li D. X. The internet of things: A survey of topics and trends [J]. Information Systems Frontiers, 2015, 17 (3): 261-274.

② Björkdahl J. Strategies for digitalization in manufacturing firms [J]. California Management Review, 2020, 62 (4): 17-36.

型将进入范围显著扩展、程度持续深化、质量大幅提升的快速发展期，将呈现以下几种发展趋势：

（1）大型企业与中小企业"千帆竞发"，共同推动制造业的转型升级。在制造业发展的过程中，大型企业和中小企业均各自扮演着不可或缺的角色。在数字化转型过程中，大型企业往往扮演着"链主"与"平台"的角色，起到示范、引领和支持的作用。中小企业更多地扮演着参与者的角色，通过政策支持、公共服务等途径逐步提升数字化水平。2022年11月，工业和信息化部办公厅印发《中小企业数字化转型指南》，正是为了以数字化转型推动中小企业增强综合实力和核心竞争力。因此，大型企业的领航和中小企业的共创，不仅提升了制造业的整体竞争力，也为推动数字经济发展和产业数字化转型注入了组织活力。

（2）技术创新在制造业数字化转型中发挥基础作用。数字化转型本质上是数字技术的扩散和应用，是技术与业务的结合，因而技术创新对推动制造业数字化转型意义重大。随着数字技术的不断进步和应用场景的不断拓展，供需两旺的技术创新局面正在形成。以大数据、人工智能等技术为核心的数字技术迅速发展，极大地提升了制造业数字化水平，智能制造成为全球先进制造业发展的突出趋势，能够实现高效的供需动态匹配，极大地提高了制造企业的生产效率和产品质量，引发全球产业形态和商业模式的深刻变革。制造企业通过加大研发投入、开展产学研用合作等方式，加速推出具有自主知识产权的技术创新成果。这些创新成果不仅提升了企业的竞争力，也为推动制造业数字化转型提供了有力支撑。

（3）绿色低碳成为推动制造业数字化转型的重要目标。党的十八大以来，中国经济坚持绿色发展理念，深入推进生态文明建设和加快推动实现碳达峰碳中和目标。2021年10月，国务院印发《2030年前碳达峰行动方案》，聚焦接下来两个五年规划的碳达峰关键期，提出了十大行动，涉及能源、工业等重点领域和交通运输等重点行业。在"双碳"战略指引下，节能减排是制造业可持续发展的关键要求；尤其在数字技术的广泛应用前提下，通过数字化转型实现从高污染、高能耗的发展模式转向低排放、高效率的发展模式是制造业转型升级的重要目标。从企业层面看，随着可持续发展理念的深入人心，制造企业开始更加注重在数字化转型过程中实现绿色发展，它们通过推广节能减排技术、实施循环经济等措施，企业在实现数字化转型的同时，也为环境保护做出了积极贡献。

（4）商业模式的重构是制造业数字化转型的竞争需求。2022年12月，中央经济工作会议首次提出"支持平台企业在引领发展、创造就业、国际竞争中大显身手"，进一步为制造企业数字化转型提供了重要的方向指引。随着数字经济的蓬勃发展和数字技术的持续升级，传统商业模式已经很难满足当前顾客及市场需求，现实的竞争环境要求制造企业运用数字技术革新商业模式，推出新的价值创造方式。例如，汽车制造企业运用车联网、云计算、智能化等技术方式，建立平台化的数字商业模式，应用数字技术提升用户体验水平，推出新的智能驾驶服务，增加新的收入来源；手机制造企业运用大数据分析，精准掌握顾客诉求，通过模块化和个性化定制等方式，实现从大规模生产向个性化生产的转变，从而推动制造业从产品逻辑转向服务逻辑，从产品销售转向解决方案提供，实现制造业的转型升级。

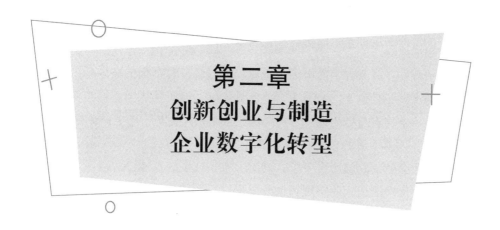

第二章
创新创业与制造企业数字化转型

从价值创造视角来看，制造企业数字化转型是组织利用数字资源攫取数字商业或发展机会的创新创业活动；从企业发展角度看，制造企业数字化转型是传统制造企业在数字经济时代的"二次创业"。基于此，本章围绕创新创业与制造企业数字化转型的内在逻辑进行理论探讨，从公司创业和数字创业角度发展公司数字创业理念，并将企业层面的创新与创业活动视为制造企业数字化转型的行动内核。

第一节 转型时代的公司创新与创业

对成功数字化转型的案例研究表明，产业数字化不是主要由技术发展推动的，而是由数字化战略推动的[①]。在制造业数字化转型过程中，产业数字化作为背景反映了在制造组织中使用数字技术对生产进行强化的各种尝试与工作。数字技术的应用通常会影响组织的所有功能，甚至会产生跨边界的影响，即产品和业务流程的变革，挑战现有的业务方式，为组织和市场带来新的价值[②]。这意味

---

① Kane C., Palmer D., Phillips N., et al. Strategy, not technology, drives digital transformation [J]. MIT Sloan Management Review, 2015 (2): 257-283.

② Matt C., Hess T., Benlian A. Digital transformation strategies [J]. Business & Information Systems Engineering, 2015, 57 (3): 339-343.

着，制造企业数字化转型既是基于数字技术应用的组织创新活动，又是面向新商业机会的价值创造活动①。

一、公司创新与创业：制造数字化转型的内在动力

从中国改革开放过程中的中国企业成长历程看，数字化已经成为中国企业突破"成长瓶颈"，开展"二次创业"的重要契机。因此，从创业视角探讨企业数字化转型是一个具有重要价值的方向②。"经济高质量发展与全面改革开放"是当前中国经济社会发展的重点任务，以转型升级为内核的"二次创业"成为大多数中国企业必然面临的历史要求；同时，数字技术的发展普及以及数字经济时代的来临，为传统制造企业实现转型升级提供了新的技术机遇。因此，在"大力发展数字经济"成为中国"十四五"期间关键任务的时代背景下，利用数字技术开展公司创新与创业是制造企业实现战略升级与发展转型的重要方向。

快速的技术进步，以及行业内和行业间日益激烈的技术竞争，不断地要求企业避免墨守成规，克服发展惯性，推动企业内部或跨企业边界的组织创新和价值创造活动，即公司创新与创业。公司创新与创业是以企业为主体的创业机会识别与利用活动，是企业改善竞争地位，实现持续成长的创新及价值创造活动，它包括组织内部开展的各类创新及冒险活动，以及面向组织外部的新事业开发和风险投资活动③。同时，数字技术的迅速发展改变了传统的创业模式，以数字平台、数字基础设施和数字网络为内核的数字技术不仅创造了新的创业机会，降低了创业门槛并诱发创业活动的产生，还重构了创业资源和网络，催生各类新的数字商业模式④。事实上，随着数字经济时代的到来，由企业推动和支持的创业活动更加丰富和多样化，其创业效应更加显著且更具有影响力，以企业为主体的公司创新创业正推动中国创新创业浪潮的提档和升级⑤。

---

① Volberda W., Khanagha S., Baden-Fuller C. et al. Strategizing in a digital world: Overcoming cognitive barriers, reconfiguring routines and introducing new organizational forms [J]. Long Range Planning, 2021, 54 (5): 102-210.

② Nambisan S., Wright M., Feldman M. The digital transformation of innovation and entrepreneurship: Progress, challenges and key themes [J]. Research Policy, 2019, 48 (8): 103-123.

③ Joshi M., Kathuria R., Das S. Corporate entrepreneurship in the digital era: The cascading effect through operations [J]. Journal of Entrepreneurship, 2019, 28 (1): 4-34.

④ Fichman R., Santos B., Zheng Z. Digital innovation as a fundamental and powerful concept in the information systems curriculum [J]. MIS Quarterly, 2014, 38 (2): 329-353.

⑤ 张玉利，史宇飞，薛刘洋. 数字经济时代大型企业驱动的创业创新实践问题研究 [J]. 理论与现代化，2021 (1): 14-20.

二、公司创新与创业的现实价值与潜在挑战

公司创新与创业的探讨起源于对企业内部创业团队及活动的关注，20 世纪 80 年代以来，逐渐成为一个衔接战略与创业主题的独立研究领域。早期的公司创新创业被等同于公司内部创业，即围绕技术、产品及市场等领域在企业内部开展的各类创新与创业活动，它是企业可持续发展的基础[①]。20 世纪 90 年代，公司创新与创业被视为企业增强创新能力和改善竞争地位的组织手段，它既是在企业内部通过战略更新对组织进行的有序变革，又是企业基于现有资源进行新事业的开发。这意味着公司创新与创业活动可能发生在企业、部门（业务单位）、业务及项目等多个层面，其共同目标是提升企业的财务绩效和竞争位势[②]。进入 21 世纪，公司创新与创业开始与企业持续竞争优势联系起来。它开始被视为企业实现持续竞争优势的一种有效途径，尤其是在新的社会经济及技术环境下，企业需要通过持续的、多阶段的对新的政策、技术及市场机会的识别和利用，以形成可持续竞争优势[③]。

如果"大众创业、万众创新"更多的是针对解决百姓就业、维护社会稳定、实现个体价值，以及孕育社会创新土壤等社会经济"基本面"问题，那么"公司创新与创业"则更多地是面向引领社会经济发展，推动产业持续创新，满足社会重大需求，实现企业转型升级等社会经济"发展面"问题。公司层面的创新与创业和个体层面的创新与创业存在很大不同，它是在现有组织内部开展新业务和创新活动的过程，是凭借企业已有资源的支撑，将新的想法付诸行动的过程；它不仅涉及对创业机会的识别与利用，还涉及对组织现有结构、人员、资源的重组，甚至是创造性破坏[④]。因而，公司创新与创业在具备高价值和高冒险性的同时，还伴随着高风险和复杂性的特征。

一般意义上的创新与创业的逻辑起点是识别商业机会，而公司创新与创业则是企业在维持现有竞争位势的前提下，对既有资源进行整合和重组，攫取和利用

———

① Miller D. The correlates of entrepreneurship in three types of firms [J]. Management Science，1983，29 (7)：770-791.

② Zahra S. Environment，corporate entrepreneurship，and financial performance：A taxonomic approach [J]. Journal of Business Venturing，1993，8 (4)：319-340.

③ 魏江，戴维奇，林巧. 公司创业研究领域两个关键构念——创业导向与公司创业——的比较 [J]. 外国经济与管理，2009 (1)：24-31.

④ 张玉利，杨俊，戴燕丽. 中国情境下的创业研究现状探析与未来研究建议 [J]. 外国经济与管理，2012 (1)：1-9+56.

新商业机会并实现价值创造的战略过程①。随着数字经济时代的来临，工业互联网，以及诸如人工智能、机器学习、区块链、大数据分析等其他数字技术改变了顾客的消费方式，企业的经营方式和产业的竞争方式，使制造企业的外部环境发生了巨大的变化。公司创新与创业作为一种战略过程需要与外部环境进行动态匹配，这意味着，数字时代对公司创业带来了新的管理挑战，也赋予了新的组织内涵。

第二节 公司数字创业：转型时代的机会攫取

一、公司数字创业：企业层面的创新与创业探索

数字创业是一种运用互联网、信息和通信技术等技术资产而产生的创业现象。一般来说，任何将资产、服务或业务的主要部分转换为数字的创业活动都可以被称为数字创业②。Hul 等（2007）认为，数字企业与传统企业相比存在着很多不同，产品、营销活动和工作场所是区分数字创业和非数字创业的主要标准③。数字创业整合了移动通信技术、计算机技术、大数据及物联网等数字技术和创业活动的各类要素，通过运用数字平台、网络和基础设施实现产品或服务数字化的创业活动④。可见，数字创业是创新创业活动的一个子类，在这个子类中，传统创业的部分要素或全部要素被数字化。

数字创业融合了数字技术和创业活动的各类要素，既是数字技术应用于价值创造，又是创业活动的部分或全部数字化。根据刘志阳等（2021）的观点，由数字技术变革引发的创业浪潮不仅直接推动数字产业化和产业数字化转型进程，也

① Kreiser P., Kuratko D., Covin J., et al., Corporate entrepreneurship strategy: Extending our knowledge boundaries through configuration theory [J]. Small Business Economics, 2001, 56 (2): 739-758.

② Kraus S., Palmer C., Kailer N., et al. Digital entrepreneurship: A research agenda on new business models for the twenty-first century [J]. International Journal of Entrepreneurial Behavior & Research, 2019, 25 (2): 353-375.

③ Hul E., Hung Y., Hair N., et al. Taking advantage of digital opportunities: A typology of digital entrepreneurship [J]. International Journal of Networking and Virtual Organizations, 2007, 4 (3): 290-303.

④ 余江, 孟庆时, 张越, 靳景. 数字创业: 数字化时代创业理论和实践的新趋势 [J]. 科学学研究, 2018 (10): 1801-1808.

引发了传统创业要素及内核的演进①。事实上，数字创业不同于传统创业，它改变了传统创业的理论基础、要素和过程：一方面，新兴数字技术的应用催生了新的创业机会，也加速了创业过程，特别是诸如淘宝、抖音、小红书等数字平台的出现，降低了创业门槛，极大地激发了创业意愿和热情；另一方面，数字技术促使企业超越时空限制，加强了企业间的链接，模糊了企业的边界，诸如工业互联网、区块链等数字网络和平台的形成，使企业的产品和服务创新更加便捷和灵活，推动企业开展创新及价值创造活动。总之，数字创业与传统创业在创业要素、创业团队、创业资源等六个方面存在显著区别（见表2-1）。

表 2-1 数字创业与传统创业的比较

比较范式	数字创业	传统创业
创业要素	数字技术、数字创业能力、数字创业机会、数字创业资源、数字商业模式	创业机会、创业资源、创业团队
创业团队	多层次性、可演化性、无预定义性	单一且明确的创业个体或团队
创业机会	创业机会碎片化和识别过程动态化	创业者的个体经验或创业团队对某一市场机会的深挖
创业资源	可获得性和可替代性高，获取成本低	资源有限，获取成本高
创业过程和结果	创业过程具有开放无边界性和动态迭代性，创业产出具有自生长性	创业过程具有清晰稳定的边界，创业产出具有确定性
理论基础	数字创新理论、平台理论等	资源基础观和不确定性理论等

资料来源：刘志阳，林嵩，邢小强.数字创新创业：研究新范式与新进展［J］.研究与发展管理，2021（1）：1-11.

早期的数字创业聚焦于数字技术加速产业或企业数字化的创业过程，随后开始关注创业者或创业团队利用数字平台、基础设施和组件来创造和利用数字技术，以实现价值创造。朱秀梅等（2020）明确指出，数字创业者和数字创业团队是数字创业活动的能动主体、主导者和推动者，在数字创业中扮演着核心角色②。这表明针对"谁在开展数字创业"这一议题，还缺乏以成熟企业为主体的数字创业探讨。可见，当公司创新与创业已逐渐成为创新创业活动的新亮点，包括制造企业在内的成熟企业聚焦数字技术应用和数字机会开发的创新创业活动必

---

① 刘志阳，林嵩，邢小强.数字创新创业：研究新范式与新进展［J］.研究与发展管理，2021（1）：1-11.
② 朱秀梅，刘月，陈海涛.数字创业：要素及内核生成机制研究［J］.外国经济与管理，2020（4）：19-35.

将是组织变革与创新的重要选择。

二、公司数字创业的概念框架

公司创新与创业是成熟企业在维持现有业务和竞争优势的基础上，展开的商业或市场机会开发与利用行为，它通过开展新业务或拓展新市场适应竞争环境、化解成长危机，或实现企业持续成长和发展转型。随着数字时代的来临，新兴通信技术和互联生态系统对公司创新与创业活动产生了深远的影响：企业正在开发新的经营方式以应对跨行业的产品竞争，运用新的管理工具以协同跨职能部门的内部运营，构建新的合作网络以联结合作伙伴的价值互动。例如，3D 打印等颠覆性技术可以帮助商业模式创新，因为它可以根据客户独特的需求快速成型，进而大规模定制产品；工业互联网可以联结产业链上下游的合作伙伴，实现更加便捷、高效和低成本的价值传递。正如 Arfi 和 Hikkerova（2021）所言，数字平台作为一种激励、机会和能力模式，深刻影响着公司的创业活动[①]。

本质上，公司创新与创业是企业为实现组织与环境的匹配，依据环境变化而开展的动态调整行为[②]，既包含创业机会的识别与开发，又涉及战略决策的制定与实施。因而需要从创业和战略交叉的视角理解公司数字创业，充分体现其是"技术型创业资源驱动下的数字机会攫取"和"创业型组织资源影响下的战略行为实施"两类机制的互动。

因此，本书综合公司创新与创业、数字创业的理论观点构建公司数字创业的概念框架（见图 2-1），认为公司数字创业是在位企业为适应快速变化的内外部环境，利用数字技术创造和攫取新的创业机会，以获取、维持或强化竞争优势的组织创新和价值创造过程。它涵盖数字化战略、数字化创新和数字业务开发三个方面：①数字化战略体现以数字技术应用为内核的战略更新，是组织战略意图和发展愿景的数字化。数字化战略要求企业将数字技术的吸收和应用纳入组织顶层设计，将企业的发展愿景或战略目标与数字化紧密联结，确保从战略层面进行数字资源的匹配和应用，推动整个组织的数字化转型。②数字化创新是指企业利用数字技术展开的产品、流程及组织革新，是企业职能领域的数字化创业。例如，企业运用大数据和人工智能支撑新产品开发和升级，建立数据中台指引业务经

---

① Arfi W., Hikkerova L. Corporate entrepreneurship, product innovation, and knowledge conversion：The role of digital platforms [J]. Small Business Economics, 2021, 56 (1)：1191-1204.

② Joshi M., Kathuria R., Das S. Corporate entrepreneurship in the digital era：The cascading effect through operations [J]. Journal of Entrepreneurship, 2019, 28 (1)：4-34.

营，运用数字工具进行人力资源、财务、仓储等组织资源的管理。③数字业务开发是指企业利用内部创业、风险投资或并购等方式提供全新数字产品或服务的活动或过程。企业通过内部加速器孵化，投资并购或股权联盟等手段，运用数字技术（工业物联网、人工智能/机器学习、区块链等）提供颠覆性的技术解决方案或设计范式，开拓新的市场，推出不同于已有产品或服务组合，进而形成全新的业务部门或战略业务单元。

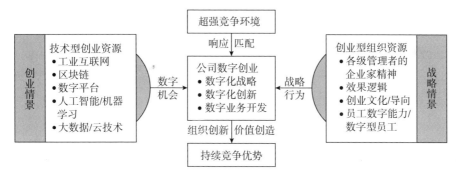

图2-1 公司数字创业的概念框架

资料来源：李巍. 公司数字创业的四种模式［J］. 清华管理评论，2021（11）：41-53.

从数字化角度看，公司数字创业代替了公司创业和内部创业。成熟企业通过公司数字创业将工业物联网和新兴的技术型商业应用引入市场，并利用组织已有技术知识、业务专长以及与生态系统合作伙伴关系构建新的商业模式。公司数字创业充分体现了在数字时代背景下，创新意识和创业精神超越个体和团队在成熟组织内进行渗透和延续；在转型经济条件下，成熟企业通过向创业型组织的转变，实现组织生命周期的跨越和企业发展路径的迭代。

三、公司数字创业的抑制与驱动因素

（一）公司数字创业的主要抑制因素

任何的创新与变革都可能遭遇潜在的阻力，公司数字创业也不例外。Jafari-Sadeghi等（2021）指出，由于资产专用性、组织刚性以及内部创新效率低下等因素的制约，成熟企业很难像新创企业那样灵活地应对技术环境变化，难以有效识别和把握数字创新所催生的创业机会[①]。从组织因素的角度看，公司数字创业

---

① Jafari-Sadeghi V., Garcia-Perez A., Candelo E. & Couturier J. Exploring the impact of digital transformation on technology entrepreneurship and technological market expansion：The role of technology readiness，exploration and exploitation［J］. Journal of Business Research，2021，124（1）：100-111.

的抑制因素主要包括组织惰性、路径依赖和感知风险三大类。

（1）组织惰性。成熟企业内部普遍存在着保持既定行为方式和消极应对环境变化的倾向，即组织惰性，它是对企业产生不利影响的"短视"行为①。本质上讲，组织惰性是一种组织停滞的现象，反映组织的产品、生产方式和制度政策等过于稳定的状况，它主要包括：①洞察惰性，反映组织环境中的重要变化与组织意识到这些变化之间存在时间滞后，导致对环境变化的识别及其响应不会及时发生，甚至根本不可能发生。②行动惰性，表明即使组织意识到环境的变化，但囿于组织结构和文化的刚性和排他性，导致组织安于现状、行动缓慢，甚至是抵制变革活动。③心理惰性，体现组织成员在意识到外部压力时产生的心理焦虑和认知防御，对组织寻求变化的要求表现出冷漠或激烈的反对。可见，企业在环境洞察、组织响应和团队心理等方面的惰性，不仅会使企业在数字经济时代安于现状、不求变革，还会使企业在攫取和应用数字机会时心有余而力不足，对公司数字创业形成限制甚至是阻碍作用。

（2）路径依赖。如果说组织惰性反映企业不愿变革的倾向，那么路径依赖则体现企业只愿意按经验路线行进的趋势。组织中的路径依赖类似于物理学中的"惯性"，即一旦进入某一路径就会沿着该路径一直发展下去，并锁定在该路径上②。抑制公司数字创业的路径依赖主要表现在：①结构依赖，即组织结构的刚性。无论是传统的层级式，还是新兴的网络式组织结构，都是企业为实现管理效率而进行的制度化选择，它是企业发展历史和经验的积淀，具有一定的刚性。②竞争依赖，即竞争资产的专一性。在超强竞争环境下，专有竞争资产是持续竞争优势的来源，但竞争资产的专一性以及由此形成的刚性核心竞争力会限制企业对新业务的接纳和支持水平。③文化依赖，即组织文化的排异性。组织文化是企业价值观和经营宗旨的集中体现，既具有凝聚和激励组织成员的作用，又会排斥与现有文化存在差异或相悖的思想和行动。因此，以组织结构的刚性，竞争资产的专用性以及企业文化的排异性为表现的路径依赖，会使企业对不同于现有发展路径的各类创新及价值创造活动形成资源、制度和文化方面的限制或阻碍，从而抑制公司数字创业活动的开展。

（3）感知风险。早期的公司创新与创业研究已明确，环境的感知特征而非

---

① Godkin L., Allcorn S. Overcoming organizational inertia: A tripartite model for achieving strategic organizational change [J]. The Journal of Applied Business and Economics, 2008, 8（1）：82-94.

② Sydow J., Schreyögg G., Koch J. On the theory of organizational path dependence: Clarifications, replies to objections, and extensions [J]. Academy of Management Review, 2020, 45（4）：717-734.

客观特征显著影响公司创新与创业活动：一方面，环境影响企业在特定产业中开展公司新事业开发和战略更新的机会丰裕程度；另一方面，组织对环境特征的认知状态决定企业对公司创新与创业的追寻水平①。公司数字创业的过程中，企业对外部风险的感知主要来自两方面：一是政策稳定性，它是指在政策实施期限范围内，政策制定者维护政策的权威性、持续性和一致性，它能使企业形成相对准确的创业活动预期，以及对潜在风险的提前研判。二是技术外溢性，是指数字技术通过投资、技术转让、人才引进等方式在地区、行业和组织之间进行交流和传播的水平，它是企业获取技术资源，建构技术机会的关键环节。总之，缺乏积极的政策和技术环境，会强化企业对数字创业活动的感知风险，进而抑制公司数字创业。

（二）公司数字创业的主要驱动因素

公司数字创业是企业层面的创业活动，受到外部环境、合作网络、组织团队及员工个体等多层面因素的影响，但组织内部因素仍是驱动公司数字创业的关键因素。考虑到公司数字创业兼具应用数字技术进行组织创新和价值创造的增值性，以及数字创业活动过程及效果的不确定性，企业各级管理者的企业家精神、效果逻辑的决策风格、创业文化和数字能力是驱动公司数字创业的关键因素。

（1）企业家精神。公司数字创业的起点是数字创业机会的识别与利用，落脚点是组织创新和价值创造。在公司数字创业过程中，各级管理者的企业家精神扮演着重要角色。企业家精神是一种不拘泥于现有资源基础的变革意识和行为，主要包括两方面：一是创新精神，它是企业家精神的核心，反映在数字时代企业各级管理者积极识别和发掘数字机会，利用数字技术从事优化业务流程、革新组织架构开发新产品等管理活动的积极心理倾向；二是冒险精神，它是企业家精神的关键表现，体现为在数字创业过程中，管理者面对数字创业活动中的高度不确定性时，敢于承担风险及后果的意愿，是管理者区别于一般员工的重要标志之一②。总之，在公司数字创业过程中，以创新和冒险为重要内容的企业家精神能够使各级管理者大胆尝试、直面挑战、勇担风险，主动把握数字创新所带来的创业机会。公司数字创业既需要企业各级管理者在价值创造中发挥创新精神，又需要在面对创业过程及结果不确定性时具备冒险精神。

（2）效果逻辑。公司数字创业是企业在数字时代中重要的战略行为，涉及

① Zahra S. Environment, corporate entrepreneurship, and financial performance: A taxonomic approach [J]. Journal of Business Venturing, 1993, 8 (4): 319-340.

② 李巍，丁超. 企业家精神、商业模式创新与经营绩效 [J]. 中国科技论坛，2016 (7): 124-129.

组织资源配置、跨部门协同和组织结构及文化变革等企业层面活动，必然受到组织决策风格的影响。与植根于经典管理理论的因果逻辑不同，效果逻辑是驱动创业活动的重要决策风格。Sarasvathy（2001）提出效果逻辑概念时指出，效果逻辑的决策方式遵循创业资源导向的非预测逻辑，是在目标模糊、环境动荡、未来难以预测甚至无法预测的情况下，指引企业进行思考、选择和行动的决策风格①。效果逻辑的决策风格强调，成功的创业者不会试图去预测结果，而是控制逻辑，即创业者的主观能动性可以在一定程度上塑造环境并获取创业成功。在公司数字创业过程中，运用效果逻辑的决策方式能够帮助企业在持续沟通和合作中寻找有利的数字机会；以权变视角应对数字创业过程中的各类意外事件，充分利用企业现有资源基础和价值网络，创造意想不到的价值输出。相较于传统的因果逻辑，效果逻辑决策方式使企业秉持创造未来而非预测未来，坚持手段导向而非目的导向，积极通过资源拼凑、战略联盟、利用权变事件等方式创造性地整合和利用资源组合，大胆试错、不断尝试，把握机会窗口，帮助企业运用数字技术实现战略跃升和价值创造。

（3）创业文化。创业文化作为文化的子类在国家/地区、社会和组织多个层面存在。从组织层面看，创业文化作为一种特定类型的企业文化，是组织内强化员工创新能力，激发企业成长愿望，提升组织容错水平，鼓励新理念和新尝试的重要力量②。创业文化与管理文化存在显著差别（见表2-2），它是创业型组织形成的必要组成部分，成为驱使企业制定创业战略，投身于机会和优势寻求活动的精神力量。在公司数字创业过程中，创业文化能够：①促进学习，支持创新；即在企业内形成学习新知识、新理念和新技术的组织氛围，开拓员工视野，增强员工能力，支持应用数字技术的各类创新及实践活动。②克服惰性，促进变革；即通过创新意识的培育和创业精神的激发，克服组织及员工的行为和心理惰性，降低部门及员工对组织变革的抵制心理，积极利用数字技术推动组织变革。③鼓励冒险，容忍失败；即鼓励各级管理者和一线员工积极应用新理念、新技术和新模式开展创新和价值创造活动，并对可能的失败保持开放和接纳心态，在企业内形成敢于尝试，包容失败的积极氛围。

---

① Sarasvathy S. Causation and effectuation: Toward a theoretical shift from economic inevitability to entrepreneurial contingency [J]. Academy of Management Review, 2001, 26 (2): 243-263.

② Hayton J., Cacciotti G. Is there an entrepreneurial culture? A review of empirical research [J]. Entrepreneurship & Regional Development, 2013, 25 (9/10): 708-731.

表 2-2　创业文化与管理文化的比较

比较范式	创业文化	管理文化
战略导向	机会认知驱动	资源控制驱动
攫取机会的承诺	革命性，持续时间短	渐进式，持续时间长
资源承诺	多阶段，每阶段满足最低资源需求	单阶段，一次性完成资源供给
资源控制	间断地或临时地使用所需资源	掌握所需资源的所有权或使用权
管理结构	多重非正式网络的扁平结构	层级结构

资料来源：Hayton J.，Cacciotti G. Is there an entrepreneurial culture? A review of empirical research ［J］. Entrepreneurship & Regional Development，2013，25（9-10）：708-731.

（4）数字能力。数字能力反映企业从数字技术和机会中获取价值的能力，它是数字时代组织能力的重要类型。在公司数字创业中，数字能力帮助企业专注于两项互补的活动：利用数字技术重塑顾客价值主张，促进企业与顾客的良性互动与协作，使企业的产品和服务更有利可图；运用数字技术转变运营模式和经营方式，使组织更高效地运转，让员工更聪明地工作①。因此，公司数字创业中的数字能力需要从两个层面展开：一是组织的数字能力。组织层面的数字能力包括发达的信息管理能力和柔性的信息技术基础设施，它们涵盖了从传统的信息技术能力到新兴的数字技术能力，如运用大数据进行价值分析，使用社交媒体和移动设备传递价值，运用数字工具改进组织流程和提升管理效率等。二是员工的数字能力。个体层面的数字能力主要指员工的数字技能，即员工合理运用数字设备和资源，有效开展创新和价值创造工作的基础能力。员工与组织数字能力的相对水平和匹配程度决定了企业的整体数字能力，它是推动公司数字创业的核心能力基础。

第三节　制造企业数字化转型的创新与创业路径

改革开放 40 多年来，中国社会经济已经走到了关键的转型阶段，要求企业必须适应这种发展变革，转向创新驱动的"高质量发展"。同时，第四次工业革

---

① Khin S.，Ho T. Digital technology，digital capability and organizational performance：A mediating role of digital innovation ［J］. International Journal of Innovation Science，2019，11（2）：177-195.

命的来临为传统制造企业转型升级提供了新的机遇，"新型全球化、数字化和生态化"已经成为中国制造企业面临的"新常态"。如何利用数字技术发展的契机，推动传统企业转型升级，开展企业的"二次创业"，以适应新的经济、社会及技术环境——公司创新与创业为制造企业数字化转型提供了重要的战略路径。

一、为何需要创新创业

在国家战略的指引下，创新与创业已成为中国经济发展的关键驱动力；尤其是随着中国经济与社会发展进入新时代，创新与创业主体及形式也呈现新的发展趋向①。伴随数字经济时代来临，企业在推动创业的探索方面更加主动且效果显著，以企业为主体的公司创新与创业活动逐渐成为中国创新创业浪潮的新动向②。公司创新与创业是企业在维持现有业务和竞争优势基础上，以拓展新业务或新市场为内核的创业机会开发与利用行为，是企业激发活力和推动变革，以提升环境适应力并化解成长危机的重要途径③。

从数字化转型角度来看，中国的产业门类非常齐全，但数字技术和数字经济在不同产业的渗透水平很不均衡。与服务业相比，制造业数字化转型相对滞后。制造企业是制造业数字化转型的主力军和主战场，但在数字化转型过程中，大量的传统制造企业，尤其是中小制造企业仍面临不少困难和挑战，"不会转""不能转""不敢转"的难题亟待破解；在迎难而上的过程中，亟须创新精神和冒险精神。制造业需要成功实现数字化转型，亟须培育技术、资本、人才、数据等多要素支撑的数字化转型服务生态，降低企业数字化转型的门槛、成本和风险，激发企业转型内生动力和融合发展活力。同时，还需要发挥领先制造企业的示范作用，鼓励其开放数字化资源和能力，向行业输出技术、服务和方案，推广数字化应用典型场景，帮助传统企业和中小制造企业加快数字化转型。

数字化转型视域下的创新与创业不同于传统创业，它改变了传统创业过程和结果的不确定性：一方面，数字技术催生了新的商业或市场机会并加速了创新创业过程，进而能激发传统制造企业迸发出更强的创新与创业意愿和热情；另一方面，随着数字技术的发展和普及，产业和产品的边界越发模糊，制造企业之间的边界不断模糊使产品和服务创新变得更加灵活，以便能获得更强的市场适应性和

---

① He C., Lu J., Qian H. Entrepreneurship in China [J]. Small Business Economics, 2019, 52 (3): 563-572.

② 李巍. 公司数字创业的四种模式 [J]. 清华管理评论, 2021 (11): 41-53.

③ Burgelman R. Managing the new venture division: Research findings and implications for strategic management [J]. Strategic Management Journal, 1985, 6 (1): 39-54.

竞争力。数字化转型是企业对业务活动、流程、能力和模式进行深刻和加速的转变，以战略性和优先化的方式充分利用数字技术带来的变化和机遇及其对社会的影响①。本质上而言，数字化转型是破坏性或增量变化的过程，从数字技术的采用开始，然后演变成一种隐性的组织整体的转型或刻意寻求的价值创造。因此，强调冒险、创新和风险承担精神和品质的创新与创业活动成为制造业和制造企业成功实现数字化转型的精神和行动内核。

二、基于创新与创业的数字化转型路径

公司数字创业是伴随着数字经济兴起的创新与创业活动，但诸多制造企业应用数字技术进行组织创新和价值创造活动仍面临着巨大的挑战，不仅企业的数字化转型失败率较高，而且大量数字化项目的结果也未达预期。随着国家发展战略对数字经济的日益重视，以及数字技术的深入发展，为应对企业创新与创业活动的高度不确定性，提升经营绩效水平，制造企业应在以下几方面进行积极尝试：

（一）制造企业与数字新创企业建立创新与创业联盟

传统的制造企业在开展基于数字技术应用及创新的转型升级活动时，难免会受到企业既有的组织结构、企业文化和管理经验的影响，建立合作联盟是克服内在抑制因素的重要手段。初创企业具有与传统的制造企业互补的特征，诸如学习能力、组织柔性、创新业务模式和创业精神等②。因此，制造企业与数字新创企业构建战略联盟是深化推进制造企业数字化转型的重要方向。

例如，大型制造企业与新兴科技创新企业的联盟，甚至是相互持股，均是传统制造企业实现数字化转型的有效举措。通过与数字初创企业开展合作，制造企业在数字化转型过程中可以寻求短暂但新颖的外部数字创新源，其目的是试验新数字技术，加速数字创新过程，或获取关于数字商业模式的知识。作为回报，制造企业可以为初创企业提供财务资源、市场空间，并帮助初创企业将想法转化为可扩展的商业模式。随着制造企业与数字初创企业合作的深入，无论是商业伙伴关系还是股权投资关系，相关的数字资产或创业成果都可能成为数字化转型的重要成效。因此，制造企业在数字化转型过程中可以采取小型自组织团队、精益创业项目，以及内部创业加速器等新的管理范式以匹配与数字初创企业的创新与创

———————

① Hanelt A., Bohnsack R., Marz D. & Marante C. A systematic review of the literature on digital transformation：Insights and implications for strategy and organizational change ［J］. Journal of Management Studies，2021，58（5）：1159-1197.

② Rigtering J., Behrens M. The effect of corporate：Start-up collaborations on corporate entrepreneurship ［J］. Review of Managerial Science，2021，15：2427-2454.

业联盟。

（二）基于开放式创新构建制造企业数字化转型新范式

开放式创新是一种假定企业能够而且应该运用外部创意、理念和发明的范式[①]。开放式创新意味着，创新不一定发生在价值创造（产品或服务推出）之前，而是发生在价值传递（产品或服务交付）的过程中；作为一种共同进化的创新形式，在信息通信技术平台的支持下，开放式创新能够链接供应商、制造商、服务商及顾客进行密切的价值共创。

随着数字技术的快速发展，诸如云计算、物联网、3D打印、大数据分析、机器学习、区块链、数字产品服务集成等越来越复杂的数字应用逐渐商业化和产业化，进而生成大量的外部创新源。在数字技术的推动下，开放式创新意味着创新不再是一个组织驱动的单向线性过程，而是一个利用外部数字创新源，持续与用户、市场进行互动创新过程。基于开放式创新的新范式将对制造企业数字化转型产生积极变革：一方面是传统制造企业创新轨迹的翻转。基于开放创新的公司数字创业的核心是创造一个创新创业生态系统，在这个系统中，企业、数字技术伙伴、技术工作者和顾客等可以进行价值共创。另一方面是传统制造企业边界的跨越。制造企业数字化转型中的开放式创新需要企业实施开放战略以打破企业边界、促进系统开放，利用战略联盟建立更广泛的合作关系，甚至是与竞争对手形成竞合关系。这与传统构建竞争壁垒的企业战略存在着本质差异。

（三）以裂变式创新与创业激发企业内部潜能

裂变式创业是指成熟企业员工离开企业开展独立的创业活动，涉及企业员工的流动以及部分创业资源和权益的转移，它是一种特殊的内部创业形式[②]。裂变式创业不仅能够使新创企业具有先天的资源优势，还能让母体企业有机会成为商业生态中的合作主体，甚至是核心企业，进而优化母体企业的竞争位势。此外，通过裂变式创业产生的新创企业与母体企业存在文化与价值观的联结或继承，更能够建立良好的合作关系。

在数字化转型过程中，制造企业需要扮演加速器或孵化器的角色，提供数字平台或网络，鼓励内部员工或团队开展基于新兴数字技术的创业项目。同时，构建科学、合理的创业项目成长模式和发展机制，为不同的创新与创业项目提供商

---

① He Q., Meadows M., Angwin D., et al., Strategic alliance research in the era of digital transformation: Perspectives on future research [J]. British Journal of Management, 2020, 31 (3): 589-617.

② 李志刚，杜鑫，张敬伟. 裂变创业视角下核心企业商业生态系统重塑机理——基于"蒙牛系"创业活动的嵌入式单案例研究 [J]. 管理世界，2020 (11): 80-95+231.

业化路径，如内部产品/服务化、独立公司化或市场交易等。无论是创新与创业项目转化为最终的数字产品或服务，还是诞生新的数字事业部，甚至是建立数字新创企业，都将极大地丰富制造企业数字化转型的形式和内容，增强组织转型升级的效果。

《人民日报》曾刊发文章《艰苦奋斗再创业》，将创业提到国家事业的高度，也将创业融入社会经济的日常。创新与创业不仅是冒险者的英雄故事，也不仅是创办企业的成败之举；创新与创业已是社会、组织和个人不拘泥于现有资源进行价值创造的广泛创新活动，它是一种奋斗过程，更是一种社会风潮。从创新与创业视角看，在建设"数字中国"的新时代，制造企业运用数字技术实现战略转型、组织创新或新事业开发，即开展公司数字创业是企业持续成长的必然选择。公司数字创业将成为造就数字经济时代中国制造企业"二次创业"，以及传统制造企业的数字化转型，为推动传统产业的范式重构与价值升级，建设"数字中国"注入创新创业力量。

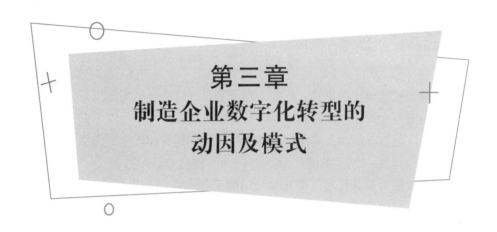

第三章
制造企业数字化转型的
动因及模式

在数字经济时代，制造企业数字化转型已成为企业维持生存，或获取持续竞争优势的一种战略工具。随着数字技术对企业经营活动的持续渗透，数字化转型已成为组织变革的重要内容。本章在区分先天数字化和后天数字化企业的基础上，从组织因素视角探究制造企业数字化转型的动因，并从制度创业的角度对数字化转型的主要模式进行阐释。

第一节　制造企业数字化转型的特性

一、先天数字化与后天数字化企业

对数字化转型的探讨，需要首先区分先天数字化企业和后天数字化企业，因为二者之间在数字基因，如数字文化、数字技术基础架构、数字人才等方面存在着巨大的区别。互联网企业属于典型的先天数字化，如阿里巴巴、字节跳动、拼多多等，对这类企业而言，数字化转型仅需简单地更新数字技术，升级数字技术设施，从数字化迈向智能化。而对于后天数字企业来讲，如传统制造企业，却面临来自技术、人才、资金，甚至组织结构和制度等方面的挑战。正因如此，麦肯锡公司的研究报告表明，传统制造企业的数字化转型失败率高达80%，大多数转型均未达到预期，而真正能称为成功的比率仅为 4%～7%[1]。由此可见，制造企业数字化转型的内部困难程度及迫切性，表明其成功绝不仅是技术的应用，更涉及更深层次的组织变革。

随着互联网和信息技术的发展，全球制造业正处于数字化变革的关键阶段；数字技术对产品市场、生产方式和企业网络产生了巨大影响，迫使制造企业进行变革以维持和获取市场竞争力。事实上，技术议题并不是数字化转型的关键，凡是仅以技术为核心进行数字化转型的企业多以失败告终。因为技术设备作为人力操作的工具，与传统的信息化和自动化手段并无本质区别，而制造企业所需要的数字化转型是对企业全方位、全链条、全过程的深度变革[2]。

与传统服务企业及先天数字化企业相比，传统制造企业的数字化转型不仅涉及数字技术在某些业务环节的应用，它还涉及运营结构、管理模式，以及生产方式与商业活动持续而深刻的变革，这表明制造企业从工业化向数字化的转型是跨体系转型而非同一体系内的转型[3]。早期研究观点认为，制造企业数字化转型是将传感、网络、人工智能等新一代信息技术应用于产品生产，从而形成革新生产装备和工艺流程的过程[4]。而随后的研究则强调，制造企业数字化转型并不局限于制造活动或工艺，还涉及管理、服务及治理等领域，它贯穿企业的全流程，是对企业形态的根本性改变[5]。可见，相对于先天数字化企业而言，传统制造企业数字化转型是数字技术在企业内部引发的全要素、跨流程和多领域的组织变革过程，它涵盖生产、运营、营销及服务等多个职能领域。

二、后天数字化企业的转型升级

"经济高质量发展与全面改革开放"已成为我国经济社会发展的重点任务，转型升级已成为大多数中国企业面临的历史要求；同时，数字技术的发展普及以及数字经济时代的来临，又为传统企业实现转型升级提供了新的技术机遇。2021 年《政府工作报告》已明确指出，"加快数字化发展，打造数字经济新优

①　Westerman G., Bonnet D., McAfee A. The nine elements of digital transformation [J]. MIT Sloan Management Review, 2014, 55 (3)：1-6.

②　Nadkarni S., Prügl R. Digital transformation：A review, synthesis and opportunities for future research [J]. Management Review Quarterly, 2021, 71 (2)：233-341.

③　肖静华. 企业跨体系数字化转型与管理适应性变革 [J]. 改革, 2020 (4)：37-49.

④　Farid M. Measures of reconfigurability and its key characteristics in intelligent manufacturing systems [J]. Journal of Intelligent Manufacturing, 2017, 28 (2)：353-369.

⑤　Boratyńska K. Impact of digital transformation on value creation in Fintech services：An innovative approach [J]. Journal of Promotion Management, 2019, 25 (5)：631-639.

势，协同推进数字产业化和产业数字化转型，建设数字中国"。实现产业数字化转型需要企业先行。制造业是中国国民经济的支柱产业，制造企业的数字化转型对国民经济的高质量发展具有举足轻重的作用。

一般而言，后天数字化企业缺乏数字基因，在转型升级过程中面临技术、人才、资金等诸多方面的挑战。制造企业要顺利实现数字化转型，首先需要数字技术的革新。中国制造业有相对悠久的历史，大多诞生于传统的工业经济环境，数字资源较为薄弱，设备老旧问题日趋凸显，因而底层设备的数据获取以及设备间的互联互通成为企业迈向数字化转型的第一道关卡[①]。除内部数据难以获取外，外部数据的困难程度也有过之而无不及。制造业产业链本就错综复杂，所涉及的利益方众多，包括上游的设备供应商、原材料供应商、企业本身和下游的客户及购买厂家等，这些外部合作者通常不愿共享数据，致使外部数据收集处于停滞阶段。面对如此"内忧外患"，制造企业想搭建完整有效的数据链只能先从革新数字技术着手[②]。从技术效用上讲，数字技术基于大数据运作，能自动生成并整合内外部数据，甚至达到自动化生产，还能自我识别机器内部故障，做到安全生产、自动生产。

传统制造企业的业务流程以及价值创造已经深深地根植于企业内部，因此，除技术基础设施与信息软件的革新之外，还应该为僵化的管理流程以及机械的组织运营注入活力，因而战略、组织、运营等全方位的组织变革势在必行[③]。一方面，数字化转型带来新的价值创造方式以及新的商业模式。数字技术带来的便利与消费者观念的改变带来了全新的商业模式，而商业模式涉及顾客价值、内部结构、合作伙伴网络及各种利益相关者网络，这就要求制造企业能够敏锐地察觉市场需求变化，并通过与企业相适应的组织结构和灵活的管理流程根据这种变化开发相应的产品或服务，对目标市场开展新价值的创造。创造产品与服务的新价值并不一定意味着开发出全新的产品或服务，也可能意味着已有产品或服务的全新用途，或开发出新的价值创造流程。另一方面，响应外部变化来变革自身始终不能掌握市场主导权，制造企业最终的目标是通过一定的预测手段先一步影响市场走向，最终使企业立于不败之地。要达成这种目标，需要与传统制造企业截然不

① 周济. 智能制造："中国制造2025"的主攻方向 [J]. 中国机械工程，2015（17）：2273-2284.

② Wu Q., Wang S., Zhou A., et al. Effects of digital transformation and environmental resource integration capability on medical equipment suppliers' green innovation performance [J]. Scientific Reports, 2023, 13 (1): 17559.

③ Boratyńska K. Impact of digital transformation on value creation in Fintech services: An innovative approach [J]. Journal of Promotion Management, 2019, 25 (5): 631-639.

（二）数字基础薄弱

从资源基础看，数字技术的扩散和应用不仅涉及传感器、服务器、数据处理器等数字基础设施，还涵盖数据源、数据流量、数据规模等数据流量资源，甚至包括数据科学家等数字人力资源。然而，制造企业由于先天的资源脆弱性，在数字化转型中缺乏必需数字资源基础，导致在数字要素获取、数据分析及应用等方面存在资源约束，极大地限制了制造企业获取数字生产要素，难以将其转化为有价值的绩效产出。

（三）数字能力不足

制造企业数字化转型面临的不仅是技术问题，更是管理挑战。成功的数字化转型需要企业具备洞察行业前沿技术，引进、吸收并转化关键技术组件，生成并持续改进产品及服务的数字能力，但制造企业由于自身产业链位置、发展定位、人力资源储备等方面的约束，难以较早接触新兴数字技术，以及缺乏将技术转化为产品或服务的内生动力，进而缺乏推动数字技术应用及创新的组织能力。

第二节　制造企业数字化转型的动因

一、企业文化

早在 20 世纪 40 年代，组织行为学的研究中开始出现对企业文化的探讨。在 20 世纪 60~70 年代，随着组织氛围以及个体作用对企业生活中非正式影响的必要性的研究，企业文化的发展得到了进一步的研究[①]。在随后的 20 世纪 80 年代，对组织文化的研究达到新的高峰，研究者普遍强调，创建强有力的、高渗透性的企业文化成为企业自觉履行事宜，并且高水平的企业文化被认为是实现可持续发展和保持竞争优势的先决条件[②]。毫无疑问，20 世纪 80 年代是企业文化研究的高速发展时期，文化作为一种强大的管理工具得到了普遍认可。其原因在于，当时管理学理论和实践界正困惑于美国公司如何及为何不能在与日本公司的竞争中

---

① Kane C., Palmer D., Phillips N., et al. Strategy, not technology, drives digital transformation [J]. MIT Sloan Management Review, 2015, 25 (6): 27-56.

② Kreps M. Corporate culture and economic theory [J]. Perspectives on Positive Political Economy, 1990, 90 (8): 109-110.

取胜，而像以前一样用民族文化来诠释个中缘由是不恰当的，因此，对企业文化的探讨应运而生，并将其视为组织行为及绩效的重要驱动因素。

企业文化作为组织行为和制度中的重要概念，已在从社会人类学到工业组织心理学的各个学科中进行了研究。企业文化将一个组织与其他组织区分开来，也是驱动组织行为的重要内在因素。尽管对企业文化的定义没有达成共识，但均围绕共享、社会构建、多维、历史性、整体性等维度展开讨论①。针对不同的分析视角，研究者对企业文化的定义比较典型的如表 3-1 所示。

表 3-1　企业文化的典型定义

视角	定义	作者
共享	企业文化只在群体内部发展，是"一种共同的基本假设模式，该模式是该群体在解决外部适应和内部整合问题时学到的，其效果足够好，可以被认为是有效的，因此，可以被教导给新成员，作为感知、思考和感受这些问题的正确方式"	Schein（2009）
社会构建	与员工在公司所处的职位、工作环境和特定事件有关，企业文化包括组织成员体验并且是工作环境的规范，正是这种规范塑造了成员的行为方式，并逐渐适应融入组织最终取得成果。是一个组织内的成员间以及各利益相关者之间的互动	Sadri 和 Lees（2001），Simoneaux 和 Stroud（2011）
多维	企业文化的多层次的，包括象征和认知层面，包括行为、态度、习俗、价值观、信仰以及意识不强的习俗和禁忌，正是通过这些非正式的、非结构性的手段——共同的价值观、信仰、理解和规范——以保持组织整合和控制的黏合剂。从这个意义上说，文化有助于避免分裂、冲突和紧张	Jacques（2012）
历史性、整体性	企业文化是基于创始人或领导者建立的，其企业文化雏形往往源自创始人或领导者的性格、经历、愿景、行为方式等	Li 等（2021）

资料来源：笔者整理。

根据任务导向与员工导向、灵活与稳定，企业文化被分为学习型文化、参与型文化、效果型文化和秩序型文化②。事实上，企业经营所在的商业环境才是企业文化最重要的影响力所在，因为企业文化是体现在当前商业环境下要取得成功应该具备的东西或要素。在中国情境下，企业文化展现了蓬勃的生命力，扎根于中国悠久的传统文化中。通过职位和地位，管理者显著影响下属的态度、决策和

---

① Molenaar K., Brown H., Caile S., et al. Corporate culture [J]. Professional Safety, 2002, 47 (7): 18-27.

② Li K., Mai F., Shen R., et al. Measuring corporate culture using machine learning [J]. The Review of Financial Studies, 2021, 34 (7): 3265-3315.

行为，进入 21 世纪以来，尤其是在"大众创业、万众创新"时代，企业文化中的管理文化与创业文化成为驱动企业创新与创业的重要文化力量。

一方面，管理文化是将企业的管理活动当作文化的体现，由领导者牵头带领，全体员工共同遵守，主要涵盖了管理思想、管理哲学，包含企业理念、制度、行为和物质四个方面①。为了生产制造过程的规范性和一致性，制造企业总是需要制定制度化的管理条例，以保证生产有条不紊地进行。管理文化体现了制造业在历史沉淀和历经风霜之后保留下来的，行之有效的企业管理文化，制定了行事标准和行为准则，倡导员工形成全局观和集体主义，保证了制造企业生产和经营的正常运转。

另一方面，创业文化鼓励通过创新技术、产品及商业模式等方面获得差异性竞争优势，使企业在满足市场需求的前提下，主动创造需求，具有很强的灵活性，能快速适应市场变化②。在数字经济时代，创新精神的重要性不言而喻，制造企业离不开创新性和创造力，这是运用数字技术，重塑竞争优势的重要文化基因。快速变化的技术和竞争环境，要求制造企业以组织制度和文化充分激发员工的创造性、主动性和积极性，在数字应用和创新中保持冒险意识和挑战精神。

二、组织结构

组织结构的演变是随着时代背景的变化而变化的。最早提出"组织结构理论"的是德国社会学家韦伯，他阐释的"科层制"组织结构在企业中被广泛应用。企业中的组织结构具有鲜明的层级特征，因而也被称为"层级结构"，它根据严格的权利制度将每一级的权利和职责进行划分，自上而下进行管理。

组织结构作为社会结构的代表，研究者们从不同的理论视角对其进行定义。首先，聚焦于组织结构前因的观点认为，组织结构体现机构的内部组成，显示执行实现组织目标所需的各类活动的部门、组织和子单位，它还反映各部门之间关系的质量和性质及其职责和权力的性质，并决定组织中不同组织级别之间的信息流动③。其次，关注组织结构成效的观点主要分为组织绩效和组织目标，从组织绩效来看，组织结构是影响组织绩效的最重要因素，它适应了组织的工作和专业

---

① Chauvet V. , Chollet B. , Soda G. , et al. , The contribution of network research to managerial culture and practice [J]. European Management Journal, 2011, 29 (5): 321-334.

② Danish Q. , Asghar J. , Ahmad Z. , et al. Factors affecting "entrepreneurial culture": The mediating role of creativity [J]. Journal of Innovation and Entrepreneurship, 2019, 8 (1): 1-12.

③ Martínez-León M. , Martínez-García A. The influence of organizational structure on organizational learning [J]. International Journal of Manpower, 2011, 32 (5/6): 537-566.

化需求，能够简化工作程序，以及决策、指令和命令从高层到中层的流动，包括个体在决策时的权力集中度和自由度①。最后，基于组织结构最终目标的观点认为，组织结构是组织中工作角色的正式安排，以及包括组织间活动在内的工作管理和整合机制，它本质是为了实现商业目标的一种手段，具体体现在两个方面，即稳定运行中的效率和动态适应中的创新②。总而言之，组织结构是对工作角色、行政机制、综合活动的正式分配，以及在组织内不同级别建立沟通渠道、权限、责任和问责，它是关于如何分配和监控组织活动以实现组织目标的机制。

由于时代不同，企业的组织结构总在变化，从工业经济时代的机械式组织结构，到数字经济时代的网络组织结构，无不体现出组织结构的阶段性变化过程与时代背景息息相关，组织结构既是所在时代技术的体现，也是社会文化的结构化。表3-2梳理了工业经济时代到数字经济时代的组织结构演进。

表3-2　组织结构维度划分

时代	维度	作者
工业经济时代	U型（一元结构或职能型结构）、H型（控股结构）和M型（多元结构或事业部制组织结构）	Williamson（2016）
知识经济时代	单维度论：等级制度	Parsons等（1956）
	四维度论：结构化活动、集权化、工作流、直线控制等	Pugh（1968）
	十一维度论：专业化、正规化、权力委派等	Reimann（1974）
信息经济时代	中心化、非正式化和功能差异化	Calantone等（2010）
	网络型组织结构（基于虚拟组织，无边界信息流通在虚拟空间中实现，主要指虚拟企业、团队管理和学习型组织三种新型虚拟组织形态）	D'Urso等（2015）
数字经济时代	层级结构、网络结构	谢康等（2020）

资料来源：笔者整理。

在数字经济时代，传统的组织结构受到了一定的挑战，但是组织的执行规定、权力关系、行动特征等依然存在，科层制仍然是社会主体开展合作的主要组

① Král P.，KrálováV. Approaches to changing organizational structure：The effect of drivers and communication［J］. Journal of Business Research，2016，69（11）：5169-5174.

② Lee W.，Lev B.，Yeo G. Organizational structure and earnings management［J］. Journal of Accounting，Auditing & Finance，2007，22（2）：293-331.

织结构之一①。一方面，组织结构的形态变化趋向于扁平化和分权化，这种结构下动态能力提升，有助于企业及时感知市场的快速变化，高效整合企业内外部资源，并能够通过技术和管理创新获得迭代滚动的竞争优势。虽然金字塔形态的组织结构相对稳定，缺少灵活性，不能根据外界环境及时调整，但对于制造企业来说，在生产前线，层级化组织结构权责明确，有利于管理一线生产，推广新兴数字技术，是较为适用于数字化场景的组织结构。另一方面，网络结构作为组织结构的另一经典，也受到制造企业的追捧。事实上，组织结构从金字塔式、扁平化式或矩阵式逐渐转变为网络式、平台式或模块化式，只是组织结构的形式发生改变，而组织结构的制度基础没有发生本质变化，实质仍然是工业经济下科层制的改进。在数字化技术情境下，当组织执行决策规定，维持权利关系，推动数字创新的行为特征发生变化，网络结构将成为制造企业数字化转型的重要基础。

三、决策逻辑

在不确定性环境中，如何制定战略一直是困扰研究者和企业家的难题。计划学派认为应该基于对未来的预测制订计划，并按部就班地实施计划；学习学派则认为应该在实际中逐步培养应对外部环境的能力，以此提升企业弹性。形成两个学派观点差异的基础是管理者决策逻辑的差异。在相同或相似的管理情境下，不同的决策逻辑会制定出不同甚至完全相反的行动方案。

有关决策逻辑的探讨主要集中在因果逻辑和效果逻辑两个方面。Mintzberg 和 Westley（2001）区分了以理性为导向（"首先思考"）和以行动为导向（"行动第一"）的决策方法，即因果逻辑和效果逻辑②。作为效果逻辑的决策框架强调创造和控制，而非预测和响应，如运用迭代和灵活性的试验来创造新产品和新市场；相反，因果逻辑旨在预测未来，使用推理逻辑作为预测工具，形成一系列的战略规划以应对不确定性的未来。作为一种决策逻辑，因果逻辑结合了严格的目标导向，重点是利润最大化，竞争分析和避免意外。相比之下，效果逻辑则利用其他原则，诸如从可用资源（智力、人力和社会资本）中创造新事物，将损失限制在可承受的水平，建立伙伴关系，并让计划在此过程中发展③。

---

① 谢康，吴瑶，肖静华. 数据驱动的组织结构适应性创新——数字经济的创新逻辑（三）[J]. 北京交通大学学报（社会科学版），2020（3）：6-17.

② Mintzberg H., Westley F. Decision making: It's not what you think [J]. MIT Sloan Management Review, 2001, 42（3）：89-93.

③ Cui L., Su I., Feng Y., et al. Causal or effectual? Dynamics of decision making logics in servitization [J]. Industrial Marketing Management, 2019, 82：15-26.

随着数字技术的发展，外部环境变得越来越难以捕捉。Hauser 等（2020）提出了第三种结构：战略空窗①。战略空窗（Absence of strategy）可以理解为在决策或执行方面忽略一致性，即每个决策在独立基础上制定，决策之间不用刻意强调一致性；此外，如果企业尚未决定组织目标、范围或竞争战略，则被视为战略空窗②。Rudeloff 等（2022）依据不同决策逻辑的基本原理对三类典型的决策逻辑进行比较，如表 3-3 所示③。

表 3-3　三种逻辑决策的区别

类别	采取行动的依据	风险和资源视图	对外的态度	对突发事件的态度	展望未来
因果逻辑	目标驱动：即使目标受到有限手段的限制，也能确定子目标和行动	可预期的回报：根据预期价值寻求新的机会	竞争分析：保护商机免受潜在竞争对手的侵害	避免意外：通过预测、计划和关注将意外事件的影响降至最低	预测趋势：预测逻辑将未来视为过去的延续
效果逻辑	手中鸟原则：从可用手段出发，想象新的机会	可承受的损失：通过投资少于利益相关者所能承受的损失来寻求机会	疯狂的被单原则：与忠诚的合作伙伴分享商机	柠檬水原则：富有想象力的重新思考，将意外转化为机遇	飞行员原则：未来由代理人共同创造
战略空窗	灭火救场：临时解决问题	被光蒙蔽：通过抑制风险和要求形成过度自信	独自行走：没有分析和没有利益相关者关系的定义	死胡同：令人惊讶的事件无法被利用	无控：未来不可控

资料来源：Rudeloff C. , Pakura S. , Eggers F. , et al. It takes two to tango：The interplay between decision logics, communication strategies and social media engagement in start-ups ［J］. Review of Managerial Science, 2022, 16（3）：681-712.

在数字化转型情境下，当制造企业采取效果逻辑时，会在现有资源和手段的基础上进行决策，高管们根据市场情况对已有的资源投入和配置模式进行试错，并在不断的试错和尝试中，根据市场反馈逐渐明晰企业当前所处的情况。同时，企业乐于构建合作网络，实现互惠互利、双赢的局面，对于不确定性事件采取接纳态度，甚至充分利用意外事件获得对未来的控制，可以说效果逻辑是超越支配

---

① Hauser A. , Eggers F. , Güldenberg S. Strategic decision-making in SMEs：Effectuation, causation, and the absence of strategy ［J］. Small Business Economics, 2020, 54：775-790.

② Soifer H. D. The causal logic of critical junctures ［J］. Comparative Political Studies, 2012, 45（12）：1572-1597.

③ Rudeloff C. , Pakura S. , Eggers F. , et al. It takes two to tango：The interplay between decision logics, communication strategies and social media engagement in start-ups ［J］. Review of Managerial Science, 2022, 16（3）：681-712.

性逻辑、识别潜在竞争机会、重塑价值创造逻辑的先决条件。与之相对地，当制造企业采取因果逻辑时，会先从预定的目标出发，通过全面竞争分析和深入的市场调查制订战略计划，并按照预期收益最大化选择最优方案，在这一过程中，有规划的、精确的数据分析和市场研究等常见的策略会对企业绩效产生显著的积极影响，在设计日常规范和完成目标的路径时，有利于高管感知和捕捉商业机会，同时有目的的信息搜寻和理性分析甚至会对后续创新产生重要影响。因此，对于制造企业而言，无论是因果逻辑还是效果逻辑，都能帮助企业适应外部环境，完成目标，稳固企业的市场竞争地位。

除此之外，基于外部视角的观点认为，影响公司数字化转型的外部因素主要是数字技术和消费者。在数字技术方面，互联网（协议）的发展使得以低成本和无所不在的方式分发数字化内容成为可能；数字技术、数字投资、数字化生态驱动企业进行数字化转型。同时，数字平台、数字基础设施也是引发企业数字化转型的因素。在消费者方面，数字技术破坏性改变消费者行为和期望、竞争格局和数据的可用性，这种固有的破坏性将迫使企业进行数字化转型。例如，数字技术、SMACIT技术（即社交、移动、分析、云和物联网的融合）、消费者特征是企业数字化转型的驱动因素。

第三节　制造企业数字化转型的主要模式

一、制度创业与数字化转型

从中国改革开放过程中的中国企业成长历程看，数字化已经成为中国企业突破"成长瓶颈"，开展"二次创业"的重要契机①。因此，从创新与创业视角探讨企业数字化转型是一个具有重要价值的方向。从制度创业的视角看，制造企业数字化是企业依据制度环境的变化，应用数字技术重塑组织发展与市场竞争方式，进而创造和利用制度机会的创新活动和过程。

制度创业重点强调的是行动者在面对制度压力时的能动性和主动性。制度创

---

① 刘飞. 数字化转型如何提升制造业生产率——基于数字化转型的三重影响机制［J］. 财经科学，2020（10）：93-107.

业被界定为"行动主体利用资源创造新的制度或改变既有制度以从中获利的活动"①。在"大力发展数字经济"成为我国"十四五"重点任务,"加快推进国有企业数字化转型工作"是我国企业发展转型时代要求的历史背景下,制造企业面临着从成熟场域向新兴场域转变的外部制度环境,因而制度创业是制造企业利用数字技术实现高质量发展的内生动力。

制度创业是指组织或者个人由于认识到改变现有制度或者创造新制度中蕴含的潜在利益,通过建立并推广获得认同所需要的规则、价值观、信念和行为模式,从而创造、开发和利用营利性机会②。同时,数字化转型是企业利用数字技术对现有战略、能力、流程和业务等领域进行系统变革的创新活动③。从制度创业视角下讨论制造企业数字化转型的内涵具有重要意义:一方面,制造企业在面临变化或新兴的制度环境下(组织场域),需要考虑制造企业与服务型、互联网等企业类型不同的行业属性、经营模式和管理流程,以及由此产生在数字化嵌入企业经营活动及管理过程中所存在的差异;另一方面,从制造企业"二次创业"的历史进程来看,创业行为既由企业内部驱动,也受到外部制度环境的塑造,因而制度创业与制造企业数字化转型有内涵的一致性和形式的同一性。

二、制造企业数字化转型的模式

制造企业相对于其他类型的企业(如服务型企业和互联网企业),在数字化转型过程中具有自身的特性和模式,需要在新的理论视角下有针对性地进行系统研究。基于制度创业和数字化转型的相关理论及观点④⑤,认为制造企业数字化转型是制造企业依据制度环境的变化,应用数字技术重塑组织发展与市场竞争方式,进而创造和利用制度机会的创新活动和过程。

制造业要实现高端化、智能化、绿色化发展,需要以产业数字化改造和升级为抓手;而数字资源的应用是制造企业数字化转型的核心内容。因此,本书从数字资源应用程度是渐进式还是突破式(数字化转型程度),以及数字资源应用的

① Greenwood R, Suddaby R. Institutional entrepreneurship in mature fields: The big five accounting firms [J]. Academy of Management Journal, 2006, 49 (1): 27-48.

② Genus A., Iskandarova M., Brown C. B. Institutional entrepreneurship and permaculture: A practice theory perspective [J]. Business Strategy and the Environment, 2021, 30 (3): 1454-1467.

③ 胡青. 企业数字化转型的机制与绩效 [J]. 浙江学刊, 2020 (2): 146-154.

④ Westerman G., Bonnet D., McAfee A. The nine elements of digital transformation [J]. MIT Sloan Management Review, 2014, 55 (3): 1-6.

⑤ Hoogstraaten J., Frenken K., Boon C. The study of institutional entrepreneurship and its implications for transition studies [J]. Environmental Innovation and Societal Transitions, 2020, 36 (11): 114-136.

场域是现有市场还是全新市场（组织场域），将制造企业数字化转型的模式划分为四类（见图3-1）：

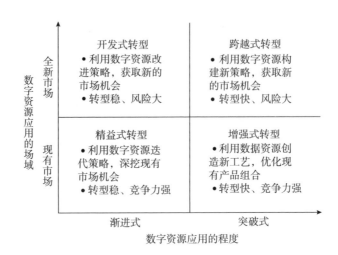

图3-1 制度创业视域下制造企业数字化转型的主要模式

资料来源：笔者绘制。

（一）增强式转型

增强式转型是指制造企业充分利用新兴数字资源开发出新的产品工艺或新的制造手段，以创造新价值为核心优化现有产品组合，进而形成企业的产品专业化发展路径。增强式转型路径聚焦于企业现有产品或服务市场，并应用新兴数字技术发展数字增强型产品或服务，因而具有转型快、竞争力强的特点，适用于产品或服务多样化且行业技术通用性较强的制造行业及企业。

（二）精益式转型

制造企业运用成熟数字资源全面提升生产效率，降低现有产品的客户使用成本，以效率价值为核心增强现有产品的竞争力，走精细化的发展道路。精益式转型关注企业的现有产品市场，聚焦成本领先和提升用户使用效率，因此具备转型稳、竞争力强的特点，适合产品或服务标准化程度高，难以实现差异化，但行业技术壁垒又比较高的制造企业。

（三）开发式转型

企业面向全新的产品服务市场，引入成熟的数字资源开发具有新颖价值的产品，将技术通用性进行跨市场、跨领域应用，形成技术特色化发展路径。开发式转型强调以成熟的数字技术在全新市场领域创造新的产品或服务组合，为新市场带来新的价值革命，具有技术稳健但市场风险较大的特点，因而适用于产品或服务标准化程度高，但行业技术通用性较强的制造行业门类。

（四）跨越式转型

制造企业将新兴的数字资源引入全新的产品服务市场，向新的目标市场提供具有全新价值属性的产品或服务，进而在技术范式和市场竞争两个层面构建新颖化壁垒。跨越式转型是制造企业数字化转型的高阶形式，是中小制造企业实现换轨超车的行动路径，适用于产品或服务多样化，市场具有差异化需求且行业技术壁垒较高的制造行业。

总而言之，实现产业数字化转型需要企业先行。制造业是中国国民经济的支柱产业，制造企业的数字化转型对国民经济的高质量发展具有举足轻重的作用。近年来，制造业智能化转型的步伐明显加快，智能制造带来了生产线人员的减少、产品质量的优化、生产效率的提高等特点。向数字化要效益、要出路，也成为中国众多传统制造企业在受到新冠疫情影响后，转型"突围"的关键。在建设数字中国的国家方略引领下，制造企业是国民经济支柱产业的"血管"，是实现制造业数实融合的"主力军"，要充分发挥其有活力、有韧性、有灵气的特点，迎难而上，积极推动数字技术与业务场景的深度融合，发展具有业务特色的场景技术；同时，勇于革新，紧密围绕数字化资源生成、吸收和应用实施组织文化、结构和制度变革，努力向数字化企业转变。

实证篇

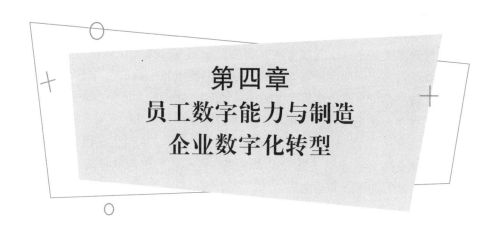

第四章
员工数字能力与制造企业数字化转型

制造企业数字化转型对我国产业升级及经济高质量发展具有重要意义，如何推动数字化转型是重要的理论和实践问题；现有的企业数字化转型的前置因素分析大多借鉴高阶理论分析视角，关注管理者，甚至是高管团队的角色和作用，较少从基层员工视角探究驱动机制。本章基于自下而上的分析逻辑，从员工能力的视角探究员工数字能力、数字自我效能感在团队领导和网络管理的权变效应下驱动制造企业数字化转型的内在机理。研究结论从员工视角为我国制造企业实现数字化转型提供了管理建议。

第一节　研究背景

一、现实背景

数字技术的兴起给制造企业生产、经营和管理方式带来巨大机遇与挑战，大数据、云计算、人工智能等新兴技术的传播及其现有产品和服务的整合改变了行业的游戏规则，为数字时代的企业转型升级提出了新要求。尤其是在制造业情境下，传统制造企业生产、运营和管理方式的数字化变革，既是企业的"必修课"，又是其获取持续竞争优势的关键手段。

大多数企业在起初进行数字化转型时，将重点放在了数字技术的应用上，认为数字化转型只是数字工具的利用，忽略了数字化转型是一个多维度和多层次的变革过程，必须通过各种能够影响组织结构和流程的使能技术的组合才能发生①。数字化转型的重要性引起了广泛的探讨，国内外研究者从不同的视角探究驱动企业数字化转型的机制②。数字化转型被广泛地认为是企业的"一把手"工程，因此管理者尤其是高层管理者的重要性已得到充分探究。管理实践却表明，大多数企业的数字化转型均没有达到预期目标，甚至是失败的③。毫无疑问，成功的数字化转型会带来竞争优势，能否抓住数字机遇取决于能否克服企业内部障碍，而缺乏数字人才是导致数字化转型停滞的重要内部原因④。调研发现，超过50%的企业缺乏成功实施数字化转型所需的数字能力⑤。事实上，数字化转型将导致企业整体业务流程和模式发生重大改变，而不是简单的软件应用和系统开发，需要员工能力的跟进和适应。

事实上，Westerman（2016）强调，"数字化转型需要一颗心"，管理者不能忘记"是人让公司运转"⑥，个体的维度在任何数字化和转型战略中都起着至关重要的作用，无论是行为上还是思维上⑦。因此，除了技术能力，信息管理、沟通、协作、创造力、批判性思维、解决问题、道德和文化意识等能力也发挥着重要的作用，这些技能和思维上的多元能力增加了组织转型的可行性，为企业的战略、业务运营以及内部管理流程注入转型动力⑧。如何发掘来自组织基层和一线员工的力量，是制造企业数字化转型成败的关键。

二、理论背景

数字化转型的研究最早可以追溯到信息系统领域。早在 20 世纪 90 年代，就

① Nadkarni S., Prügl R. Digital transformation: A review, synthesis and opportunities for future research [J]. Management Review Quarterly, 2021, 71 (2): 233-341.

② AlNuaimi B. K., Singh S. K., Ren S., et al. Mastering digital transformation: The nexus between leadership, agility, and digital strategy [J]. Journal of Business Research, 2022, 145: 636-648.

③ De la Boutetière H., Montagner A., Reich A. Unlocking success in digital transformations [R]. McKinsey & Company, 2018.

④ Warner K. S. R., Wäger M. Building dynamic capabilities for digital transformation: An ongoing process of strategic renewal [J]. Long Range Planning, 2019, 52 (3): 326-349.

⑤ Buvat J., Crummenerl C., Slatter M., et al. The digital talent gap: Are companies doing enough? [M]. Paris: Capgemini and Linkedln, 2017.

⑥ Westerman G. Why digital transformation needs a heart [J]. MIT Sloan Management Review, 2016, 58 (1): 19-21.

⑦ Tabrizi B., Lam E., Girard K., Irvin V. Digital transformation is not about technology [J]. Harvard Business Review, 2019, 13 (3): 1-6.

⑧ Van Laar E., Van Deursen A. J. A. M., Van Dijk J. A. G. M., et al. The relation between 21st-century skills and digital skills: A systematic literature review [J]. Computers in Human Behavior, 2017, 72: 577-588.

有研究关注到信息技术和组织转型的关系，认为企业必须历经根本性的转变才能够有效地利用信息技术。随着云计算、物联网、社交媒体和大数据等数字技术的出现和扩散，企业更加迫切地需要转型升级，进而应对环境的变化。数字化转型被视为企业应用新兴数字技术的持续过程。在有关企业数字化转型的探究中，关注技术领域的研究认为，诸如人工智能、大数据、云计算等数字技术是探索转型路线和改革突破点的关键因素①。而一些基于组织层面的数字化转型研究，则聚焦组织文化、组织结构、组织敏捷性和商业模式，比较关注创业文化和组织敏捷性对数字化转型的积极影响②。Sebastian 等（2017）揭示了数字化转型相关的三个基本要素，包括数字战略、数字化人才以及数字平台，其中数字战略能够启发价值主张；数字化人才则对于企业实现卓越的运营有帮助；而数字平台能够实现快速创新和对新市场机会的响应③。Hess 等（2016）认为，数字化业务转型包括7 个要素：商业模式、组织结构、员工的数字化技能、业务流程的数字化、IT 基础设施、产品或服务的数字化、与客户互动的数字化渠道④。

事实上，数字化转型是一个多面和多维的现象，对于数字化转型的理解可以从不同角度展开。从绩效结果的角度看，数字化转型是指一种可持续的、公司层面的转型，通过增值数字化举措实现修订或新创建商业模式，最终提高盈利能力；从创新的角度来看，数字化转型被认为是公司数字能力的创新，这意味着企业的数字化转型的成功可能需要依赖数字能力获取关键资源以达到变革的目的；从价值创造方式来看，数字化转型将数字技术和新的商业模式整合到所有领域，从而导致行业的运作方式及其为客户提供价值的方式发生重大变化⑤。

已有研究大多忽略了员工在数字化转型中的作用，尽管个体及其所掌握的知识和技能被认为是组织成功进行数字化转型的关键因素⑥，但现有与个体有关的研究主要集中在管理层，探讨不同的领导风格或 CEO 意识形态在数字化转型中

①　Hilbert M. Digital technology and social change：The digital transformation of society from a historical perspective ［J］. Dialogues in Clinical Neuroscience，2020，22（2）：189-194.

②　Garzoni A.，De Turi I.，Secundo G.，Del Vecchio，P. Fostering digital transformation of SMEs：A four levels approach ［J］. Management Decision，2020，58（8）：1543-1562.

③　Sebastian I. M.，Moloney K. G.，Ross J. W.，et al. How big old companies navigate digital transformation ［J］. MIS Quarterly Executive，2017，16（3）：197-213.

④　Hess T.，Matt C.，Benlian A.，et al. Options for formulating a digital transformation strategy ［J］. MIS Quarterly Executive，2016，15（2）：123-139.

⑤　Ismail M H.，Khater M.，Zaki M. Digital business transformation and strategy：What do we know so far ［R］. Cambridge Service Alliance，2017.

⑥　Da Silva L. B. P.，Soltovski R.，Pontes J.，et al. Human resources management 4.0：Literature review and trends ［J］. Computers & Industrial Engineering，2022，168：108111.

扮演的角色，比如变革型领导的促进作用①。然而，现有研究对员工特别是基层员工影响企业数字化转型的机制尚不明晰。

员工对企业整体数字化转型的影响并不是直接的，而是一个循序渐进的过程，是跨层次、跨组织的。员工有一种抗拒数字变化的思维，这种思维惰性来源于对以前工作模式的依赖和对新兴技术的不接受，对数字技术的抵抗已经很大程度上影响了企业绩效和业务流程，成为一个亟待解决的问题②。数字自我效能感被认为能增强数字信念，由内而外地指导员工接受并积极主动地使用数字技术；这种对数字使能的积极性还能激发员工对工作的热情以及对完成目标的信心，从而助推企业的战略实施和数字变革③。基于以上分析，本章试图以自下而上的分析路径，探究员工数字能力、数字效能感如何驱动企业的数字化转型，研究聚焦以下逻辑关联的理论问题：①基层员工如何基于自己的数字能力形成积极的自我效能感？②企业如何释放员工的数字效能感以推动数字化转型？为了更好地回答上述问题，研究将引入团队领导和网络管理两类重要的组织行为，以搭建员工与企业数字化转型之间的桥梁。

第二节　核心概念与模型构建

一、理论背景与关键概念

（一）制造企业数字化转型

1. 制造企业数字化转型的内涵

在数字经济时代，数字化转型已成为国家、行业或企业获取竞争优势的一种工具；随着数字技术对企业经营活动的持续渗透，数字化转型已成为组织变革的

---

① Suwanto S., Sunarsi D., Achmad W. Effect of transformational leadership, servant leadershi, and digital transformation on MSMEs Performance and work innovation capabilities [J]. Central European Management Journal, 2022, 30 (4): 751-762.

② Gerasimenko V. V., Razumova T. O. Digital competencies in management: A way to superior competitiveness and resistance to changes [J]. Serbian Journal of Management, 2020, 15 (1): 115-126.

③ Pumptow M., Brahm T. Students' digital media self-efficacy and its importance for higher education institutions: Development and validation of a survey instrument [J]. Technology, Knowledge and Learning, 2021, 26: 555-575.

重要内容，进而成为组织管理研究领域的热点议题。战略管理视域的数字化转型研究聚焦数字商业模式的概念化和操作化，以及其数字技术背景下的商业模式演变①；信息系统视角下的数字化转型研究关注数字技术的应用及其商业价值的生成逻辑②；基于营销管理角度的数字化转型研究则强调数字技术对广告、社交媒体的革命性影响，以及数字场景下多渠道和全渠道发展③。总而言之，无论是战略管理、信息系统还是营销管理等视角，数字化转型本质上是由数字技术的扩散和应用引起并塑造的组织变革。

从社会层面看数字化转型包括通过使用数字技术使社会或行业发生巨大变化。在组织层面，公司通过进行数字化转型改革改善经营绩效，以达到利用技术创新的目的。从商业角度看，新技术的出现往往伴随着价值创造方式的变化，这些技术往往会对正在或已经完成数字化转型的企业的价值链产生影响，即改变其商业模式。从技术的角度来说，研究人员将数字化定义为将某种类型的模拟工具或物理工件转换为数字工件，而实现数字化转型就代表着从模拟到数字的转变④。

在组织层面数字化转型是人工智能、大数据、云计算和区块链等新兴数字技术在企业内部逐步扩散和升级应用的全流程、多层面和跨职能的变革活动⑤。有关数字化转型的初期探讨大多关注技术层面，甚至认为技术是唯一的影响因素；随着不同领域研究的持续深入，数字化转型的探究逐渐拓展至组织层面，包括战略敏捷性、高管领导力、IT 能力等因素被认为能够影响企业数字化转型，而外部层面的环境动荡性和顾客也通过特定的路径影响数字化转型过程⑥。对于不同流派，数字化转型的定义也有所区别。最具代表性的有两个流派，一个流派认为数

① Peng Y. Z. , Tao C. Q. Can digital transformation promote enterprise performance? From the perspective of public policy and innovation [J]. Journal of Innovation & Knowledge, 2022, 7 (3): 100198.

② 蔡栋梁，王海军，黄金，等. 银行数字化转型对小微企业自主创新的影响——兼论数字金融的协同作用 [J]. 南开管理评论，2023 (6): 1-25.

③ Zhuo C. , Chen J. Can digital transformation overcome the enterprise innovation dilemma: Effect, mechanism and effective boundary [J]. Technological Forecasting and Social Change, 2023, 190: 122378.

④ Hanelt A. , Bohnsack R. , Marz D. , Antunes Marante, C. A systematic review of the literature on digital transformation: Insights and implications for strategy and organizational change [J]. Journal of Management Studies, 2021, 58 (5): 1159-1197.

⑤ Vial G. Understanding digital transformation: A review and a research agenda [J]. The Journal of Strategic Information Systems, 2019, 28 (2): 118-144.

⑥ Porfírio J. A. , Carrilho T. , Felício J. A. , et al. Leadership characteristics and digital transformation [J]. Journal of Business Research, 2021, 124: 610-619.

字化转型是面向转换的活动，另一个流派则认为数字化转型是面向过程①。前者强调结果，即要达到怎样的目的，将数字化视为达到目的的手段，出于不同的目标，需要进行怎样的技术革新或数字转换，也就是将目标拆解到各业务流程，企业的业务链条皆为此愿景驱动，不谋求该目的以外的改变。后者强调过程，认为数字化是指应用数字技术和数据信息来创造收入、改善业务、转换业务流程，为数字业务创造环境，强调依靠数字化获得的新知识对业务运营模式进行根本性的改变，这是一个持续的、需要不间断地学习并更新信息的过程。

虽然学界对企业数字化转型的理解存在不同观点，但数字化转型本质上是"数字技术引发的，涉及整个企业内部各类管理流程的重大变革"这一论断仍得到研究的一致认可②。在以往有关数字化转型的内涵探讨中，大多数研究将数字化转型视为一种活动、行为或结果。例如，Kane（2019）认为，数字化转型是企业提升数字成熟度的活动，是数字时代数字变革的战略目标③；Proksch 等（2021）认为，企业数字化转型体现为企业提供的数字产品/服务和纳入的数字流程④。然而，企业数字化转型并不是一蹴而就的行为或结果，是经历一系列量变到质变的发展过程。在制造业情境下，企业数字化转型的阶段性更为明显，即制造企业需要在不同生产流程中逐步推动数字技术的应用，这不仅涉及数字基础设施的建设和应用，更涉及管理流程和方式的变革。因此，本章借鉴 Verhoef 等（2021）的观点⑤，并结合制造业由传统管理迈向数字管理的实践过程，认为制造企业数字化转型是数字技术在企业内部引发的全要素、跨流程和多领域的组织变革过程，它涉及企业从信息化（Informatization）到数据化（Digitization），再到数字化（Digitalization）的数字跃迁过程，涵盖生产、运营、营销及服务等多个职能领域。其中，信息化是指将经营及管理信息编码成数字格式，使计算机能够存储、处理和传输；数据化是指利用数字技术改变商业模式，提供新的收入和价

① Li R., Rao J., Wan L. Y. The digital economy, enterprise digital transformation, and enterprise innovation [J]. Managerial and Decision Economics, 2022, 43（7）：2875-2886.

② Tekic Z., Koroteev D. From disruptively digital to proudly analog: A holistic typology of digital transformation strategies [J]. Business Horizons, 2019, 62（6）：683-693.

③ Kane G. The technology fallacy: People are the real key to digital transformation [J]. Research-Technology Management, 2019, 62（6）：44-49.

④ Proksch D., Rosin A. F., Stubner S., et al. The influence of a digital strategy on the digitalization of new ventures: The mediating effect of digital capabilities and a digital culture [J]. Journal of Small Business Management, 2021, 62（6）：1-29.

⑤ Verhoef P. C., Broekhuizen T., Bart Y., Bhattacharya A., Dong J. Q., Fabian N., Haenlein M. Digital transformation: A multidisciplinary reflection and research agenda [J]. Journal of Business Research, 2021, 122：889-901.

值创造机会；数字化则是指通过采用能够创造新价值的新兴数字技术，使整个组织的形态、功能或结构发生根本性变化。

2. 制造企业数字化转型的维度

从数字化转型的发展情况来看，可以将其分为转型启动、转型成长、转型成熟三个维度。其中，转型启动意味着初步提出数字化战略目标和整体规划、具备转型所需的基础技术设施，利用数字技术提升业务流程效率、引进外部开发平台或系统收集管理数据信息；转型成长指的是针对前期转型实践调整数字化战略及运营模式，提出具体的数字化业务战略，应用数字化技术连接并覆盖公司运营环节，自主开发生产服务平台或系统实现整体业务流程的数字化和智能化；转型成熟则涉及形成规范、稳定的转型路径与数字文化，利用数字化能力实现与更多利益相关者的互动，创新商业模式、满足不同利益相关者的价值主张①。

从数字化转型的性质来看，可以将数字化转型划分为技术性、组织性和社会性三个维度，其中技术性意味着数字化转型是基于新的数字技术进行的，如社交媒体、移动互联网、分析或嵌入式设备；组织性涉及需要改变组织流程或创建新的商业模式；社会性强调数字化转型对人类生活方方面面的影响，例如增强客户体验。Matt 等（2015）认为，数字化转型的维度在包含前三者的基础上，还应该纳入财务维度，因为数字化转型需要拥有提供资金的能力，财务能力既是转型的驱动力，又是转型的边界力②。从数字化资源投入和组织适应角度来看，可以将数字化转型战略分为变革依赖型战略、生态导向型战略、业务主导型战略和技术主导型战略；变革依赖型战略拥有较高的组织适应性，但数字化资源投入较低；生态导向型战略要求企业的组织适应性和数字化资源投入都比较高；业务主导型战略代表企业的数字化资源投入和组织适应性都比较低；技术主导型战略要求企业的数字化资源投入比较高而组织适应性比较低③。

根据数据的形式不同，数字化转型的测量包括以面板数据为主和以问卷调查数据为主的两种方式。以面板数据为主的测量方式可以从底层技术和实践应用两个层面展开，底层技术包括人工智能、区块链、云计算、大数据等技术；实践应

① 武立东，李思嘉，王晗，等．基于"公司治理-组织能力"组态模型的制造业企业数字化转型进阶机制研究 ［J］．南开管理评论，2023（6）：1-27.

② Matt C., Hess T., Benlian A. Digital transformation strategies ［J］. Business & Information Systems Engineering, 2015, 57: 339-343.

③ 王永贵，汪淋淋．传统企业数字化转型战略的类型识别与转型模式选择研究 ［J］．管理评论，2021（11）：84-93.

用则是指数字技术在实践当中的具体运用[①]。以问卷调查数据为主的测量方式比较典型的是 Xie 等（2022）从结构变化和价值创造路径两个维度对数字化转型进行测量，其中，结构变化涉及组织结构、文化、领导风格、员工角色和技能的变化；价值创造路径包括价值主张、网络、渠道和敏捷性[②]，如表4-1所示。

表4-1　数字化转型的维度划分和测量研究

作者	维度	期刊来源
Gurbaxani 和 Dunkle（2019）	战略愿景、战略联盟、创新文化、数字基础设施、数字能力和数字技术的使用	MIS Quarterly Executive
Reis 等（2018）	技术性、组织性和社会性	Trends and Advances in Information Systems and Technologies
Matt 等（2015）	技术的使用、价值创造的变化、结构变化和财务方面	Business & Information Systems Engineering
李思飞等（2023）	底层技术和实践应用	管理世界
Xie 等（2022）	结构变化和价值创造	Technology in Society

资料来源：笔者整理。

（二）员工数字能力

20世纪90年代开始形成的数字能力框架主要聚焦技术能力。随着数字技术的进步与普及，数字能力的内涵开始发生巨大的转变。Punie 等（2014）从多层面较为全面地将数字能力定义为：使用信息通信技术和数字媒体执行任务时所需的一套知识、技能、态度、能力、战略和意识，可以用于解决问题、沟通、管理信息、合作、创建和共享内容，还能高效、批判性、创造性、自主、灵活地为工作、休闲、学习、社交和赋权建立知识体系[③]。随后，欧盟委员会构建的数字能力框架得到普遍认可，它认为数字能力由信息和数据素养、沟通和协作、数字内容创作、安全和解决问题五个部分组成[④]。经济合作与发展组织则较为抽象地将数

---

① 李思飞，李鑫，王赛，等．家族企业代际传承与数字化转型：激励还是抑制？［J］．管理世界，2023（6）：179-191.

② Xie Y.，Chen Z.，Boadu F.，et al. How does digital transformation affect agricultural enterprises' pro-land behavior：The role of environmental protection cognition and cross-border search ［J］. Technology in Society，2022，70：101991.

③ Punie Y.，Brecko B. N.，Ferrari A. DIGCOMP：A Framework for Developing and Understanding Digital Competence in Europe ［R］.Publications Office of the European Union，2014.

④ Christine R. European framework for the digital competence of educators：DigCompEdu ［R］. European Commission，2017.

字能力视为自信、批判和负责地使用那些在信息社会中用于工作、娱乐或教育的技术的能力①。

随着对数字能力的研究逐渐深入，国内外开始从组织和个体两个主体层面的探究数字能力。在组织层面，数字能力被认为是在数字时代影响组织竞争力和持续成功的关键因素，它包含数字基础设施、数字集成和数字管理三个方面②。围绕个体层面的数字能力研究大多聚焦教育领域，主要涵盖教育者的数字素养和数字技能，而以企业员工为主体的数字能力研究还较为缺乏③。此外，早期研究并没有明确地区分数字能力与数字素养、技术能力的区别，只是简单地将数字能力视为一个技术层面的单维结果。事实上，数字能力不只包括简单的技能或工具性知识要素，还囊括了认知过程之间的复杂整合，以及伦理意识。

对组织员工而言，数字能力不仅是个人职业发展的基础，也是缩小个体与组织之间，以及个体之间数字鸿沟的重要手段。传统的数字技能已经不足以应对个体在数字时代所面临的挑战和要求，研究将聚焦在内涵更为广泛的数字能力④。数字能力不仅涉及员工运用数字技术分析和解决问题的技能，更涵盖在此过程中员工具备的批判性和创造性的思考及道德认知⑤。因此，本章将员工数字能力视为组织中的个体对数字技术功能及应用场景的认知，以及应用数字技术解决实际问题的综合素养，是个体有关数字技术的知识、技能和态度的集合体。它包含数字技能（Digital Skill）和数字认知（Digital Cognition）两部分，其中，数字技能体现个体理解数字技术并将其应用于工作需要以解决现实问题的能力；数字认知反映个体对技术环境的感知，以及对数字技术识别和应用时具备的态度和依据的规范，它影响员工对数字技术的理解程度和应用方式。

（三）数字自我效能感

自我效能概念萌芽于社会认知理论，它解释了个体、行为和环境因素之间的

---

① Organisation for Economic Co-operation and Development（OECD）. The future of education and skills：Education 2030［J］. OECD Education Working Papers，2018.

② Pesha A. The development of digital competencies and digital literacy in the 21st century：A survey of studies［J］. Education and Self Development，2022，17（1）：201-220.

③ Zhao Y.，Llorente A. M. P.，Gómez M. C. S. Digital competence in higher education research：A systematic literature review［J］. Computers & Education，2021，168：104212.

④ Elena S.，Nikolay S. Methods of estimation of digital competences of industrial enterprises employees by means of neural network modelling［J］. Methods，2019，40（27）：5.

⑤ Norveel J.，Gonzalez R.，Presthus W. Basic digital competence in Norwegian banking［J］. Procedia Computer Science，2022，196：183-190.

相互影响，学习与动机的关系，以及行为改变的主动和替代过程①。作为个体可控的为数不多的领域，自我效能感多被应用于指导个体自我实现，是指个体相信自己有能力组织和执行达成既定目标所需的行动方案和资源，意味着个体可以通过自我激励、思维过程、情感状态和行动，或根据自己的效能信念改变环境条件来调节自己的行为②。自我效能感是将个体能力、资源和态度转化为具体行为并形成预期结果的重要心理因素。

随着研究的不断深入，自我效能感被嵌入不同的个体认知或行动场景，形成计算机自我效能、互联网自我效能等研究。例如，Marakas 等（1998）从可操作化的角度将计算机自我效能感（Computer Self-efficacy）划分为一般性计算机自我效能和特定性计算机自我效能；其中，一般性计算自我效能是指个体在多个计算机应用领域对效能的判断，它主要受到个人随时间积累相关性使用经验的影响；特定性计算机自我效能聚焦于指定的应用程序，指的是个体在通用计算领域内执行特定的与计算机相关任务时所具备的效能感，它代表个体对使用特定软件工具所具备能力的感知③。随着计算机网络化的不断发展，从计算机自我效能感中衍生出互联网自我效能感（Internet Self-efficacy）。互联网自我效能感是关于个体、行为和环境因素影响特定结果的认知结构，反映了个体对其使用电脑及网络的能力判断④。在信息与通信技术的特定背景下，互联网自我效能感反映个体对自己成功实施互联网行动的能力所具备的信心，而这些互联网行动是提供特定服务或完成特定目标所必需的条件⑤。

在数字经济时代，数字技术广泛应用于工作和生活的不同场景。为了回答"个体如何才能更好地激发和应用数字能力以完成具有挑战性的工作"这一重要问题，有关数字自我效能感的研究逐渐兴起。Brivio 等（2016）基于教育与平板电脑使用的场景，在互联网自我效能感的基础上首先发展出数字自我效能感

---

① Bandura A. Self-efficacy：The exercise of control ［M］. New York：W. H. Freeman，1997.

② Lemon N. , Garvis S. Pre-service teacher self-efficacy in digital technology ［J］. Teachers and Teaching，2016，22（3）：387-408.

③ Marakas G. M. , Yi M. Y. , Johnson R. D. The multilevel and multifaceted character of computer self-efficacy：Toward clarification of the construct and an integrative framework for research ［J］. Information Systems Research，1998，9（2）：101-215.

④ Compeau R. , Higgins A. Computer self-efficacy：Development of a measure and initial test ［J］. MIS Quarterly，1995，19（2）：189-211.

⑤ Eastin M. S. , Larose R. Internet self-efficacy and the psychology of the digital divide ［J］. Journal of Computer-mediated Communication，2000，6（1）：611.

（digital self-efficacy）的概念①。Santoro 等（2020）将数字自我效能感定义为个体对自身应用数字技术达成预期目的的积极自我认知，它能够使个体更为积极和持久地使用数字技术，并在心理层面上形成对数字技术的积极态度，进而形成更高程度的数字素养②。

与一般意义的自我效能感相比，特定领域或任务的自我效能感，并不是整体性的，而是更有针对性，更能够促进个体在该领域或任务方面的学习与成就③。在企业数字化转型背景下，Malodia 等（2023）认为，"数字自我效能"是企业家在有效采用数字技术方面的自我效能，以及其在硬件和软件方面保持最新更新和版本升级的能力④。最近的研究已经表明，具有高水平数字自我效能感的人在使用数字技术方面更加持久和熟练，对数字技术具备更为积极和开放的态度⑤。由此可见，在企业数字化转型过程中，员工的数字效能感扮演着更为基础和关键的角色。

（四）团队领导

高阶理论一直强调管理者特别是高层管理者在提升组织绩效，推动创新方面的关键价值。领导（Leadership）在管理者驱动员工行为和组织目标达成方面具有不可替代的作用，不同的领导风格在不同的情境下都会产生不同的结果⑥。对员工而言，Fry（2003）强调，领导是一种战略工具，它可以激励员工，增强其成长和发展潜力⑦。员工对领导认同感越高，他们越愿意改变自己的价值观并与

①　Brivio E. , Serino S. , Galimberti C. , Riva, G. Efficacy of a digital education program on Life Satisfaction and digital self efficacy in older adults： A mixed method study ［J］. Annual Review of Cybertherapy and Telemedicine, 2016 (14)： 45-50.

②　Santoro G. , Quaglia R. , Pellicelli C. , De Bernardi P. The interplay among entrepreneur, employees, and firm level factors in explaining SMEs openness： A qualitative micro-foundational approach ［J］. Technological Forecasting and Social Change, 2020, 151： 119820.

③　Akgül G. , Ergin D. A. School counselors' attitude toward online counseling services during the pandemic： The effects of resilience and digital self-efficacy ［J］. Psychology in the Schools, 2022, 59 (8)： 1672-1685.

④　Malodia S. , Mishra M. , Fait M. , et al. To digit or to head? Designing digital transformation journey of SMEs among digital self-efficacy and professional leadership ［J］. Journal of Business Research, 2023, 157： 113547.

⑤　Santoro G. , Quaglia R. , Pellicelli A. C. , De Bernardi, P. The interplay among entrepreneur, employees, and firm level factors in explaining SMEs openness： A qualitative micro-foundational approach ［J］. Technological Forecasting and Social Change, 2020, 151： 119820.

⑥　Khan V. , Hafeez M. H. , Rizvi S. M. H. et al. Relationship of leadership styles, employees commitment and organization performance a stady on customer support representatives ［J］. European Journal of Economics, Finance and Administrative Sciences, 2012, 49 (1)： 133-143.

⑦　Fry L. W. Toward a theory of spiritual leadership ［J］. The Leadership Quarterly, 2003, 14 (6)： 693-727.

领导保持一致，各成员间也更信任对方，这种信任关系为团队开展工作创设了轻松的环境氛围，有助于员工主动行为的增加①。而管理者能更全面地了解组织和环境可能或正在发生的变化，通过团队领导设立组织目标并考虑种种途径以达成目标；同时，通过团队领导协调团队成员间的关系和活动，激发团队成员的工作热情，以有效地开展工作并最终达成组织目标②。

团队领导的本质是影响成员理解并接受共同任务，进而融合个体和团队努力以实现共同目标的社会互动过程。有效的团队领导能够形成良好的团队互动环境，以增强团队成员间的合作与沟通，进而引导团队成员去追求和达成团队目标，但不同的领导风格或领导方式会产生不同的领导效果。目前，对领导风格类型的理解已有大量观点，涵盖参与式和命令式领导，专制型和民主型领导，仁慈和道德领导，开放式和闭合式领导等方面③。但是，变革型和交易型领导仍被视为团队领导风格的重要方面，得到大量研究支持④。因此，本章从变革型（Transformational）与交易型（Transactional）领导两个类别探讨团队领导在企业数字化转型中扮演的关键角色⑤。其中，变革型领导突出创造和分享组织愿景，积极展示精神刺激和理想目标，以及鼓舞人心的动机，是以愿景为内核的领导风格；而交易型领导则重视通过提供奖励、积极监控与回馈，并在必要时采取纠正的措施引领下属，被视为以任务为中心的领导风格。

（五）网络管理

网络管理（Network Management）已从组织行为、战略管理、创新管理等多个领域进行探究，涵盖工业和商业网络、战略网络、创新管理网络等诸多议题⑥。Khanna（1998）认为网络管理是一组可识别的企业内部流程，用于启动、培育和重组网络关系⑦，而 Sarkar 等（2009）认为网络管理是一种有价值的组织

---

① Peng J., Li M.Z., Wang Z., Lin Y. Transformational leadership and employees' reactions to organizational change: Evidence from a meta-analysis [J]. The Journal of Applied Behavioral Science, 2021, 57 (3): 369-397.

② Liu W., Gumah B. Leadership style and self-efficacy: The influences of feedback [J]. Journal of Psychology in Africa, 2020, 30 (4): 289-294.

③ 罗瑾琏，赵莉，韩杨，等. 双元领导研究进展述评 [J]. 管理学报，2016 (12): 1882-1889.

④ Bachrach D.G., Mullins R. A Dual-process contingency model of leadership, transactive memory systems and team performance [J]. Journal of Business Research, 2019: 297-308.

⑤ Burke C.S., Stagl K.C., Klein C., et al. What type of leadership behaviors are functional in teams? A meta-analysis [J]. The Leadership Quarterly, 2006, 17 (3): 288-307.

⑥ Dhanaraj C., Parkhe A. Orchestrating innovation networks [J]. Academy of Management Review, 2006, 31 (3): 659-669.

⑦ Khanna T. The scope of alliances [J]. Organization Science, 1998, 9 (3): 255-433.

能力，也是竞争异质性的关键驱动因素①。随后，Jeong 等（2021）扩展了网络管理概念的内涵，认为企业参与有价值的网络更有助于克服干扰战略活动的因素，关系管理和投资组合管理都是有助于企业改善企业网络的重要内容②。网络管理的目标是启动和促进组织内部及组织间的互动过程，创造和改变网络安排以更好地协调资源或创造新内容，如探索新的想法以及引导互动③。有研究表明，有效的网络管理伴随着优质的绩效输出，尤其在推动创新与价值创造方面，网络管理是必不可少的组织活动④。

有关网络管理的研究流派主要分为两个，一个是基于网络理论的结构主义，但这种将网络优势归结于机会差异的观点逐渐受到越来越多研究的质疑⑤；另一个是新兴的基于战略网络的管理视角，将重点放在内部管理实践上，帮助企业塑造本地网络结构，获得竞争优势⑥。大多数研究将网络管理视为通过产生和协调组织间的合作对网络进行干预，忽略了企业内部各部门、团队、成员间的交流合作，管理视角有效解决了被传统的结构视角所忽略的企业内部活动⑦。作为一种极具价值的组织活动，网络管理是企业获得可持续性竞争优势的有力驱动因素。Möller 和 Halinen（1999）提出了网络管理的四个基本层次：行业网络层面、企业网络层面、关系组合层面和交换关系层面，分别涉及网络视觉、网络管理、组合管理以及关系管理⑧。本章遵循已有研究观点⑨，基于组织内部活动将网络管理区分为关系管理（Relationship Management）和组合管理（Portfolio Management）两个方面，其中，关系管理描述了公司参与实践以培养个人网络联系的程度，包括协

①　Sarkar M. B. , Aulakh P. S. , Madhok A. Process capabilities and value generation in alliance portfolios [J]. Organization Science, 2009, 20（3）：583-600.

②　Jeong S. W. , Ha S. , Lee K. H. How to measure social capital in an online brand community? A comparison of three social capital scales [J]. Journal of Business Research, 2021, 131：652-663.

③　Edelenbos J. , Klijn E. H. Managing stakeholder involvement in decision making：A comparative analysis of six interactive processes in the Netherlands [J]. Journal of Public Administration Research and Theory, 2006, 16（3）：417-446.

④　Walker R. M. , O' Toole L. J. Jr, Meier K. J. It' s where you are that matters：The networking behaviour of English local government officers [J]. Public Administration, 2007, 85（3）：739-756.

⑤　Gulati R. , Lavie D. , Madhavan R. How do networks matter? The performance effects of interorganizational networks [J]. Research in Organizational Behavior, 2011, 31：207-224.

⑥⑨　Reck F. , Fliaster A. , Kolloch M. How to build a network that facilitates firm-level innovation：An integration of structural and managerial perspectives [J]. Journal of Management Studies, 2022, 59（4）：998-1031.

⑦　Ojasalo J. Key network management [J]. Industrial Marketing Management, 2004, 33（3）：195-205.

⑧　Möller K. K. , Halinen A. Business relationships and networks：Managerial challenge of network era [J]. Industrial Marketing Management, 1999, 28（5）：413-427.

调和沟通的实践①；组合管理描述了解决整个公司网络的流程，包括识别企业内部的潜力，协调与合作伙伴的关系，监控公司的网络流程和绩效②。

二、研究假设发展

（一）员工数字能力与数字化转型

随着物联网、大数据、云计算和人工智能的快速兴起与发展，数字技术在企业管理及运营中的推广应用逐渐为员工带来全新的挑战。为了应对工作要求和职业挑战，ICT（信息、媒体和技术）技能作为数字技能的一部分，越发成为组织员工的必备技能之一③。不仅如此，Frank 等（2019）强调，在面对数字技术的工作挑战时，仅靠数字技能与知识是不够的，应用并理解数字技术以识别潜在机会、解决实际问题并开拓创新也至关重要④。尽管诸多研究强调了技能或能力的重要性，但88%的工作场所没有采取任何行动来解决员工缺乏数字技能的问题，导致绩效停滞不前，企业的数字化进程被严重耽误⑤。可见，员工数字能力对企业数字化应用及创新具有基础作用。

制造企业数字化转型并不是对数字技术或软件系统的简单应用，它还涉及适应数字技术扩散引发的整体性组织变革。与传统服务企业及先天数字化企业相比，传统制造企业的数字化转型不仅涉及数字技术在某些业务环节的应用，而且涉及运营结构、管理模式，以及生产方式与商业活动持续而深刻的变革，这表明制造企业从工业化向数字化的转型是跨体系转型而非同一体系内的转型⑥。因此，制造企业数字化转型需要组织员工在不同程度上具备使用 ICT 和数字媒体的相关能力。数字化转型措施的成功取决于员工在变革过程中的自觉参与，且如果

---

① Schilke O., Goerzen A. Alliance management capability: An investigation of the construct and its measurement [J]. Journal of Management, 2010, 36 (5): 1192-1219.

② Hoffmann H. Strategies for managing a portfolio of alliances [J]. Strategic Management Journal, 2007, 28: 827-856.

③ Shakina E., Parshakov P., Alsufiev A. Rethinking the corporate digital divide: The complementarity of technologies and the demand for digital skills [J]. Technological Forecasting and Social Change, 2021, 162: 120405.

④ Frank A. G., Mendes G. H. S., Ayala N. F., et al. Servitization and Industry 4.0 convergence in the digital transformation of product firms: A business model innovation perspective [J]. Technological Forecasting and Social Change, 2019, 141: 341-351.

⑤ Guitert M., Romeu T., Colas J. F. Basic digital competences for unemployed citizens: Conceptual framework and training model [J]. Cogent Education, 2020, 7 (1): 1748469.

⑥ Singh S., Sharma M., Dhir S. Modeling the effects of digital transformation in Indian manufacturing industry [J]. Technology in Society, 2021, 67: 101763.

没有管理者和员工的数字化能力，数字化转型就无法实现①。因此，管理者应该意识到员工对于数字化转型的重要性。

基于以上分析，本章认为员工数字能力是制造企业数字化转型的关键能力基础，也是推动制造企业在组织管理及业务运营等方面达成数字化目标的关键动力。因此，本章提出如下假设 H4-1：

H4-1：员工数字能力对制造企业数字化转型有积极影响。

（二）数字自我效能感的中介效应

企业数字化转型涉及企业内部各流程的变革与更新，需要全体成员的广泛参与。企业为实现数字化应用及创新的组织目标，需要自上而下地将数字任务进行层层分解，落实到一线员工的数字活动中。Iyanna 等（2022）的研究指出，组织数字目标的实现不仅与员工的数字能力息息相关，而且最终决定这些能力发挥的是员工的意愿及自主性②。同时，越来越多的研究探究了员工个体特质或性格差异对企业绩效表现的影响，那些拥有神经质、责任心和接受度等人格特质的员工在工作中表现出更为优异的绩效，因此员工的绩效产出很大程度上并不是与能力高低直接相关，而是员工心理活动及认知对员工能力释放及绩效产出产生"控制性"影响③。可见，员工心理特质及认知水平是影响能力发挥并最终转化为组织绩效的重要因素。

在企业数字化转型过程中，数字自我效能感用于建立员工的工作积极性，释放员工自身的数字能力，最大化发挥员工对达成企业目标的热情，对转化员工数字技能并实现较高水平产出具有重要影响④。一方面，高水平的数字能力能够积极影响个体在工作中履行职责的信念，以及在完成任务中的自主性和主动自我决策。Galindo-Domínguez 和 Bezanilla（2021）在时间管理研究中证实数字能力对自我效能感的促进作用，他们指出个体较差的时间管理、组织技能及情绪调节能力会对自我效能感产生负面影响，但具备高水平数字技术应用技能可以帮助个体建

① Solberg E., Traavik L. E. M., Wong S. I. Digital mindsets: Recognizing and leveraging individual beliefs for digital transformation [J]. California Management Review, 2020, 62 (4): 105-124.

② Iyanna S., Kaur P., Ractham P., Talwar S., Islam N. Digital transformation of healthcare sector. What is impeding adoption and continued usage of technology-driven innovations by end-users? [J]. Journal of Business Research, 2022, 153: 150-161.

③ Khatiri M., Taghi Y., Gholami R., et al. Personality characteristics, managers' financial intelligence and corporate performance [J]. Financial Accounting Knowledge, 2019, 6 (3): 141-165.

④ Maran T. K., Liegl S., Davila A., et al. Who fits into the digital workplace? Mapping digital self-efficacy and agility onto psychological traits [J]. Technological Forecasting and Social Change, 2022, 175: 121352.

立时间管理能力，进而改善自我效能感①。事实上，自信地使用数字技术是数字自我效能感的特征之一，而建立自信的基础便是能力。从数字技能的角度讲，通过适当的培训使员工掌握必要的技能，数字化可以带来巨大的积极影响，显著影响劳动生产率的增长②，随着员工工作效率和任务完成度的提高，他们会产生内在的效能感，有利于后续企业目标的实现。从数字认知的层面来看，当员工身处数字环境，除了需要有效利用数字技术和数字设备提高自己的业务效率外，培养数字认知也同样重要。研究表明，员工一旦缺乏较为全面的数字认知，就无法准确地识别和整合繁杂的信息，导致员工无法达到预期工作目标，进而造成较低的自我效能感，对数字活动丧失兴趣和信心。与此相对，具有较为系统数字认知的员工会辩证地看待数字技术对组织与工作的要求和挑战，进而形成更为积极和主动的看法③。

另一方面，自我效能感被认为对创业或经营企业的个人的商业目标、学习行为、毅力和成长愿望有很大的影响④。例如，有研究已经证实，一般来说，拥有高度自我效能感的企业家认为，即使在竞争日益激烈和不确定的环境中，他们也能够承担风险以取得成功⑤。这表明，当个体对完成某一项任务充满信心时，他们会更愿意集中注意力并想办法解决问题，坚持完成任务，从而改善组织和绩效。Malodia 等（2023）在研究数字自我效能感与数字技术的积极态度及职业兴趣中，证实了数字自我效能感对数字化转型的积极作用；他们指出企业依赖员工对数字技术的良好态度和积极认知，使其所采取的数字战略和应用的数字工具更加高效，能更快速地应对不断变化的商业环境⑥。此外，企业在数字环境中的价

---

① Galindo-Domínguez H., Bezanilla M. J. Promoting time management and self-efficacy through digital competence in university students: A mediational model [J]. Contemporary Educational Technology, 2021, 13 (2): 294-307.

② Chen C. C., Greene P. G., Crick A. Does entrepreneurial self-efficacy distinguish entrepreneurs from managers? [J]. Journal of Business Venturing, 1998, 13 (4): 295-316.

③ Yang H. Y., Zhou D. H. Perceived organizational support and creativity of science-technology talents in the digital age: The effects of affective commitment, innovative self-efficacy and digital thinking [J]. Psychology Research and Behavior Management, 2022, 15: 2421-2437.

④ Zhao H., Seibert S. E., Hills G. E. The mediating role of self-efficacy in the development of entrepreneurial intentions [J]. Journal of Applied Psychology, 2005, 90 (6): 1265-1272.

⑤ Baum J. R., Bird B. J. The successful intelligence of high-growth entrepreneurs: Links to new venture growth [J]. Organization Science, 2010, 21 (2): 397-412.

⑥ Malodia S., Mishra M., Fait M., et al. To digit or to head? Designing digital transformation journey of SMEs among digital self-efficacy and professional leadership [J]. Journal of Business Research, 2023, 157: 113547.

值创造，以及作为价值创造重要体现的创新也离不开员工的能动作用。Opland 等（2022）指出，尽管现有研究多将价值创造活动归结于管理层的战略集中，但创新的替代起点——用户驱动和技术驱动的创新逐渐流行，并最终导致员工驱动型创新的出现①。因此，数字时代的员工能动性和创造性在驱动数字技术扩散及应用方面扮演着不可替代的角色。

综上所述，具备高水平数字能力的员工能够更容易地形成对数字工具的驾驭感，以及完成工作任务的自信心；而在数字技术环境下，员工良好的数字自我效能感能够推动数字技术及工具在组织中的扩散和应用，进而推动企业数字化转型。据此，本章提出如下假设 H4-2：

H4-2：数字自我效能感在员工数字能力与企业数字化转型之间发挥中介作用。

（三）团队领导和网络管理的权变效应

在企业数字化转型活动中，管理团队对组织技术创新采用何种决策产生巨大影响，领导支持是开展数字化转型，构建数字能力的关键因素，而员工的行为以及在数字活动中的表现甚至是思维方式都会在不同程度上受到团队领导的直接或间接影响和支配。此外，员工在工作中付出多少努力、表现得如何、对工作的满意程度，甚至对知识技能的接受与发挥水平，均受到管理者态度和行为的影响。同时，不同的领导风格对员工态度及行为的影响也是千差万别。已有研究发现，变革型领导作为组织行为研究中倡导的一种"以人为本"的领导风格，主要是通过勾画出宏伟的愿景，给予员工较多的鼓励、尊重和支持，为员工创造彼此相互信任的工作氛围，激发员工为实现共同目标而努力，而这一过程即使在团队没有完善的奖惩措施的情况下，也能保证团队成员完成其角色内任务②。与之相对，交易型领导较少地依赖出色的团队，以及达成目标的过程，而是聚焦于团队成员的行为是否与奖励或惩罚相关联，通过持续的反馈和奖罚分明来促进团队达成目标③。在数字化工作情境下，变革型领导通过建立数字技术应用良好前景的组织愿景与氛围，对员工的工作积极性和工作创新性起到了一定的激发作用，使

① Opland L. E., Pappas I. O., Engesmo J., et al. Employee-driven digital innovation: A systematic review and a research agenda [J]. Journal of Business Research, 2022, 143: 255-271.

② Zheng H., Chen K., Schlegel R. How do people judge meaning in goal-directed behaviors: The interplay between motive-accordance and performance [J]. Personality and Social Psychology Bulletin, 2018, 44 (11): 1582-1600.

③ Jensen U. T., Andersen L. B., Bro L. L., et al. Conceptualizing and measuring transformational and transactional leadership [J]. Administration & Society, 2019, 51 (1): 3-33.

员工在工作上不怕困难、勇于挑战，以取得更佳的工作绩效①，进一步帮助员工形成更为积极的数字自我效能感；交易型领导则通过企业现有的数字技术优化流程，提高团队整体效率，促使员工将更多的精力投入可被考核与量化的本职工作中，以进行更多的即时资源交换②，即时的获得感和满足感驱使员工将掌握的数字能力变为内在动力。

由此可见，员工数字能力与数字自我效能感的积极关系受到管理者领导风格的影响，不同的领导风格可能会对员工数字能力的释放及数字自我效能感的形成产生差异化作用。据此，本章提出如下假设 H4-3：

H4-3：团队领导（H4-3a 变革型领导/H4-3b 交易型领导）正向调节员工数字能力与数字自我效能感的积极关系。

成功的数字化转型涉及学习并采用强大的数字技术，其最主要的障碍之一是企业管理方式变革的阻力，即难以从工业时代的逻辑与管理转变为数字时代的思维和管理③。研究表明，网络管理在数字化情境下对提高企业绩效具有显著作用④。作为一种管理方式，网络管理连接着组织成员和企业整体。管理者应该认识到，网络管理需要规划、组织、领导和控制⑤，每种类型的网络所需的管理任务都不同，在进行企业活动时，要确保员工可以使用内外部资源，最大限度地激发员工的内在动力。此外，先前的研究表明，网络管理与取得良好的结果密切相关⑥，企业通过网络管理激发员工工作的自主性，挖掘自下而上的驱动力，助力企业目标的实现。因此，网络管理在激发员工意愿和积极心理，促进组织目标达成方面扮演着重要角色。

网络管理包括关系管理和组合管理两个方面：一方面，关系管理旨在培养成员之间的高频联系，互相联系越紧密的成员关系越有利于成员将内在想法付诸行动。在数字化情境下，这种积极的组织氛围有利于产生新的价值创造手段，因为

① Hellriegel J. Leadership [M]. New York：Harper & Row, 2006.

② Pillai R., Schriesheim C. A., Willams E. S. Fairness perceptions and trust as mediators for transformational and transactional leadership：A two-sample study [J]. Journal of Management, 1999, 25（6）：897-933.

③ Denning S. Recognizing and outmaneuvering the resistance to digital transformation [J]. Strategy & Leadership, 2023, 51（2）：10-16.

④ Reck F., Fliaster A., Kolloch M. How to build a network that facilitates firm-level innovation：An integration of structural and managerial perspectives [J]. Journal of Management Studies, 2022, 59（4）：998-1031.

⑤ Järvensivu T., Möller K. Metatheory of network management：A contingency perspective [J]. Industrial Marketing Management, 2009, 38（6）：654-661.

⑥ Meier K. J., O'Toole L. J. Jr. Managerial strategies and behaviour in networks：A model with evidence from U. S. public education [J]. Journal of Public Administration Research and Theory, 2001, 11（3）：271-294.

个体的主动性和积极性能够得到足够的外部支持，并增加成功实施的可能性，从而在组织内部涌现一股自下而上的企业数字活动助推力量[①]。另一方面，组合管理涉及外部合作者之间的关系保持，它会间接影响企业的整体绩效。在良好的组合管理框架下，当员工形成数字技术对完成工作任务具有重要作用的积极信念或价值观时，便会利用社交网络寻求信息资源，并倾向于将个体的关系资本化，以利用社会关系提高外部合作的相互依赖性，进而增强网络优势，提高社会网络资源攫取水平，最终使企业在数字化转型过程中获益[②]。

可见，在企业数字化转型过程中，一旦形成员工对数字技术的积极认知和工作自信，有效的网络管理能够从内部和外部两个方面为员工的数字自我效能感提供网络资源和行动支持，从而强化员工数字自我效能感与企业数字化转型的积极关联。因此，本章提出如下假设 H4-4：

H4-4：网络管理（H4-4a 关系管理/H4-4b 组合管理）正向调节数字自我效能感与数字化转型的积极关系。

根据上述假设，本章的研究框架如图 4-1 所示：

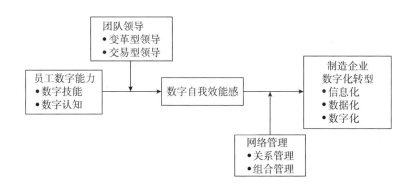

图 4-1　本章的研究框架

资料来源：笔者设计。

---

①　Scuotto V., Nicotra M., Del Giudice M., Krueger, N., Gregori, G. L. A microfoundational perspective on SMEs' growth in the digital transformation era [J]. Journal of Business Research, 2021, 129: 382-392.

②　Richard S., Pellerin R., Bellemare J., Perrier, N. A business process and portfolio management approach for Industry 4.0 transformation [J]. Business Process Management Journal, 2021, 27 (2): 505-528.

第三节 研究方法

在对核心概念进行界定并构建研究模式后，本节根据实证模型进行问卷测量与开发，并通过问卷调查获取研究数据，为后续研究数据分析及研究假设检验提供数据支持。

一、变量测量与问卷开发

本章运用问卷调查的方式获取研究数据，对研究概念的测量均借鉴或改编已有成熟量表。其中，员工数字能力的测量工具借鉴 Mehrvarz 等（2021）和 Zahoor 等（2023）的量表[1][2]，并结合制造企业场景进行改编，从数字技能和数字认知两方面进行测量，共 8 个问项；企业数字化转型的测量改编自 Verhoef 等（2021）[3] 的测量工具，从信息化、数据化和数字化三方面进行测量，共有 12 个问项；对数字自我效能感的测量借鉴 To 等（2020）[4] 的工具，共 3 个问项；对团队领导的测量借鉴李巍等（2020）[5] 的观点，涵盖变革型和交易型领导两方面，共 8 个问项；对网络管理的测量工具借鉴 Reck 等（2022）[6] 的量表，从关系管理和组合管理两方面进行测量，共 8 个问项。

此外，研究将企业年龄、规模、所有制形式、产品/服务形式作为控制变量。

---

① Mehrvarz M., Heidari E., Farrokhnia M., Noroozi O. The mediating role of digital informal learning in the relationship between students' digital competence and their academic performance [J]. Computers & Education, 2021, 167：104184.

② Zahoor N., Zopiatis A., Adomako S., Lamprinakos G. The micro-foundations of digitally transforming SMEs：How digital literacy and technology interact with managerial attributes [J]. Journal of Business Research, 2023, 159：113755.

③ Verhoef P. C., Broekhuizen T., Bart Y., Bhattacharya A., Dong, J. Q., Fabian, N., Haenlein, M. Digital transformation：A multidisciplinary reflection and research agenda [J]. Journal of Business Research, 2021, 122：889-901.

④ To K., Martinez G., Orero-Blat M., Chau P. Predicting motivational outcomes in social entrepreneurship：Roles of entrepreneurial self-efficacy and situational fit [J]. Journal of Business Research, 2020, 121：209-222.

⑤ 李巍, 冯珠珠, 谈丽艳, 等. 团队领导对创业团队交互记忆系统的影响研究 [J]. 管理学报, 2020（6）：881-890.

⑥ Reck F., Fliaster A., Kolloch M. How to build a network that facilitates firm-level innovation：An integration of structural and managerial perspectives [J]. Journal of Management Studies, 2022, 59（4）：998-1031.

其中，企业年龄分为 5 组：42 个月以下 = 1，42 个月至 5 年 = 2，6～10 年 = 3，11～20 年 = 4，20 年以上 = 5；企业规模以正式员工的数量进行评价：50 人以下 = 1，50～149 人 = 2，150～299 人 = 3，300～499 人 = 4；500 人及以上 = 5；产品/服务形式分为 4 组：以产品为主、服务为辅 = 1，单纯产品 = 2，以服务为主、产品为辅 = 3，单纯服务 = 4；所有制形式分为 3 组：国有企业 = 1，混合所有制企业 = 2，私营企业（含三资企业）= 3。除控制变量外，所有变量的测量均使用李克特 5 点量表进行评价（1 = 完全不同意，5 = 完全同意）。

完成初始问卷开发后，通过预调研获取数据对初始问卷进行修正。在某重点大学向任职于制造企业技术及管理岗的 EMBA 学员发放问卷，共收集有效问卷 150 份。使用 SPSS 26.0 软件对数据进行分析，并运用"相关系数平方（SMC）小于 0.5"和"修正问项总相关系数（CITC）小于 0.4"两项评价指标删除贡献较小的测量问项。根据调研反馈对问项措辞进行修订后，最终形成正式调查问卷。

二、数据采集与样本情况

本章的调查对象为制造企业，综合调研的科学性和可行性，问卷调查主要通过两个方式完成，一方面委托专业的调查机构面向全国收集，另一方面依托于所在地区 MBA 培养院校的 MBA 校友会进行收集。被调查企业需在正式文件或高管讲话中明确提出进行数字化转型，以确保调研对象符合本研究情景。

调查问卷分为两部分，分别由企业管理者和一线员工填写，其中，数字化转型的测量问项由管理者填写，员工数字能力、数字自我效能感、团队领导和网络管理的测量问项由一线员工填写，两部分问卷配对为一份调研数据。调查历时一个月，向 27 家符合调研要求的企业管理者发放第一部分调研问卷，27 家企业的 405 位一线员工填写了第二部分问卷；随后对回收问卷进行整理、复核和配对后，剔除无效、缺失项问卷，得到有效问卷 327 份。研究对所收集的数据分组进行方差分析，没有发现组间差异，说明问卷收集方式的差异对数据没有显著影响。

第四节 实证分析及结论

在完成上述问卷的设计及数据收集之后，本章首先对调研数据的信效度进行核查，确保符合研究标准，其次运用回归分析等方法对主效应、中介效应及调节效应进行检验，最后研究对相关研究假设的检验情况进行总结和分析。

一、信度和效度检验

本章首先进行同源偏差检验，利用 Harman 单因素检验对全部数据进行主成分分析。结果表明，问项及变量解释的累计方差为 64.255%，高于 60% 的标准值，首个因子的解释方差为 43.239%，低于 50% 的标准值，说明数据不存在同源偏差问题。然后利用 Cronbach's α 系数和问项的 CITC 值两项指标来评测变量的信度水平。结果表明（见表 4-2）变量测量的 α 系数均大于 0.7，说明测量问项的内部一致性很好；各变量测量问项的 CITC 值均大于 0.4，表明测量问项的相关性较好，问卷的内在结构较为一致。因此可以认为变量测量的信度比较理想。

表 4-2 测量的信效度分析

变量		问项	CITC	因子载荷	AVE
数字化转型 $\alpha = 0.927$ CR = 0.953	信息化	企业在内部管理中充分使用信息通信技术	0.702	0.835	0.628
		企业将 IT 技术应用于模拟任务以创建信息	0.693	0.822	
		企业将模拟信息/任务编码转换为数字信息/任务	0.685	0.745	
		企业将生产运营、管理及业务等通过软件转化为数据	0.647	0.738	
	数据化	企业运用信息技术改变了管理及业务流程	0.696	0.829	
		企业运用软件、平台等信息技术与客户建立紧密联系	0.692	0.803	
		企业利用信息技术提高工艺质量或产品	0.685	0.774	
		企业运用信息技术实现生产设备之间的连接	0.674	0.752	
	数字化	企业利用数字技术挖掘新商业机会、重塑商业模式	0.698	0.815	
		企业利用数字技术重塑顾客偏好，为市场创造新价值	0.675	0.806	
		数字技术的应用改变企业、顾客和竞争对手之间的角色	0.656	0.797	
		企业利用数字技术重组业务，以获得竞争优势	0.627	0.785	

测量模型值：$\chi^2/df = 1.903$；$p = 0.000$；RMSEA = 0.055；GFI = 0.962；AGFI = 0.937；IFI = 0.965；TLI = 0.973

续表

变量		问项	CITC	因子载荷	AVE
员工数字能力 α = 0.904 CR = 0.915	数字认知	我可以通过使用数字技术完成合作	0.695	0.812	0.643
		我可以整合和重新制作数字内容	0.676	0.795	
		我有意识地保护个人数据和隐私	0.652	0.783	
		我能确定工作任务的需求并施以技术响应	0.617	0.774	
	数字技能	我可以熟练地使用至少一个操作系统（如 Windows、Android、IOS 等）	0.708	0.821	
		我能够操作至少与个人计算机相关的硬件（如台式机、笔记本电脑、平板电脑或智能手机）	0.695	0.812	
		我能够使用各种应用程序	0.627	0.786	

测量模型值：$x^2/df = 2.248$；$p = 0.000$；RMSEA = 0.046；GFI = 0.983；AGFI = 0.951；IFI = 0.928；TLI = 0.933

变量	问项	CITC	因子载荷	AVE
自我效能感 α = 0.808 CR = 0.817	我非常享受自己对于数字技术的把控能力	0.648	0.798	0.598
	我有动力去学习新的数字技术以获得新知识	0.619	0.767	
	我认为我对数字技术应用得很熟练	0.605	0.755	

测量模型值：$x^2/df = 1.286$；$p = 0.000$；RMSEA = 0.027；GFI = 0.952；AGFI = 0.955；IFI = 0.947；TLI = 0.953

变量		问项	CITC	因子载荷	AVE
团队领导 α = 0.913 CR = 0.929	变革型	上级在完成团队目标的过程中极力展示魄力与自信	0.706	0.819	0.621
		上级总是向团队成员表达对高绩效的热切期望	0.691	0.808	
		上级努力给团队描绘鼓舞人心的未来	0.683	0.782	
		上级始终给团队传达一种使命感	0.672	0.765	
	交易型	当团队成员表现良好时，上级会给予积极反馈和奖励	0.695	0.811	
		当团队成员工作效率高时，上级会给予特别关注和赞扬	0.682	0.792	
		如果团队成员表现得很差，上级会表示不满和批评	0.675	0.763	
		当团队成员工作效率没有达到目标时，上级会立刻指出	0.668	0.759	

测量模型值：$x^2/df = 2.175$；$p = 0.000$；RMSEA = 0.059；GFI = 0.978；AGFI = 0.953；IFI = 0.989；TLI = 0.988

变量		问项	CITC	因子载荷	AVE
网络管理 α = 0.909 CR = 0.918	关系管理	我们与合作伙伴密切沟通，随时了解他们的情况和需求	0.693	0.798	0.616
		我们定期监控我们关系的状态和发展，涉及合作伙伴的目标、潜力和环境	0.691	0.785	
		我们为每个交换关系分配具有相应能力的内部负责人	0.685	0.772	
		我们共同制定并执行跨公司的流程和合作标准	0.672	0.753	

续表

变量		问项	CITC	因子载荷	AVE
网络管理 α = 0.909 CR = 0.918	组合管理	我们积极寻找新的潜在知识交流合作伙伴	0.713	0.815	0.616
		我们评估合作伙伴之间的相互依赖、冲突和协同作用，以全面协调我们的关系组合	0.694	0.799	
		我们根据公司的业务战略制定修改和使用我们网络的目标	0.682	0.768	

测量模型值：$\chi^2/df = 1.947$；$p = 0.000$；$RMSEA = 0.051$；$GFI = 0.963$；$AGFI = 0.952$；$IFI = 0.977$；$TLI = 0.982$

对于效度的检验，本章从内容效度、收敛效度和判别效度三方面进行。在内容效度方面，所有变量的测量问项均借鉴或改编自成熟量表，进而确保测量的内容效度。对收敛效度的检验运用验证性因子分析进行，数据如表4-2所示，每个变量的验证性因子分析模型卡方值与自由度的比值均居于1.0~3.0，RMSEA低于0.08，GFI、AGFI、IFI和TFI均高于0.9，表明各模型的拟合度都比较理想，测量的收敛效度较好。

对判别效度的检验综合运用Pearson相关系数和AVE的平方根两项指标。结果如表4-3所示，任意变量之间的相关系数不等于1，各变量的AVE的平方根均大于所在行列相关系数的绝对值，表明各变量测量的判别效度也较为理想。

表4-3 变量的相关系数与判别效度

变量	均值	标准误	1	2	3	4	5	6	7	8
1. 数字化转型	4.019	0.728	**0.792**							
2. 员工数字能力	4.172	0.596	0.612**	**0.802**						
3. 数字自我效能感	3.954	0.683	0.582**	0.693**	**0.773**					
4. 团队领导	3.862	0.585	0.085	0.259**	0.236*	**0.788**				
5. 网络管理	4.017	0.867	0.427**	0.108	0.128	0.228**	**0.784**			
6. 企业年龄	3.219	1.079	0.097	0.095	0.068	0.128	-0.104	—		
7. 企业规模	2.737	0.832	0.112	0.052	0.125	0.107	0.079	0.248**	—	
8. 所有制形式	3.072	1.272	0.047	-0.238*	0.107	-0.092	-0.053	0.295**	0.113	—

注：对角线值为AVE的平方根；* 表示$p < 0.05$、** 表示$p < 0.01$。

二、主效应和中介效应检验

本章运用SMART PLS 3.0对主效应和中介效应进行检验。首先，检验主效应员工数字能力与制造企业数字化转型之间的关系。结果如表 4-4 所示，在控制变量的前提下，员工数字能力对制造企业数字化转型有正向影响（β=0.374，p<0.001），H4-1 通过实证检验。

其次，对数字自我效能感的中介效应进行检验，结果显示（见表 4-4），员工数字能力对数字自我效能感有正向影响（β=0.318，p<0.001），数字自我效能感又对制造企业数字化转型产生正向影响（β=0.306，p<0.001）；在进一步加入数字自我效能感的中介情况下，数字能力对制造企业数字化转型有正向影响（β=0.395，p<0.001），表明数字自我效能感发挥了部分中介作用，H4-2 得到验证。

表 4-4 主效应与中介效应检验

效应	路径	系数	S. E.	p 值	95%置信区间
主效应	员工数字能力→制造企业数字化转型	0.374	0.065	0.000	［0.375，0.693］
数字自我效能感	员工数字能力→制造企业数字化转型	0.395	0.088	0.000	［0.237，0.582］
	员工数字能力→数字自我效能感	0.318	0.072	0.000	［0.265，0.713］
	数字自我效能感→制造企业数字化转型	0.306	0.053	0.000	［0.386，0.662］

三、调节效应检验

在主效应和中介效应的基础上，应用 SPSS 26.0 软件进行回归分析以检验调节效应。在进行回归之前，需要对每个变量进行多重共线性检验。结果如表 4-5 和表 4-6 所示，每个变量的膨胀系数（VIF）均小于 3，其中最大值为网络管理（VIF=2.695），最小值为数字自我效能感（VIF=1.258），由此可知所涉及变量之间不存在多重共线性问题，可以进行回归分析。

首先，对团队领导的调节效应进行检验，结果如表 4-5 所示。调节效应的检验步骤如下：引入控制变量企业年龄、规模和所有制形式，自变量员工数字能力，以及调节变量团队领导，得到模型 1；再引入自变量与调节变量的交互项，得到模型 2；为进一步厘清两类团队领导方式各自的调节效应，分别引入员工数字能力与变革型、交易型领导的交互项，得到模型 3 和模型 4。结论显示，员工数字能力与团队领导的交互项对数字自我效能感有显著影响（β=0.237，p<0.01），即 H4-3 得到支持。具体而言，员工数字能力与变革型领导的交互项对数字自我效能感的影响显著（β=0.385，p<0.001），而员工数字能力与交易型

领导的交互项对数字自我效能感的影响不显著（β=0.132，p>0.05），说明 H4-3a 得到支持，而 H4-3b 未通过验证。

表 4-5　团队领导调节效应的回归分析结果

变量		数字自我效能感（1.258）			
		模型 1	模型 2	模型 3	模型 4
控制变量	企业年龄	0.072	0.071	0.053	0.056
	企业规模	−0.093	−0.075	−0.035	−0.046
	企业所有制形式	−0.007	−0.005	−0.008	0.007
自变量	员工数字能力（1.274）	0.327***	0.308***	0.307***	0.309***
	团队领导（2.637）	0.217*	0.196*		
	变革型领导			0.233**	0.234**
	交易型领导				0.139
交互项	员工数字能力×团队领导		0.237**		
	员工数字能力×变革型领导			0.385***	
	员工数字能力×交易型领导				0.132
指标值	R^2	0.479	0.508	0.495	0.512
	F 值	47.938***	53.472***	52.068***	55.361***

注：***表示 $p<0.001$；**表示 $p<0.01$；*表示 $p<0.05$；变量括号内为 VIF 值。

随后，研究对网络管理的调节效应进行检验，结果如表 4-6 所示。调节效应的检验步骤如下：引入控制变量企业年龄、规模和所有制形式，自变量数字自我效能感，以及调节变量网络管理，得到模型 5；再引入自变量与调节变量的交互项，得到模型 6；为进一步厘清网络管理两种类型的调节效应，分别引入数字自我效能感与关系管理、组合管理的交互项，得到模型 7 和模型 8。结论显示，数字自我效能感与网络管理的交互项对制造企业数字化转型有显著影响（β=0.375，p<0.001），表明 H4-4 得到支持。具体而言，数字自我效能感与关系管理的交互项对制造企业数字化转型的影响显著（β=0.293，p<0.01），同时数字自我效能感与组合管理的交互项对制造企业数字化转型的影响也显著（β=0.205，p<0.01），表明 H4-4a 和 H4-4b 均得到实证支持。

表4-6 网络管理调节效应的回归分析结果

变量			制造企业数字化转型 (1.975)			
			模型5	模型6	模型7	模型8
控制变量		企业年龄	−0.103	−0.097	−0.095	−0.098
		企业规模	0.091	0.088	0.076	0.082
		企业所有制形式	−0.015	−0.011	−0.009	0.012
自变量		数字自我效能感 (1.258)	0.296***	0.284***	0.286***	0.279***
		网络管理 (2.695)	0.193*	0.186*		
		关系管理			0.195**	0.191**
		组合管理			0.214**	0.209**
交互项		数字自我效能感×网络管理		0.375***		
		数字自我效能感×关系管理			0.293**	
		数字自我效能感×组合管理				0.205**
指标值		R^2	0.520	0.521	0.560	0.554
		F值	50.910***	51.134***	59.834***	55.975***

注：***表示$p<0.001$；**表示$p<0.01$；*表示$p<0.05$；变量括号内为VIF值。

第五节　本章小结

本章研究基于组织员工的视角，探究驱动制造企业数字化转型的内在机理，运用来自27家数字化转型企业的327份问卷数据进行实证分析，回答了制造企业数字化转型中如何挖掘一线员工的潜力这一关键问题，形成如下研究结论。

一、研究结论及讨论

首先，员工数字能力是制造企业数字化转型的基层力量，而数字自我效能感在转化员工数字能力方面扮演关键角色。实证分析数据表明，一方面，员工数字能力对制造企业数字化转型有积极效应。从数字技术应用层面看，制造企业数字化转型并不是简单地应用数字技术或软件系统，它是企业整体性变革，而员工能力是这一变革的重要基础和能力要素。制造业的复杂性和综合性要求制造企业员工具备数字能力，以更好地应用大数据、云计算、区块链等数字技术，因此，员工对数字技术的科学认知以及应用数字技术的综合技能是制造企业数字化转型的重要资源和能力基础。另一方面，数字自我效能感在员工数字能力与制造企业数字化转型关系之间扮演着部分中介角色。这意味着，数字能力越强的员工更容易形成更为全面和积极的数字认知，是员工建立对数字技术积极性的能力基础，是数字情境下出色完成工作的信心来源。同时，高水平的数字自我效能感可以使员工在完成工作和达成组织目标的过程中更好地理解企业的数字战略，更积极地应用数字工具创造价值，从而为企业的数字化转型提供绩效输入。

其次，团队领导在发挥员工数字能力方面具有关键作用，相较于交易型领导，变革型领导更有助于激发员工的数字能力，进而形成更为积极和能动的态度，即数字自我效能感。数据分析结论显示，变革型领导正向调节数字自我效能感与企业数字化转型的积极关系，这意味着，在数字化工作情境下，变革型领导通过建立数字技术应用良好的组织愿景与氛围，帮助员工形成更为积极的数字自我效能感。与之相对，交易型领导的调节作用没有被发现，其可能的原因是，交易型领导较少关注团队，以及达成目标的过程，而是聚焦于团队成员的行为是否与奖励或惩罚相关联；然而，数字技术的应用及效果具有一定的不确定性，其功效具有模糊性，导致以结果奖惩为主要手段的领导方式无法有效引导和激发员工形成内生的数字自我效能感。

最后，网络管理在发挥员工数字自我效能感，进而促进企业数字化转型方面扮演着"放大器"的作用。实证分析结论表明，无论是从关系管理还是从组合管理层面看，网络管理正向调节着数字自我效能感与企业数字化转型之间的积极关系。网络管理作为一种重要的组织管理方式，连接着组织员工，以及组织与外部合作伙伴之间的资源网络，它通过强调内外部协调和沟通的重要性，促使在数字化情境下员工可以获得更充足的内外部资源支持，将数字效能感有效地转化为积极的员工态度和行动，进而推动企业内的数字化应用和创新，实现数字化转型的多阶段目标。

二、研究价值与启示

本章有别于高阶理论关注高管或高管团队的视角，聚焦基层员工在企业数字化转型过程中扮演的关键角色，紧密围绕员工数字能力和数字自我效能感，探究制造企业数字化转型的实现机制，具有一定的理论新意，主要包括：第一，有别于大多数研究将数字化转型视为一种活动、行为或结果，而是结合制造业发展历史及现状，基于过程和阶段视角，从信息化、数据化和数字化三个阶段解构制造企业数字化转型，深化了制造企业数字化转型的内涵研究。第二，基于自下而上的分析思路，探究基层员工的数字能力和数字自我效能感在推动制造企业数字化转型中的关键角色，有别于以往聚焦高管团队的管理者视角，形成推动企业数字化转型的新路径。第三，聚焦团队领导和网络管理在激发员工能力和态度方面的关键角色，形成员工与组织的跨层次分析框架，连接团队及组织管理与员工行为，形成基于员工视角的制造企业数字化转型整合框架，丰富了数字化转型的驱动机制研究。

大多数研究观点将企业数字化转型视为"一把手"工程，强调管理者甚至是高管团队在数字时代推动企业转型升级中的价值，而本章从基层员工视角的系统研究为制造企业的数字化转型提供了若干建议：首先，重视员工数字能力的开发，强调数字认知与数字技能并重。员工数字能力不仅是对数字技术应用的技能，还包括对数字技术应用场景及功能的全面认识和科学判断，甚至包括数字技术应用的道德规范。其次，以变革型领导发掘和转化员工数字能力，使员工在数字情境下形成积极的认知和态度。在数字化转型过程中，强调愿景和目标的领导方式比强调奖惩和绩效的领导方式更有效，更能够将员工数字能力转化为数字自我效能感，从"要我干"转向"我要干"的积极态度。最后，网络管理是赋能员工开展数字应用和创新的重要组织手段，是数字情境下组织关系和资源管理的重要内容。当员工具备高水平数字自我效能感时，企业应该理顺员工与员工之间、员工与组织之间，以及组织与合作伙伴之间的关系，协调资源配置，为员工应用数字技术完成数字任务提供网络资源条件。

三、研究局限与展望

本章围绕员工数字能力和数字效能感，对制造企业数字化转型的实现机制进行了系统研究，虽然形成自下而上的数字化转型驱动机制，具有一定的理论创新和贡献，但仍然存在一些不足，主要表现在：第一，研究的样本数据主要来自我国制造行业，其与其他行业，如服务业存在一定区别，相关驱动机制是否对其他行业企业有效，还需要进一步研究和论证。第二，研究检验了团队领导和网络管理在激发员工数字能力与态度方面的作用，但其他的一些组织行为，如创业导向、组织学习等可能会影响员工数字能力的发挥；后续研究应该进一步拓展分析框架，丰富基层员工视角的企业数字化转型驱动机制模型。第三，由于样本数量的原因，研究未能比较不同年龄、规模和所有制形式的企业在数字化转型驱动机制方面的差异性；后续的研究可以通过扩大样本数量，对不同年龄、规模和所有制形式的企业进行组间分析，以此深化对员工数字能力、数字自我效能感与制造企业数字化转型之间的理论认知。

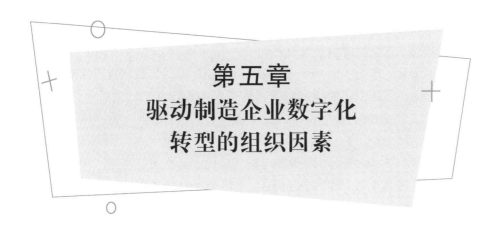

第五章
驱动制造企业数字化
转型的组织因素

制造企业数字化转型是数字时代组织变革的重要体现，目前对组织因素的价值和作用的探究还缺乏综合框架，较少探究不同组织因素之间匹配产生的整合效应。本章借鉴配置理论，从组态视角，基于影响制造企业数字化转型的若干关键组织因素构建整合框架，系统分析制造企业数字化转型的多重驱动模式。研究结论从组织视角为我国制造企业实现数字化转型提供了管理建议。

第一节　研究背景

一、现实背景

经济发展往往是社会变革的产物，而数字化转型是这种变化的最新表现形式之一。"经济高质量发展与全面改革开放"已经成为国家经济发展的重点任务，转型升级已经成为众多中国企业的历史任务，县全 2021 年《政府工作报告》中明确指出加快数字化发展，协同推进数字产业化和产业数字化转型，建设数字中国。随后，2022 年国务院印发的《"十四五"数字经济发展规划》也提到了要纵深推进工业数字化转型，加快推动研发设计、生产制造、经营管理等全生命周期的数字化转型。因此，基于数字化转型的紧迫性，各研究人员和专家对这一新现象进行了密切研究，以确定其对社会实践和劳动的影响、益处、缺点和后果①。然而不幸的是，大部分企业在数字化转型的尝试中并没有取得令人满意的结果，国外的一项调查表明，60%～80%的企业都没有达到预期设置的目标，哪怕是随着时间的推移，这个情况仍然没有得到改善②。《2021 埃森哲中国企业数字转型指数研究》显示，仅有16%的企业在数字化转型时取得显著成效，且其中还包括一些新兴企业。基于上述惨淡的数据，诸多企业面临着"转型找死，不转型等死"的困境，那么如何推动中国企业，尤其是传统制造企业，完成数字化转型成为亟待解决的问题。

数字化转型被认为是各大企业跟上时代步伐、创造竞争优势、改善经营绩效的有力武器。尤其是对于传统企业而言，进入数字时代之后，新兴数字企业的快速发展给传统企业带来了巨大挑战，市场逐渐倾向于数字产业，比如电商平台的蓬勃发展，传统实体企业，尤其是制造企业越来越举步维艰，但任何事物都有两面性，数字技术带来威胁的同时也带来了机遇。数字化转型助力传统企业蝶变，技术能帮助传统企业实现生产销售设备上的进阶与实体产业的快速融合，为传统企业转型升级带来希望，可以说正是数字技术和传统行业的融合带来了数字经济的快速发展，像火种一样点燃了传统企业积蓄多年的力量，将销售停滞转变为企业盈利；不仅如此，数字化转型能促进产业提质增效，促进生产制造过程中的智能化和自动化，降低生产销售成本，重塑业务流程；同时，数字化转型甚至能孕育出新业态新模式，比如共享经济和平台经济，在这种新业态的影响下，生产、分配、交易和消费得以"汇聚一堂"，进而促进新一代技术、高端装备、机器人等产业的兴起，又继续反哺新业态模式，形成良性循环；数字化转型还能助推行业的价值重塑，打通产业链的各个环节，实现数据和技术应用在多产业、多链条的网状串联和协同，进而创造更大的产业价值和客户价值。

随着数字时代的到来，数字化转型越来越多地被讨论。然而，传统企业与天生的数字化企业在数字化转型方面存在巨大差异，这些差异被现有研究所忽视。之前关于数字化转型的研究认为，它是一种行为或结果，而不是内部阶段③。这对于先天数字化（Born Digital）企业来说也许是适用的，技术的使用决定了先天

---

① Butt J. A conceptual framework to support digital transformation in manufacturing using an integrated business process management approach [J]. Designs, 2020, 4 (3): 1-39.

② Tabrizi B., Lam E., Girard K., et al. Digital transformation is not about technology [J]. Harvard Business Review, 2019, 13 (3): 1-6.

③ AlNuaimi B. K., Singh S. K., Ren S., et al. Mastering digital transformation: The nexus between leadership, agility, and digital strategy [J]. Journal of Business Research, 2022, 145: 636-648.

数字化公司对新技术的态度以及利用这些技术的能力，公司需要在成为技术使用方面的市场领导者，有能力创建自己的技术标准和更愿意诉诸已经建立的标准，并将技术视为实现业务运营的手段之间进行抉择。并且，当与数字化相结合时，天生的数字化公司通过使用关键资源更容易降低成本，使挑战性解决方案更容易实现①。然而，对于非先天数字化（Non-born Digital）企业而言，尤其是传统制造企业，数字化转型在传统制造业这样复杂的情况下不可能一蹴而就，它是分阶段和过程的。在数字浪潮到来之前，制造业被许多国家冠以"传统"的前缀，即传统制造业。也就意味着制造企业尚未完成或刚刚开始数字化转型，其生产活动更多地依赖陈旧的设备，陈旧的内部管理流程仍在使用。因此，在改善基础设施、内部流程和企业运营体系的同时，实现数字化转型的机会很少②。数字化转型意味着应用新的数字设备，拥有新的管理流程，挖掘新的市场机会，创造新的竞争优势③。简单来说，改善设施只是制造企业迈向数字化转型的第一步，其后续还需要进行价值创造以及商业模式创新，并最终达到使整个企业全流程、形态都焕然一新。但关于发展中国家许多传统制造企业如何实现数字化转型，数字化转型的阶段和过程是什么，目前还缺乏讨论。

二、理论背景

数字化转型是组织运用人工智能、大数据、云计算和区块链等数字技术革新其价值创造活动以应对环境变化的过程④。在当前政策与技术的双重驱动之下，数字化转型对企业获取竞争优势和持续发展的价值已被证实，但对如何成功推进数字化转型的研究仍较为缺乏⑤。事实上，企业数字化转型意味着运用新的数字技术来实现运营和市场的重大改进，如增强客户体验、简化运营流程或创建新的商业模式等，这不可避免地带来高风险和高失败率，导致超过70%的企业数字化

①　Sadreddin A., Chan Y. E. Pathways to developing information technology-enabled capabilities in born-digital new ventures [J]. International Journal of Information Management, 2023, 68: 102572.

②　Monaghan S., Tippmann E., Coviello N. Born digitals: Thoughts on their internationalization and a research agenda [J]. Journal of International Business Studies, 2020, 51 (1): 11-22.

③　Singh S., Sharma M., Dhir S. Modeling the effects of digital transformation in Indian manufacturing industry [J]. Technology in Society, 2021, 67: 101763.

④　Tabrizi B., Lam E., Girard K., et al. Digital transformation is not about technology [J]. Harvard Business Review, 2019, 13 (3): 1-6.

⑤　Boratyńska K. Impact of digital transformation on value creation in Fintech services: An innovative approach [J]. Journal of Promotion Management, 2019, 25 (5): 631-639.

转型没有达到预期的目标①。

如何有效推进企业数字化转型已经成为理论研究的重要焦点，并取得了丰富的研究成果。但是，现有研究仍有一些缺憾：首先，数字化转型立足于技术资源，又不仅限于技术因素，还包括战略敏捷性、高管领导力、IT能力等因素均被视为影响企业数字化转型的组织因素，但这些驱动企业数字化转型的因素研究均基于不同的分析视角，缺乏整合框架。其次，数字化转型作为组织变革的过程已经得到普遍认同，但是对转型过程的内在逻辑及机理还缺乏研究。正如Verhoef等（2021）所言，数字化转型不仅是数字技术扩散及应用的变革过程，它并不是一蹴而就的，而是具有显著的阶段特征，即企业数字跃迁（Digital Leap）的过程②。最后，从数字化应用层面看，企业类型有天生数字化和后天数字化之分，而传统的制造企业实现数字化转型属于后天数字化，但现有研究并没有明确地进行区分，缺乏针对制造企业数字化转型进行研究，难以为我国大量传统制造企业在数字时代实现转型升级提供理论指引③。

制造业是高度复合化和关联化的国民经济重点行业，制造企业的数字化应用与传统的服务型企业，以及新兴的互联网企业在基础、路径等方面存在着本质区别。随着工业4.0和智能制造的兴起，传统制造企业不断尝试在内部生产流程、产品和服务中集成物联网、自动化算法、云计算或软件服务等数字技术，以提升产品品质和生产效率④。然而，与先天数字化企业相比，制造企业的数字化转型面临着更多的挑战和困境。制造业的数字化是对现有生产及业务模式的颠覆，不仅涉及大量技术及人员的转型挑战，还对复杂的运营流程、组织架构等内部环境带来冲击，需要企业进行重大的组织变革以适应数字技术在组织内部的扩散及应用⑤。有关数字化转型的文献已经证实，组织结构、企业文化、高管团队等因素是驱动数字转型的重要组织条件⑥；然而，这些组织因素的探讨均是在相互独立

---

① Butt J. A conceptual framework to support digital transformation in manufacturing using an integrated business process management approach [J]. Designs, 2020, 4（3）：1-39.

② Verhoef P. C., Broekhuizen T., Bart Y., et al. Digital transformation：A multidisciplinary reflection and research agenda [J]. Journal of Business Research, 2021, 122：889-901.

③ Singh S., Sharma M., Dhir S. Modeling the effects of digital transformation in Indian manufacturing industry [J]. Technology in Society, 2021, 67：101763.

④ 肖静华. 企业跨体系数字化转型与管理适应性变革 [J]. 改革, 2020（4）：37-49.

⑤ 许宪春, 张美慧, 张钟文. 数字化转型与经济社会统计的挑战和创新 [J]. 统计研究, 2021, 38（1）：15-26.

⑥ Jones M. D., Hutcheson S., Camba J. D. Past, present, and future barriers to digital transformation in manufacturing：A review [J]. Journal of Manufacturing Systems, 2021, 60：936-948.

的情境下展开，缺乏对不同因素互动及其对数字化转型影响的探究。

以前对数字化转型的大量研究聚焦于外部视角，比如政策变革、经济因素、民族文化，尤其是技术动荡①。然而，数字化转型的成功与否，技术的使用真的是决定性因素吗？技术的革新和应用的关键在于更新设备，而设备往往只起到工具性的作用，复杂的数字化转型内在机理绝不是简单的信息化、自动化能解释的，否则数字化转型的成功率不会仅为16%。相反地，数字化转型的关键要素存在于企业内部。那些转型成功的企业一定伴随着内部视角的革新，在任何数字化转型过程中，人和组织因素都处于中心地位②。首先，组织变革助力数字技术的作用发挥，提高技术赋能的程度，使企业有能力和条件使用新设备与新技术；其次，数字化转型影响企业内部的人力资本、组织资本和计算资本，而组织资本是变化最慢的，只有达到三者资本的协同变革，组织收益才能长久存续，为此就必须解决组织资本的滞后问题，即组织变革；最后，组织变革掌控着企业数字化转型的"控制枢纽"，员工对技术的抵触情绪以及组织惰性导致出现组织与技术"不兼容"的情况，需要采取重塑企业文化，克服惰性等组织层面上的措施。因此，真正的数字化转型能够帮助企业实现价值创造、价值创新进而提高企业竞争力，但这些变化并不是数字化技术自然而然带来的，数字技术必须结合组织变革才能实现这些目标③。然而，尽管有研究围绕大量内部因素展开，但都立足于单一视角，仍缺乏一个整合框架，结合制造业典型的组织内部因素，探究变量间共同相互作用对制造业数字化转型的影响。

大多数研究都采用了定性或定量的单一方法，缺乏定性和定量的混合方法探索组织因素之间相互作用在塑造数字化转型中的作用④。制造企业数字化转型是多维的、分阶段的，具有多种并发的因果关系和不同的机制组合，而单一的定量方法，如专注于单一变量净效应的回归分析，难以解释多变量相互依存及其结构的复杂因果关系。相比之下，QCA假设因果关系是不对称的，其核心是揭示导致结果的不同原因组合，这更有利于解决制造企业数字化转型中的多因素和复杂

①　Konopik J., Jahn C, Schuster T., et al. Mastering the digital transformation through organizational capabilities: A conceptual framework [J]. Digital Business, 2022, 2 (2): 100019.

②　Foss N. J., Saebi T. Fifteen years of research on business model innovation: How far have we come, and where should we go? [J]. Journal of Management, 2017, 43 (1): 200-227.

③　Winasis S., Djumarno, Riyanto S., Ariyanto E. Digital transformation in the indonesian banking industry: Impact on employee engagement [J]. International Journal of Innovation, Creativity and Change, 2020, 12 (4): 528-543.

④　Chen H., Tian Z. Environmental uncertainty, resource orchestration and digital transformation: A fuzzy-set QCA approach [J]. Journal of Business Research, 2022, 139: 184-193.

性问题①。此外，明确"哪些组织因素能驱动制造业数字化转型是至关重要的"以及"这些因素在多大限度达到瓶颈"，对于驱动制造业数字化转型的组态构建具有重要的实际价值，而 NCA 不仅可以准确反映"条件在多大程度上能达到结果"，还可以分析建立这种必要条件的瓶颈水平。从而进一步补充 QCA 方法的结果，特别是在制造业数字化转型背景下，QCA 方法被认为在与 NCA 方法结合时能具备更大的价值。

因此，本书试图在企业数字化转型新近观点基础上，结合制造企业的行业及实践特性，从数字跃迁的视角对传统制造企业的数字化转型阶段进行探究，并在此基础上进一步整合各类关键组织因素，运用定性比较分析方法探究推动制造企业数字化转型的组态效应，为制造企业实现不同阶段及层次的数字化转型提供理论指引和管理借鉴。

第二节 核心概念与模型构建

一、制造企业数字化转型的内涵

在数字经济时代，数字化转型已成为国家、行业或企业获取竞争优势的一种工具②；随着数字技术对企业经营活动的持续渗透，数字化转型已成为组织变革的重要内容，进而成为组织管理研究领域的热点议题。战略管理视域的数字化转型研究聚焦数字商业模式的概念化和操作化，及其数字技术背景下的商业模式演变③；信息系统视角下的数字化转型研究关注数字技术的应用及其商业价值的生成逻辑④；基于营销管理角度的数字化转型研究则强调数字技术对广告、社交媒体的革命性影响，以及数字场景下多渠道和全渠道的发展⑤。无论是战略管理、

---

① Basurto X., Speer J. Structuring the calibration of qualitative data as sets for qualitative comparative analysis (QCA) [J]. Field Methods, 2012, 24 (2): 155-174.

② 肖静华. 企业跨体系数字化转型与管理适应性变革 [J]. 改革, 2020 (4): 37-49.

③ Konopik J., Jahn C., Schuster T., et al. Mastering the digital transformation through organizational capabilities: A conceptual framework [J]. Digital Business, 2022, 2 (2): 100019.

④ Bilgeri D., Wortmann F., Fleisch E. How digital transformation affects large manufacturing companies' organization [Z]. ICIS 2017 Proceedings, 2017: 1-9.

⑤ Winasis S., Djumarno, Riyanto S., Ariyanto E. Digital transformation in the indonesian banking industry: Impact on employee engagement [J]. International Journal of Innovation, Creativity and Change, 2020, 12 (4): 528-543.

信息系统还是营销管理等视角，数字化转型本质上是由数字技术的扩散和应用引起并塑造的组织变革。

与传统服务型企业及先天数字化企业相比，传统制造企业的数字化转型不仅涉及数字技术在某些业务环节的应用，它还更涉及运营结构、管理模式，以及生产方式与商业活动持续而深刻的变革，这表明制造企业从工业化向数字化的转型是跨体系转型而非同一体系内的转型。早期观点认为，制造企业数字化转型是将传感、网络、人工智能等新一代信息技术应用产品生产，从而形成革新生产装备和工艺流程的过程[①]。随后的研究则强调，制造业数字化转型并不局限于制造活动或工艺，还涉及管理、服务及治理等领域，它贯穿企业的全流程，是对企业形态的根本性改变[②]。可见，制造企业数字化转型是数字技术在企业内部引发的全要素、跨流程和多领域的组织变革过程，它涵盖生产、运营、营销及服务等多个职能领域。

从组织变革过程看，数字化转型本质上是一个多重属性概念，它是一个从信息化到数据化，再到数字化的多阶段、多形态渐进过程，即数字跃迁。其中，信息化是指将经营及管理信息编码成数字格式，使计算机能够存储、处理和传输；数据化是指利用数字技术改变商业模式，提供新的收入和价值创造机会；数字化则是指通过采用能够创造新价值的新兴数字技术，使整个组织的形态、功能或结构发生根本性变化[③]。基于以上分析，本书将制造企业数字化转型视为人工智能、大数据、云计算和区块链等新兴数字技术在制造企业内部逐步扩散和升级应用的全流程、多层面和跨职能变革活动，是涵盖信息化、数据化至数字化转型的数字跃迁过程。

二、制造企业数字化转型的驱动因素

制造企业数字化转型并不是数字技术或软件系统的简单应用，它还涉及适应数字技术扩散引发的整体性组织变革。组织结构及文化、高管团队及领导风格、组织能力及数字基础设施架构等因素已被认为是推动数字化转型的重要变量[④]。

① Verhoef P. C., Brockhuizen T., Bart Y., et al. Digital transformation: A multidisciplinary reflection and research agenda [J]. Journal of Business Research, 2021, 122: 889-901.

② Zhang X., Xu Y. Y., Ma L. Information technology investment and digital transformation: The roles of digital transformation strategy and top management [J]. Business Process Management Journal, 2023, 29 (2): 528-549.

③ Singh S., Sharma M., Dhir S. Modeling the effects of digital transformation in Indian manufacturing industry [J]. Technology in Society, 2021, 67: 101763.

④ 许宪春，张美慧，张钟文. 数字化转型与经济社会统计的挑战和创新 [J]. 统计研究，2021，38 (1): 15-26.

更为重要的是，动荡的数字环境正迫使企业高层管理者提升领导和决策水平，并以互补的方式将组织结构与文化的变革纳入行动体系，以推动转型的实现①。因此，本章借鉴现有理论观点并结合制造企业实践特点，从企业文化、组织结构、领导风格和决策逻辑四个方面构建制造企业数字化转型的匹配驱动模型。

（一）企业文化

从企业文化视域，数字化转型被视为一种社会文化过程，表明转型的驱动力是企业文化和理念，而非技术上的壮举。研究发现，文化可以预见正在数字化转型的企业的命运，因为它不仅调动关键的动态能力以应对数字化转型，还代表着组织变革的关键驱动力量②。反之，企业文化作为一柄"双刃剑"，对数字化转型的影响主要还体现在企业文化对数字化转型的抵制作用，如果一个组织缺乏与数字化相匹配的文化、意愿和愿景，将会导致组织不能取得数字化转型的预期成效③。企业文化反映组织内大多数成员共同遵循的基本信念、行为规范和价值标准，是企业在长期的发展过程中逐渐形成的，它虽然不为企业直接创造经济效益，但能通过影响组织内外不同利益相关者的态度和行为，间接地影响组织绩效，推动组织的成长和发展。企业文化在不同的分析情境下被划分为不同的类别。从文化特性上讲，以灵活性为导向的企业文化注重创造力、变革、冒险、成长和适应内外部环境；而控制导向的企业文化则更注重秩序、稳定性、规则和可预测性，并强调通过追求和实现明确的目标来提升企业效率和经营绩效；从文化形式来看，企业文化存在于两个层次：一是组织内可以直观地感受到的可见物及员工行为；二是存在于组织成员思想中深层次的价值观、信念和思维方式。制造企业大多为传统企业，具有比较规范和标准的管理制度和体系④；同时，在数字化转型过程中，企业需要聚焦于变革与创造，因而需要形成创新型的企业文化。因此，本章从管理文化和创业文化的视角探究制造企业数字化转型过程中的企业文化内涵。

管理文化是以资源控制和流程遵循为导向，强调上级通过资源配置实现对下级的引导与管理，而下级则通过对管理和业务流程的遵守确保与组织目标的一致。管理文化是一种传统的企业文化，它能够确保企业的规范和效率，增强员工

---

① Westerman G., Bonnet D. Revamping your business through digital transformation [J]. MIT Sloan Management Review, 2015, 56 (3): 10-13.

② Saarikko T., Westergren U. H., Blomquist T. Digital transformation: Five recommendations for the digitally conscious firm [J]. Business Horizons, 2020, 63 (6): 825-839.

③ Warner K. S. R., Wäger M. Building dynamic capabilities for digital transformation: An ongoing process of strategic renewal [J]. Long Range Planning, 2019, 52 (3): 326-349.

④ 李海舰、李燕. 企业组织形态演进研究企业组织形态演进研究：从工业经济时代到智能经济时代 [J]. 经济管理, 2019 (10): 22-36.

规范意识和执行力，降低错误发生概率，凝聚整理力量聚焦组织目标。卢美月和张文贤（2006）认为，确保盈利是任何组织的目标，而实现目标的最佳改进方式之一是检查组织的工作文化。企业文化作为一种根深蒂固的社会控制形式，会影响员工的决策和行为①。其中管理文化作为效率和绩效的忠实拥趸，通过其规范，作为一种控制机制，将行为导向期望和接受的行为。通过招聘、选择和留住价值观最符合组织价值观的员工，其余不符合组织标准的员工则淘汰出企业，通过这种形式，完成了组织上下共同目标这一愿景②。例如，就最简单的数字技术的接受程度而言，对数字技术有抵触情绪的员工最终会被乐于接受数字技术的人所取代。而且管理文化不仅可以让员工了解组织的历史和当前的运营方法，还便于管理层基于制定的准则洞悉组织目前的境况，为预期的未来行为提供指导，使组织制订切实可行的未来计划③。

与此相对，创业文化是以价值创造和分布式创新为导向，关注上级对下级的活动支持，以及整个组织的价值创新活动④。作为一种特定的企业文化，创业文化能够强化员工的创新能力和敬业精神，提高组织的容错水平，进而激发企业成长意愿。公司可以通过培养创业文化在竞争中保持领先地位，也可以通过使用数字技术进行数字化转型的共享愿景，利用他们的文化并灌输期望的行为。创业文化旨在为组织创造价值，使员工自愿参与到数字变革中，数字化转型具有高度不确定性和风险性，需要创业文化赋予员工追求新鲜事物的勇气与决心⑤。不仅如此，创业文化决定了员工对于变革和创新发展的态度，通过正式或非正式的方式来指导员工行为，培养组织成员在系统视角下认识和适应创新商业模式的数字化变革，从而提高整个创新网络的组织准确度，强化数字化转型⑥。这种文化还可以促进组织和利益相关者之间目标和目的的一致性。企业文化消除了沟通障碍，使员工能够与成功转型所涉及的利益相关者互动，增强了组织上下一心，由内而

① 卢美月，张文贤. 企业文化与组织绩效关系研究 [J]. 南开管理评论，2006（6）：26-30+67.

② Quinn R. E. , Spreitzer G. M. The psychometrics of the competing values culture instrument and an analysis of the impact of organizational culture on quality of life [J]. Research in Organizational Change and Development，1991，5：115-142.

③ Chanias S. , Myers M. D. , Hess T. Digital transformation strategy making in pre-digital organizations：The case of a financial services provider [J]. The Journal of Strategic Information Systems，2019，28（1）：17-33.

④ Danish Q. , Asghar J. , Ahmad Z. , et al. Factors affecting "entrepreneurial culture"：The mediating role of creativity [J]. Journal of Innovation and Entrepreneurship，2019，8（1）：1-12.

⑤ 张金山，徐广平. 创业文化如何影响员工进行公司创业？[J]. 科学学研究，2020（7）：1251-1259.

⑥ Harrington S. J. , Guimaraes T. Corporate culture, absorptive capacity and IT success [J]. Information and Organization，2005，15（1）：39-63.

外进行整体改革的决心①。

（二）组织结构

数字化转型不仅需要考虑数字技术资源，适应数字变革所需的组织结构同样重要②。由于环境动态变化，数字化转型要求企业依赖于灵活、适应性强和反应迅速的组织结构以及充分的管理支持。组织结构是组织对工作角色的正式安排，以及对跨组织活动进行管理和整合的体系；它既包括组织中的正式报告关系，反映组织层级和管理人员的管理幅度，又体现组织不同部门和层级之间的整合方式，还是跨部门沟通与协调的制度设计。战略与结构的演化和匹配使组织结构经历了从传统职能制、现代事业部制和矩阵制、后现代网络结构的变迁③。数字技术的扩散和应用推动了企业的数字化转型，需要对组织结构进行创新，重新协调、评估和筹划人、财、物的组合，以适应和推动管理和业务的数字化变革。在数字化情境下，传统的层级化组织结构可以提高组织效率，新兴的网络化组织结构能够增强组织柔性，它们对企业的生存和发展都具有重要价值。

传统的层级化组织结构为企业生产和经营活动带来了稳定和效率。为提高生产效率，组织在单元间进行劳动分工，并通过命令链条调节各单元之间的关系。这表明，层级化结构中产品或服务的生产效率是组织实现预期目标的关键④。组织结构和功能旨在使个人共同工作，以及整合技术和其他系统，在组织层面实现最高水平的生产力。层级结构的重要性在于，它是一个关键工具，有助于管理层之间的协调以及对员工工作的协调，以提前实现商定的目标⑤。它提供了个人行动的框架，组织的各种努力和活动通过该框架得到巩固，具有明确角色、责任和权力的组织结构，以及充足的工作环境和决策自主权。其监管的复杂性和有效性受到周围环境的影响⑥。稳定的环境、流动的环境和组织结构的复杂性之间有着明显的关系。相比于简单的扁平结构而言，层级化结构需要高度的权力下放，即金字塔式的层级结构，以便组织能够对周围的变化做出反应。

---

① Martínez-León M., Martínez-García A. The influence of organizational structure on organizational learning [J]. International Journal of Manpower, 2011, 32 (5/6)：537-566.

② Fischer M., Imgrund F., Janiesch C., et al. Strategy archetypes for digital transformation：Defining meta objectives using business process management [J]. Information & Management, 2020, 57 (5)：103262.

③⑥ 卢艳秋，宋昶，王向阳. 战略导向与组织结构交互的动态能力演化——基于海尔集团的案例研究 [J]. 管理评论, 2021 (9)：340-352.

④ 谢康，吴瑶，肖静华. 数据驱动的组织结构适应性创新——数字经济的创新逻辑（三）[J]. 北京交通大学学报（社会科学版），2020 (3)：6-17.

⑤ Capaldo A. Network structure and innovation：The leveraging of a dual network as a distinctive relational capability [J]. Strategic Management Journal, 2007, 28 (6)：585-608.

随着现代社会由信息时代向智能时代转变，组织、环境以及组织与环境关系都呈现出前所未有的复杂性。在颠覆式创新与替代式竞争的数字规则下，企业开始进行组织变革，减少管理层级，加强部门横向联系，使组织结构更具有网络化特征①。网络化结构是运用合约或协议促进各节点优势互补的组织结构，能有效应对外部环境变化，使组织获取竞争优势，并增强组织柔性，从而增强组织对快速变化的外部环境的适应性。组织结构网络化是指组织成员以纵向或横向网络形式相互连接，推动企业组织结构从链状向网状转型，进而实现信息快速传播和资源高效共享。这种网络组织结构使传统的层次性组织和灵活机动的计划小组并存，能够促进信息高效流转和资源优化配置，提高组织对市场的响应速度，促进组织价值增值②。网络化组织结构要求制造企业采用新一代信息技术建立数字化决策体系与管控系统，加强与组织成员间的数字化连接，提高技术、业务、管理兼容性，使组织结构具有更大的灵活性和柔性③。因此，本研究将从层级化和网络化两方面探讨组织结构对制造企业数字化转型的驱动效应。

（三）领导风格

数字化转型不仅涉及流程再造、数字化平台建设和商业智能的大规模应用，还涉及员工数字化工作能力的提升，以及领导者领导的数字化转型④。尤其是，公司向数字化转型也给利益相关者带来了情感上的挑战，对领导的有效性和成功构成了明显的威胁。若领导未能明确认识和解决利益相关者的关切和要求，将产生适得其反的后果。通过关注内部能力、领导风格以及数字化转型与业务战略的一致性，组织会更有可能在数字化转型中取得成功，这反过来又会提高组织应对环境动荡的敏捷性。组织通过改变其运营和交付产品/服务的方式，从而转向数字化，但这一切都离不开领导者为此创建平台并推动利益相关者采取行动⑤。领导是一种整合愿景与目标、资源与手段的组织内互动过程。管理者通过对内外部组织环境的分析来选择适当的措施以确保组织目标的实现。这意味着，领导是管

---

① 罗珉，周思伟. 论组织的复杂性［J］. 外国经济与管理，2011（1）：26-33+42.

② Capaldo A. Network structure and innovation：The leveraging of a dual network as a distinctive relational capability［J］. Strategic Management Journal，2007，28（6）：585-608.

③ 戚聿东，肖旭. 数字经济时代的企业管理变革［J］. 管理世界，2020（6）：135-152+150.

④ Li H. L.，Wu Y.，Cao D. M.，et al. Organizational mindfulness towards digital transformation as a prerequisite of information processing capability to achieve market agility［J］. Journal of Business Research，2021，122：700-712.

⑤ Chierici R.，Tortora D.，Del Giudice M.，et al. Strengthening digital collaboration to enhance social innovation capital：An analysis of Italian small innovative enterprises［J］. Journal of Intellectual Capital，2021，22（3）：610-632.

理者影响成员理解并接受共同任务，进而将个体融入组织以实现组织目标的过程。领导风格则是管理者通过激励和规则等手段影响下级的态度和行为，驱使其达成预期目标的方式，它在构建组织愿景、定义管理者角色以及塑造员工行为等方面发挥关键作用①。领导风格既与管理者人格特质有关，也与组织内外部环境有关。当前，对领导风格的探讨涵盖参与式与命令式领导、专制型与民主型领导、仁慈与道德领导、开放式与闭合式领导等方面。不同的领导风格在不同的任务情境下具有不同效果，交易型和变革型领导被认为是企业数字化转型活动中最具差异化效果的领导风格。其中，变革型领导与交易型领导在动荡环境下，在凝聚组织成员、维持组织稳定并达成预定目标方面具有重要作用，它们被认为是保证组织效率，提升组织创造性的有效领导风格②。

变革型领导聚焦于信任和愿景，积极寻求在他人身上培养领导力；管理者会表现出自我牺牲精神并充当道德主体，努力将自己和下属的注意力集中在组织当前的需求和目标上。本质而言，变革型领导被视为以愿景为内核的领导风格，而交易型领导则被视为以任务为中心的领导风格③。总之，变革型领导突出创造和分享组织愿景，积极展示精神刺激和理想目标，以及鼓舞人心的动机。变革型领导注重有效地沟通，以了解下属的优势和劣势，利用他们的情感和认知能力实现绩效的积极变化，并通过与下属建立良好的关系，成为导师、教练和激励者。变革型领导者通常具有高水平的技能和教育，下属可能只需要动机和有效的沟通就能发挥出最佳水平。

与此相对，交易型领导关注回报与奖励，努力追求匹配任务需求的激励方式，管理者通过匹配目标任务与奖励回报来换取下属对规则的遵守和对目标的追寻。交易型领导倾向于将特定的工作分配给下属，强调截止日期；检查下属是否遵守规章制度，并迫使他们努力工作④。因此，交易型领导的一个重要方面是压力，它涉及通过抽样工作、监控他们的绩效和强调截止日期迫使下属努力工作并保持质量标准。交易型领导风格会推动组织的成功工作，尽管它不像变革型领导

① 罗瑾琏，赵莉，韩杨，等. 双元领导研究进展述评 [J]. 管理学报，2016 (12)：1882-1889.

② Tepper B. J., Dimotakis N., Lambert L. Examining follower responses to transformational leadership from a dynamic, person-environment fit perspective [J]. Academy of Management Journal, 2018, 61 (4)：1343-1368.

③ Maldonado C., Quintana M. Leadership in the face of digital transformation in an Ecuadorian manufacturing company in 2020 [J]. Journal of Business and Entrepreneurial Studies, 2022, 6 (1)：1-17.

④ Froehlich D., Segers M., Van den Bossche P. Informal workplace learning in Austrian banks: The influence of learning approach, leadership style, and organizational learning culture on managers' learning outcomes [J]. Human Resource Development Quarterly, 2014, 25 (1)：29-57.

那样赋予追随者更多的权利，但它确实给了追随者身份感和工作满意度①。

尽管变革型领导在数字时代被广泛追捧，不可否认其对于创造性的作用，但在远程工作和弱关系情境下，变革型领导者的许多激励手段不再能发挥以往的作用，特别是精神上的激励效果相比于面对面的情境弱化许多②。这时凭借奖励回报的激励方式的交易型领导可能更具优势。二者从不同的角度看都有各自的优势，因此本书将探讨在数字化转型不同阶段中变革型领导和交易型领导所发挥的差异化作用。

（四）决策逻辑

管理实践表明，管理层的思考逻辑和决策对企业经营至关重要。数字化转型是企业通过数字技术实现重大业务改进，其本质是一个持续试错的过程，而高管决策逻辑是企业数字化转型的起点③。因果逻辑和效果逻辑是组织决策逻辑的两种典型类型。考虑到数字化转型过程中意外事件发生频率较高，严格遵照战略计划，通过规避风险实现数字化转型实际上也不可行，这就意味着以规避风险为主的因果逻辑和以手段而非目标为导向的效果逻辑在企业数字化转型中各有优劣④。

因果逻辑（Causation）又被称为预测逻辑，核心思想是以理性预测为基础，面对不确定的未来，可以通过预测控制风险。因果逻辑作为现代逻辑的一个分支由来已久，最初指符合因果关系的逻辑，它最典型的思路是根据过去的经验预测未来，并提前设定控制措施⑤。因果逻辑会帮助企业制定翔实的商业计划，并借助该商业计划书使外部主体更清晰地了解其战略规划及可能创造的价值，降低信息不对称性，从而吸引外部投资者或者人力资本所有者，缓解资源困境⑥。除此之外，因果逻辑强调目标导向原则，而挑战性是目标的突出特点之一，其实现过程中可能会出现新问题，迫使企业跨界搜寻行为的产生，而这又可以使企业取得

① Burke S.，Stagl K. C.，Klein C.，et al. What type of leadership behaviors are functional in teams? A meta-analysis [J]. The Leadership Quarterly，2006，17（3）：288-307.

② 李巍，冯珠珠，谈丽艳，等. 团队领导对创业团队交互记忆系统的影响研究 [J]. 管理学报，2020（6）：881-890.

③ 卢艳秋，赵彬，宋祁. 决策逻辑、失败学习与企业数字化转型绩效 [J]. 外国经济与管理，2021（9）：68-82.

④ Chandler G. N，Detienne D. R，Mckelvie A.，et al. Causation and effectuation processes：A validation study [J]. Journal of Business Venturing，2011，26（3）：375-390.

⑤ EstradaCruz M.，VerdúJover A. J.，GómezGras J. M. The influence of culture on the relationship between the entrepreneur's social identity and decision-making：Effectual and causal logic [J]. BRQ Business Research Quarterly，2019，22（4）：226-244.

⑥ Hauser A.，Eggers F.，Güldenberg S. Strategic decision-making in SMEs：Effectuation，causation，and the absence of strategy [J]. Small Business Economics，2020，54：775-790.

异质性知识，不仅有利于企业解决遇到的问题，还可以发掘潜在机会，从而催生新的商业模式①。最后，在破坏性创新的决策中，因果逻辑引导企业形成基于综合分析的组织目标，以及更强大的决策团队凝聚力，并对决策团队的信息多样性和想法一致性产生积极的调节作用，这对企业的新业务新流程引入、新产品开发等价值创造创新具有积极影响②。

与此相对，效果逻辑（Effectuation）又称为非预测逻辑，它极度依赖利益相关者并且以手段为导向。采用效果逻辑的企业高管会根据市场情况对已有的资源投入和配置模式进行试错，在此过程中产生的大量反馈信息，不仅有助于新创企业更清晰地了解自身特征，而且有利于积累经验教训，同时在尝试的过程中逐步明晰市场行情，完善自身产品或服务；另外，商业模式的系统性特征使企业对其进行创新时不仅要斟酌企业的具体情况，也要考察环境因素，加之企业具有差异性，创新的过程必定充满了探索性与创造性，需要不断地尝试，调整改革行动，使企业创新契合市场环境，从而降低创新风险，继而发掘更有效的商业模式③。Sarasvathy（2001）首次提出效果推理的概念时便指出，首先，效果推理聚焦可承受的损失而非预期回报，这些可承受损失不仅包括财务资源，还涵盖机会成本及企业声誉等要素；其次，效果逻辑注重战略联盟而非竞争分析，通过与利益相关者的战略联盟和预先承诺，减少或消除不确定性和建立进入壁垒；再次，效果逻辑强调利用偶然因素而非开发现有知识，即充分利用随着时间推移意外出现的突发事件；最后，效果逻辑主张控制而非预测未来，关注风险和不确定性对新创企业决策的影响，重视通过既有手段控制未来④。因此，在目标模糊、环境动荡、未来难以预测甚至无法预测的情况下，效果逻辑已成为指引组织进行思考、决策和行动的重要方式和路径。

三、分析框架构建

数字化转型相关研究已充分阐明，企业数字化转型并不仅是数字技术的简单

---

① Rudeloff C., Pakura S., Eggers F., et al. It takes two to tango: The interplay between decision logics, communication strategies and social media engagement in start-ups [J]. Review of Managerial Science, 2022, 16 (3): 681-712.

② 卢艳秋，赵彬，宋昶. 决策逻辑、失败学习与企业数字化转型绩效 [J]. 外国经济与管理, 2021 (9): 68-82.

③ Nambisan S., Lyytinen K., Majchrzak A., et al. Digital innovation management: Reinventing innovation management research in a digital world [J]. MIS Quarterly, 2017, 41 (1): 223-238.

④ Sarasvathy S. Causation and effectuation: Toward a theoretical shift from economic inevitability to entrepreneurial contingency [J]. The Academy of Management Review, 2001, 26 (2): 243-263.

应用，组织结构、文化及领导与决策等因素也是驱动数字化转型的关键变量①。目前，大部分研究都是探讨单一或多个组织因素与数字化转型之间的逻辑关系，并没有考察因素之间的相互作用及其对数字化转型的影响。更为重要的是，传统的制造企业具有更为复杂和多变的组织环境，且亟须通过数字化转型实现企业的升级，进而推动产业的高质量发展，但基于制造业情境的数字化转型研究还不足。因此，本章从组态视角建立涵盖企业文化、组织结构、领导风格和决策逻辑的整合框架，探究驱动制造企业数字化转型的主要模式。根据上述文献回顾和研究思路，构建驱动模型如图 5-1 所示。

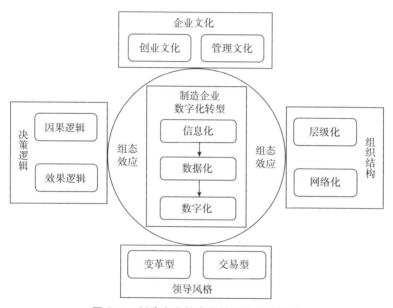

图 5-1　制造企业数字化转型的驱动模型

资料来源：笔者设计。

第三节　研究方法

在阐明前因变量对结果变量的关系，构建了研究模型后，本节则根据研究框架进行问卷开发与测量，并在数据收集完成后进行样本情况统计与样本的信效度分析。

① Monaghan S., Tippmann E., Coviello N. Born digitals：Thoughts on their internationalization and a research agenda［J］. Journal of International Business Studies，2020，51（1）：11-22.

一、变量测量与问卷开发

研究通过问卷调查获取实证数据，对模型中所涉及变量的测量均借鉴或改编自成熟工具。其中，对制造企业数字化转型的测量借鉴 Verhoef 等（2021）的分析思路及实证工具[①]，从信息化、数据化和数字化三个层面进行测量。变革型与交易型领导风格的测量工具改编自李巍等（2020）使用的量表[②]，围绕领导方式、激励手段及行动过程等方面分别对两类领导风格进行评价。决策逻辑包括因果逻辑和效果逻辑两方面，测量工具借鉴 Chandler 等（2011）所开发的量表[③]，因果逻辑立足预测逻辑，体现目标导向、关注计划与控制；效果逻辑关注可承受损失、战略联盟、利用权变和控制而非预测未来。创业文化和管理文化的量表改编自 Buccieri 等（2020）的测量工具[④]，围绕企业是否倾向于从事创新、积极主动和冒险行为等方面进行评价。组织结构的测量借鉴 Engelen 等（2014）的测量工具[⑤]，从网络化和层级化两方面进行，聚焦于员工对于冒险的态度，企业凝聚力的来源以及管理者角色。

此外，研究还将企业的年龄、规模及所有制形式作为可能影响实证分析结果的变量进行控制。其中，企业年龄以成立年限进行衡量，分为 5 组：3 年以下 = 1，3~6 年 = 2，7~12 年 = 3，13~20 年 = 4，20 年以上 = 5；企业规模依据员工数量进行评价，分为五组：100 人及以下 = 1，101~300 人 = 2，301~600 人 = 3，601~1000 人 = 4，1000 人以上 = 5；企业所有制形式分为四类：国有企业 = 1，集体企业 = 2，混合制企业 = 3，私营企业 = 4，三资企业 = 5。除控制变量外，其他变量的测量问项使用李克特 5 点量表进行评价（1 = 完全不同意，5 = 完全同意）。

完成初始问卷开发后，通过预调研以获取数据初始问卷进行修正。在某重点大学向任职于制造企业技术及管理岗的 MBA 学员发放问卷，共收集有效问卷

① Verhoef P. C., Broekhuizen T., Bart Y., et al., Digital transformation: A multidisciplinary reflection and research agenda [J]. Journal of Business Research, 2021, 122: 889-901.

② 李巍，冯珠珠，谈丽艳，等. 团队领导对创业团队交互记忆系统的影响研究 [J]. 管理学报，2020 (6): 881-890.

③ Chandler G. N., Detienne D. R., Mckelvie A., et al. Causation and effectuation processes: A validation study [J]. Journal of Business Venturing, 2011, 26 (3): 375-390.

④ Buccieri D., Javalgi G., Cavusgil E. International new venture performance: Role of international entrepreneurial culture, ambidextrous innovation, and dynamic marketing capabilities [J]. International Business Review, 2020, 29 (2): 101639.

⑤ Engelen A., Flatten C., Thalmann J., et al. The effect of organizational culture on entrepreneurial orientation: A comparison between germany and thailand [J]. Journal of Small Business Management, 2014, 52 (4): 732-752.

125 份。使用 SPSS 22.0 软件对数据进行分析，并运用"相关系数平方（SMC）小于 0.5"和"修正问项总相关系数（CITC）小于 0.4"两项评价指标删除贡献较小的测量问项。根据调研反馈对问项措辞进行修订后，形成正式调查问卷。

二、数据收集与样本情况

综合考虑调研的科学性和可行性，研究针对重庆地区的制造企业进行问卷调查，主要原因包括：一方面，重庆市是中国的制造业重镇，拥有全部 31 个制造业大类行业，工业门类齐全，产业基础坚实；截至 2021 年底，规模以上工业企业数量超过 6800 家，世界 500 强工业企业有 237 家在重庆布局。另一方面，重庆市正在"十四五"期间全力推进数字化转型实现从"制造大市"迈向"智造重镇"的提档升级；截至 2021 年底，重庆地区已集聚大数据智能化领域企业 7000 余家，数字经济增加值占地区生产总值比重超过 25%；仅 2021 年重庆市经济和信息化委员会便认定 38 个智能工厂及 215 个数字化车间。可见，重庆地区制造业所具备的产业基础以及数字化转型实践十分符合本研究的分析情境。

研究依托重庆地区的国家级工业园区进行问卷调查，调查步骤为：首先，通过重庆地区现有的 16 个国家新型工业化产业示范基地园区管委会获取企业名单，在管委会的协助下联系企业征询参与调研的意愿，最后形成被调查企业名单。其次，通过纸质问卷和电子问卷的方式向被调查企业发放调查问卷，并进行问卷回收。最后，对问卷进行整理、复核和补充调查，形成研究数据库。

调查历时 2 个月，共发放问卷 500 份，回收问卷 338 份，其中有效问卷 316 份，有效回收率为 63.20%；由于问卷是在园区管委会协助下进行的，所以有效回收率比较理想。将两种方式收集的研究数据分组进行方差分析，未发现数据收集方式对数据质量产生显著的差异影响；将全部回收问卷进行 T 检验，未发现无效问卷和有效问卷在企业年龄、规模和所有制形式等方面存在显著差异，因而可以忽略无效应答偏误。样本企业基本情况如表 5-1 所示。

表 5-1　样本企业基本情况

企业年龄	3 年以下	3~6 年	7~12 年	13~20 年	20 年以上
数量	25	32	89	117	53
占比（%）	7.91	10.13	28.16	37.03	16.77
企业规模	100 人及以下	101~300 人	301~600 人	601~1000 人	1000 人以及上
数量	38	57	108	85	28
占比（%）	12.03	18.04	34.18	26.90	8.86

续表

所有制形式	国有企业	集体企业	混合制企业	私营企业	三资企业
数量	31	42	89	105	49
占比（%）	9.81	13.29	28.16	33.23	15.51

三、测量的信效度分析

测量信度的检验主要从两个方面进行：一方面，采用修正问项总相关系数（CITC）方法评估测量问项，结果显示量表单项与总体相关系数均高于0.5。另一方面，通过用 Cronbach's α 系数检验问卷的内部一致性程度，结果表明所有变量的 α 系数位于0.812~0.915，均大于0.8，表明测量问项具有较高的相关性和内部一致性。结论数据表明（见表5-2），测量的信度水平比较理想。

表5-2　测量的信度和收敛效度检验

变量		测量问项	因子载荷	CITC	AVE
数字化转型（α=0.915）	信息化	企业在内部管理中充分使用信息通信技术	0.725	0.685	0.584
		企业将 IT 技术应用于模拟任务以创建信息	0.737	0.701	
		企业将模拟信息/任务编码转换为数字信息/任务	0.812	0.755	
		企业将生产运营、管理及业务等通过软件转化为数据	0.807	0.718	
	数据化	企业运用信息技术改变了管理及业务流程	0.784	0.725	
		企业运用软件、平台等信息技术与客户建立紧密联系	0.707	0.682	
		企业利用信息技术提高工艺质量或产品	0.753	0.695	
		企业运用信息技术实现生产设备之间的连接	0.801	0.762	
	数字化	企业利用数字技术挖掘新商业机会、重塑商业模式	0.806	0.715	
		企业利用数字技术重塑顾客偏好，为市场创造新价值	0.752	0.702	
		数字技术的应用改变企业、顾客和竞争对手之间的角色	0.758	0.723	
		企业利用数字技术重组业务，以获得竞争优势	0.717	0.693	

续表

变量	测量问项	因子载荷	CITC	AVE
变革型领导 (α=0.863)	管理层在完成目标的过程中极力展示魄力与自信	0.699	0.621	0.525
	管理层总是向员工表达对高绩效的热切期望	0.687	0.648	
	管理层努力给员工描绘鼓舞人心的未来	0.794	0.635	
	管理层始终给员工传达一种使命感	0.714	0.551	
交易型领导 (α=0.885)	当员工表现良好时,管理层会给予积极反馈和奖励	0.885	0.637	0.589
	当员工工作效率高时,管理层会给予特别关注和赞扬	0.973	0.707	
	如果员工表现得很差,管理层会表示不满和批评	0.658	0.741	
	当员工工作效率没有达到目标时,管理层会立刻指出	0.587	0.605	
因果逻辑 (α=0.906)	管理层通过分析长期机会,选择能够提供最佳回报的方案	0.807	0.735	0.633
	管理层制定战略来最大限度地利用资源和能力	0.791	0.676	
	管理层组织并实施了控制流程,以确保达到目标	0.805	0.749	
	对于想要做的事情,管理层有一个清晰而一致的愿景	0.845	0.726	
	企业推出的最终产品/服务与最初的想法基本一致	0.794	0.751	
	管理层的决策很大程度上是由预期回报驱动的	0.727	0.700	
效果逻辑 (α=0.812)	企业推出的最终产品/服务与最初的想法大相径庭	0.724	0.692	0.511
	重要决策开始时很难预知管理层想要的结果	0.688	0.633	
	决策时企业评估所拥有的资源和手段,并考虑了不同选择	0.719	0.686	
	企业与客户、供应商和其他合作伙伴签订了大量协议,以减少不确定性	0.728	0.707	
	管理层决策很大程度上是由企业能承受多大损失决定的	0.713	0.632	
创业文化 (α=0.853)	管理层喜欢有机会获得高回报的高风险项目	0.756	0.617	0.604
	管理层认为采取大胆和广泛的行动是实现目标最好方式	0.897	0.618	

变量	测量问项	因子载荷	CITC	AVE
创业文化 (α=0.853)	企业通常是行业内第一家推出同类新产品/服务的企业	0.725	0.627	0.604
	企业新业务能持续获得资源投入而不受年度预算限制	0.716	0.686	
管理文化 (α=0.821)	管理层喜欢开展稳定且预期回报明确的业务	0.687	0.552	0.538
	管理层认为保持稳健和规范是实现市场目标最好的方式	0.693	0.562	
	管理层的行动是建立在明确预期收益和风险的基础上	0.796	0.620	
	管理层通过计划和预算的方式来确保业务的资源配置和发展方向	0.753	0.677	
网络化结构 (α=0.825)	企业经常为特定项目建立临时的跨部门项目团队	0.607	0.602	0.575
	企业的管理者通常扮演开拓者和冒险者的角色	0.714	0.702	
	企业不同职能部门的员工能够及时和有效地进行沟通	0.827	0.739	
	企业强调成长性和增值性，认为协同和创新的运营非常重要	0.858	0.749	
层级化结构 (α=0.836)	企业结构化，既定的程序会指导员工如何开展工作	0.721	0.673	0.578
	管理者通常扮演组织者和协调者的角色	0.815	0.700	
	明确的层级和正式的规则将企业粘合起来，这对维持平稳运行很重要	0.756	0.692	
	企业强调持久性和稳定性，认为高效且平稳的运营非常重要	0.747	0.630	

　　效度检验从内容效度、收敛效度和判别效度三个方面考察。首先，研究对变量的测量问项均借鉴或改编自成熟量表，并充分结合制造企业与数字化分析情境，根据预调研反馈对问项措辞进行修正，使测量的内容效度得到保证。其次，通过验证性因子分析对测量的收敛效度进行检验（见表5-2），结果表明所有问项的标准化因子载荷均高于0.5水平，说明测量问项聚合于相应因子的水平较高，收敛效度也比较理想。最后，使用Pearson相关系数和平均变异提取量（AVE）平方根两项指标评价测量的判别效度，数据表明（见表5-3），任意变量

之间的相关系数不等于 1 且变量 AVE 值平方根均大于所对应变量的相关系数绝
对值，表明测量的判别效度较好。

表 5-3　测量的信度与判别效度检验

变量	均值	1	2	3	4	5	6	7	8	9
1. 数字化转型	3.218	**0.764**								
2. 变革型领导	4.049	0.207*	**0.725**							
3. 交易型领导	3.933	0.198*	-0.157*	**0.767**						
4. 因果逻辑	4.011	0.167	0.102	0.185*	**0.796**					
5. 效果逻辑	3.656	0.152	0.215**	0.058	-0.205**	**0.715**				
6. 创业文化	3.396	0.196*	0.236**	0.138	-0.118	0.223**	**0.777**			
7. 管理文化	3.934	0.137	0.012	0.219**	0.153	0.043	-0.157*	**0.733**		
8. 网络化结构	3.857	0.185*	0.169*	0.082	0.008	0.182*	0.138	0.115	**0.758**	
9. 层级化结构	4.080	0.129	0.028	0.186*	0.169*	0.064	0.097	0.073	-0.256**	**0.760**

注：对角线为概念的 AVE 值平方根；＊表示 $p<0.05$；＊＊表示 $p<0.01$；＊＊＊表示 $p<0.001$。

第四节　实证分析及结论

在完成上述问卷的设计及数据收集之后，本章旨在分析先行变量与结果变量
间的充分必要性，首先进行变量校准，为案例赋予集合隶属；其次分别进行 QCA
和 NCA 的必要性分析；最后进行充分性分析，以得到促进高水平数字化转型的
各组态机制。

一、变量校准

研究首先进行变量校准，即为案例赋予集合隶属。把变量校准为集合，需要
依据出理论和实际的外部知识或标准设定 3 个临界值：完全隶属、交叉点以及完
全不隶属，转变后的集合隶属介于 0~1。参照 Fiss（2011）方法建议，研究将 8
个条件变量和 3 个结果变量的 3 个锚点分别设定为样本数据分布的 75%、50%、
25%值作为完全隶属、交叉点、完全不隶属三个锚点。运用 fsQCA3.0 软件进行
隶属度赋值，各变量校准锚点如表 5-4 所示。

表 5-4　各变量校准锚点

变量			目标集合	锚点		
				完全隶属	交叉点	完全不隶属
条件变量	领导风格	变革型领导（TOL）	高水平变革型领导	4.75	3.95	3.25
		交易型领导（TAL）	高水平交易型领导	4.55	3.83	3.19
	决策逻辑	因果逻辑（CA）	高水平因果逻辑	4.67	3.75	3.23
		效果逻辑（EF）	高水平效果逻辑	4.25	3.55	3.12
	组织文化	创业文化（EC）	高水平创业文化	4.35	3.27	2.75
		管理文化（MC）	高水平管理文化	4.75	3.95	3.25
	组织结构	网络化结构（NS）	高度的网络化结构	4.32	3.85	3.25
		层级化结构（HS）	高度的层级化结构	4.75	3.92	3.53
结果变量	信息化（DT1）		高水平信息化	3.53	4.18	4.78
	数据化（DT2）		高水平数据化	3.28	3.85	4.46
	数字化（DT3）		高水平数字化	3.05	3.55	4.15

二、必要条件分析

依据 Fiss（2011）方法建议[①]，在进行组态分析之前对高水平信息化（H-DT1）/数据化（H-DT2）/数字化（H-DT3）的必要条件进行分析。必要条件的一致性结论显示（见表 5-5），8 个单项条件变量驱动高水平信息化/数据化/数字化的一致性均未超过 0.9，不构成必要条件，说明单项条件对高水平信息化/数据化/数字化的驱动效应不显著，需要通过 fsQCA 进行组态分析，以识别驱动高水平信息化/数据化/数字化的组态因素。

表 5-5　制造企业数字化转型的必要条件分析结果

条件变量		结果变量					
		H-DT1		H-DT2		H-DT3	
		一致性	覆盖率	一致性	覆盖率	一致性	覆盖率
变革型领导	TOL	0.532	0.426	0.648	0.549	0.692	0.663
	~TOL	0.578	0.507	0.478	0.492	0.425	0.593

① Fiss P. C. Building better causal theories: A fuzzy set approach to typologies in organization research [J]. Academy of Management Journal, 2011, 54 (2): 393-420.

续表

条件变量		结果变量					
		H-DT1		H-DT2		H-DT3	
		一致性	覆盖率	一致性	覆盖率	一致性	覆盖率
交易型领导	TAL	0.752	0.637	0.658	0.557	0.673	0.585
	~TAL	0.376	0.427	0.432	0.528	0.407	0.513
因果逻辑	CA	0.614	0.558	0.583	0.565	0.487	0.518
	~CA	0.512	0.474	0.508	0.493	0.592	0.642
效果逻辑	EF	0.479	0.567	0.542	0.512	0.635	0.621
	~EF	0.351	0.442	0.482	0.415	0.376	0.652
创业文化	EC	0.452	0.558	0.592	0.513	0.658	0.592
	~EC	0.527	0.471	0.522	0.409	0.365	0.572
管理文化	MC	0.717	0.632	0.687	0.529	0.526	0.506
	~MC	0.548	0.497	0.429	0.405	0.495	0.612
网络化结构	NS	0.354	0.471	0.592	0.563	0.681	0.592
	~NS	0.557	0.428	0.506	0.472	0.389	0.505
层级化结构	HS	0.659	0.565	0.552	0.573	0.473	0.615
	~HS	0.482	0.491	0.453	0.487	0.592	0.585

注：~表示逻辑运算的"非"。

三、NCA 的必要性分析

为深入研究各前因条件是否或者在多大程度上能够构成驱动数字化转型的必要条件，本节采用 NCA 必要条件分析方法。根据 Dul（2016）提出的上限回归（CR-FDH）与上限包络（CE-FDH）两种分析方法，得出的效应量（d），上限上方的空白空间相对于总经验空间的大小表示必要性效应大小，故效应量（d）的大小介于 0~1，且根据 Dul（2016）的观点[①]：若 d<0.1，效应量属于低水平；0.1≤d<0.3，效应量属于中等水平；0.3≤d<0.5，效应量属于高水平。在 NCA 方法中必要条件需要满足两个条件：效应量（d）不小于 0.1，p 值为显著（p<0.05），且蒙特卡洛仿真置换检验（Monte Carlo simulations of permutation tests）显示效应量是显著的。同时，对于连续变量，CR 分析方法更为适用；而

① Dul J. Necessary condition analysis（NCA）：Logic and methodology of "necessary but not sufficient" causality [J]. Organizational Research Methods, 2016, 19 (1)：10-52.

对于不超过 5 种类别的变量，CE 分析方法则更为科学。为更为有效地展示变量之间的必要性水平大小，本章对样本数据分别使用上述两种分析方法进行分析，探讨和比较研究结果的稳健性（见表 5-6）。根据 R 语言中的 NCA 包校准后的数据进行分析发现，创业文化（$d = 0.000$，$p = 0.005$）、因果逻辑（$d = 0.000$，$p = 0.006$）和效果逻辑（$d = 0.004$，$p = 0.003$）的 p 值满足要求，但是由于效应量（d）太小，因此不能满足必要条件的确认要求。

表 5-6　NCA 方法必要条件分析结果

条件[a]	方法	精确度	上限区域	范围	效应量（d）[b]	p 值[c]
管理文化	CR	100%	0.000	1	0.000	1.000
	CE	100%	0.000	1	0.000	1.000
创业文化	CR	100%	0.000	1	0.000	0.005
	CE	100%	0.000	1	0.000	0.005
层级化结构	CR	100%	0.000	1	0.000	1.000
	CE	100%	0.000	1	0.000	1.000
网络化结构	CR	100%	0.000	1	0.000	1.000
	CE	100%	0.000	1	0.000	1.000
变革型领导	CR	100%	0.000	1	0.000	1.000
	CE	100%	0.000	1	0.000	1.000
交易型领导	CR	100%	0.000	1	0.000	1.000
	CE	100%	0.000	1	0.000	1.000
因果逻辑	CR	100%	0.000	1	0.000	0.006
	CE	100%	0.000	1	0.000	0.008
效果逻辑	CR	99%	0.004	1	0.004	0.003
	CE	100%	0.006	1	0.006	0.002

注：a. 校准后模糊集隶属度值。b. $0.0 \leqslant d < 0.1$："低水平"；$0.1 \leqslant d < 0.3$："中等水平"。c. NCA 分析中的置换检验（permutation test，重抽次数 = 10000）。

四、组态分析

首先，本章使用 QCA 分析方法分析和探讨出影响高数字化转型的组态。根据主流的研究做法，对于原始一致性阈值的选择一般有两种方式：一种是选择数据中出现的"自然断点"；另一种是通常选择 0.75 或者 0.8。由于在分析过程中未发现"自然断点",为使研究结论更具可推敲性,本章参考 Fiss(2011)的研究结论①,将 0.8 设定为本次解的一致性阈值,选择案例频数为 1。同时,本章采用 PRI 对分析结果进行辅助分析,PRI 值代表真值表行不是结果的非集子集的程度,PRI 值越高越可能避免出现同时子集关系的问题,但是对于 PRI 值的界定在国内外相关研究中并没有形成统一观点。部分学者认为 PRI 取值至少为 0.7,但近年来在某些管理学顶刊中发表文献的学者认为,PRI 值只要超过 0.5 也可以被接受。为提高本研究结果的稳健性,本章借鉴杜运周和贾良定(2017)的研究结果,PRI 取值设为 0.75(0.7 也可接受)②。

其次,考虑到单个前因条件对结果变量的解释力较弱,为进一步研究驱动数字化转型的机制,同时考虑到单个前因条件间的替代效应。在充分性分析中,参考杜运周等(2020)的观点③,结果存在与结果不存在是在本质上截然不同的两个概念、事件或现象,这就意味着其背后的理论解释、前因条件也会有所差异。因此,相较于在同一样本所产生的真值表的基础上,将 Y 转换为 ~Y 进而直接进行分析,重新选择更为合适的理论、相对应的前因条件建立新的组态分析更为合适。因此,本书在现有样本数据的基础上揭示导致高水平数字化转型的可能路径,对非高数字化转型的相关分析选择避而不谈。

最后,在必要条件分析的基础上,本研究将其他条件变量纳入分析框架,进一步探讨导致高水平信息化(DT1)/数据化(DT2)/数字化(DT3)的条件组态。根据 fsQCA 输出三种解——复杂解、中间解、简单解,一般而言中间解优于其他两个解,并通过简单解和中间解来区分核心条件和边缘条件。其中,当条件既存在中间解中,又存在于简单解中,则一般认为该条件属于核心条件且必须存在,用符号"●"表示;仅在中间解中出现的非核心条件,表示边缘条件存在,用符号"•"表示。另外,当核心条件以"~"形式出现时,表示核心条件缺失,用符号"⊗"表示;当边缘条件以"~"形式出现时,表示边缘条件缺失,用符号"⊗"表示;如果前置变量对结果没有影响,则用空白表示。

使用 fsQCA3.0 软件对数据进行分析,将解的一致性阈值设定为 0.8,选择频数位为 1。数据结论显示(见表 5-7),产生高水平信息化(H-DT1)的组态有

---

① Fiss P. C. Building better causal theories: A fuzzy set approach to typologies in organization research [J]. Academy of Management Journal, 2011, 54(2): 393-420.

② 杜运周,贾良定. 组态视角与定性比较分析(QCA):管理学研究的一条新道路 [J]. 管理世界, 2017(6): 155-167.

③ 杜运周,刘秋辰,程建青. 什么样的营商环境生态产生城市高创业活跃度?——基于制度组态的分析 [J]. 管理世界, 2020(9): 141-155.

两条，分别是 H1：~EF*MC*~NS*HS，H2：~TOL*TAL*CA*~EC；产生高水平数据化（H-DT2）的组态有两条，分别是 H3：TOL*~TAL*EC*~MC，H4：~CA*EF*NS*~HS；产生高水平数字化（H-DT3）的组态有三条，分别是 H5：TOL*~CA*EF，H6：EC*MC*NS*~HS，H7：TAL*~CA*EC*~MC*HS。上述七个组态的一致性指标均高于 0.8，表明具有较高的一致性，且模型解的总体一致性均高于 0.8，总体覆盖率分别为 0.537、0.582 和 0.615，说明上述组态是驱动制造企业数字化转型的充分条件，较高程度解释了产生高水平信息化（DT1）/数据化（DT2）/数字化（DT3）的主要原因。

表 5-7　驱动制造企业数字化转型的组态结果

条件变量	高水平信息化（High DT1）		高水平数据化（High DT2）		高水平数字化（High DT3）		
	H1	H2	H3	H4	H5	H6	H7
变革型领导（TOL）		⊗	●		●		
交易型领导（TAL）		●	⊗				●
因果逻辑（CA）		●		⊗	⊗		⊗
效果逻辑（EF）	⊗			●	●		
创业文化（EC）		⊗	•			●	•
管理文化（MC）	●		⊗			⊗	⊗
网络化结构（NS）	⊗			●		●	
层级化结构（HS）	●			⊗		⊗	
一致性	0.857	0.832	0.813	0.827	0.905	0.854	0.827
原始覆盖率	0.631	0.462	0.268	0.197	0.426	0.386	0.228
唯一覆盖率	0.135	0.057	0.023	0.067	0.011	0.016	0.028
总体一致性	0.852		0.816		0.837		
总体覆盖率	0.537		0.582		0.615		

注：●表示核心条件出现，⊗表示核心条件不出现，•表示边缘条件出现，⊗表示边缘条件不出现，空格表示变量可有可无。

在组态 H1 中，只要具备管理文化和层级化结构两项核心条件，同时不出现效果逻辑（核心条件）和网络化结构（边缘条件），无论其他条件是否出现都能够驱动制造企业高水平信息化。在组态 H2 中，交易型领导和因果逻辑作为核心条件，同时变革型领导和创业文化两项边缘条件不出现，便能够带来高水平的制造企业信息化。在组态 H3 中，具备变革型领导（核心条件）和创业文化（边缘条件），同时不出现交易型领导（边缘条件）和管理文化（核心条件），能够驱动制造企业高水平数据化。在组态 H4 中，效果逻辑和网络化结构两项核心条件，匹配不出现因果逻辑和层级化结构两项边缘条件，也能使制造企业形成高水平的数据化。在组态 H5 中，变革型领导和效果逻辑两项核心条件，匹配因果逻辑不出现（核心条件），能够带来制造企业高水平的数字化转型。在组态 H6 中，创业文化和网络化结构作为核心条件，匹配层级化结构和管理文化不出现（核心条件），也能带来高水平的数字化转型。在组态 H7 中，具备交易型领导（核心条件）和创业文化（边缘条件），不出现因果逻辑（核心条件）、管理文化和层级化结构（边缘条件），同样可以促使制造企业产生高水平的数字化转型。

第五节　本章小结

一、研究结论与讨论

在研究运用基于模糊集的定性比较分析方法和必要条件分析法对 316 家重庆地区制造企业数据分析发现，不存在单一条件可以驱动制造企业数字化转型；针对制造企业信息化、数据化和数字化的数字化转型过程存在七条有效的组态路径，研究结论包括：

首先，信息化是制造企业数字化转型的起始阶段，作为数字化转型的奠基过程有两条驱动路径。其中，组态 H1 表明，管理文化和层级化结构是驱动制造企业信息化的核心条件，同时需要避免管理决策采取效果逻辑，以及组织结构网络化。本书将其命名为"传统的文化-结构主导型"模式，该模式表明，在制造企业开展数字化转型的初级阶段，坚持原有的管理文化和层级化结构具有重要价值，能够推动软件、平台等数字技术在企业内渗透，实现组织流程、信息等管理要素的信息化。相较于复杂的网络化结构，层级化结构使信息的垂直流动速度加快，管理者的管理范围更大，利于数字技术的普遍应用，以严格秩序为核心的管理文化，主张按照既定的程序和制度完成工作，大大降低了技术更新的阻力。组态 H2 显示，具备交易型领导和因果逻辑核心条件，同时不出现变革型领导和创业文化，也能够推动制造企业形成高水平的信息化。本章将该组态命名为"经典的领导-决策主导型"模式，该模式意味着，制造企业在信息化阶段，需要通过明确激励和回报的交易型领导，而不是通过强调愿景和价值的变革型领导来推动信息化过程，同时坚持以预测为基础的决策模式，通过明确预期目标，强化目标管理的方式推动信息化过程。

其次，数据化是制造企业数字化转型的中级阶段，起着承上启下的转换作用；产生制造企业高水平数据化有两条组态路径。其中，组态 H3 显示，变革型领导匹配创业文化，同时与上述因素相对的交易型领导和管理文化不出现，便能驱动制造企业的高水平数据化。本书将该组态称为"求变的领导-文化主导型"模式，该模式从领导和文化层面强调追求变革，重视组织创新和创造是驱动制造企业数据化的关键力量。数据化涉及商业模式的改变，能带来对绩效的改善和价值创造，变革型领导着眼于组织目标，引导员工聚焦企业愿景，它与提高企业绩效密切相关；创业文化则以价值创造为核心，注重积极创新，能有效促进企业数据化。组态 H4 表明，效果逻辑和网络化结构作为两项核心条件，同时避免传统的因果逻辑和层级化结构，也能使制造企业形成高水平的数据化。本章将该组态命名为"离散的决策-结构主导型"模式，该模式强调以分布式决策和组织结构推动制造企业数据化水平的提升，即在决策方面，强调以现有资源和手段为导向，而非聚焦特定的目标，以网络化组织结构广泛整合技术资源，步步为营，逐次推进。

最后，数字化是制造企业实现数字化转型的最终阶段，也是企业应用数字技术及资源的最终目标；推动制造企业数字化有三条组态路径。其中，组态 H5 表明，具备变革型领导和效果逻辑两项核心条件，同时不出现因果逻辑，能够驱动制造企业高水平的数字化。本章将该组态命名为"试错的领导-决策主导型"模式，该模式以变革型领导风格和效果逻辑决策方式为内核，强调用组织愿景和潜在价值调动组织力量参与数字化活动，同时并不为数字化设定目标，而是基于手中资源，通过试错的方式进行持续创造和优化，以达到相对理想的数字化状态。组态 H6 显示，以创业文化和网络化结构作为核心条件，同时不出现层级化结构和管理文化，也能带来制造企业的高水平数字化转型。本章将该组态命名为"积极的文化-结构主导型"模式，该模式以充满主动性和开拓性的创业文化，以及充分整合吸纳各部门资源和能力的网络化结构为核心条件，切实避免传统的层级化结构和管理文化，进而有效驱动制造企业数字化。数字化是整体性的活动，意味着整个组织各方面的功能会发生根本性的改变，网络结构简化了管理层次，为组织提供高度的灵活性，使组织更趋于一个精炼的整体，以开拓和冒险为本质的创业文化，能形成具有强大凝聚力的团体，这是从根本上颠覆组织功能和形态所需要的必备条件。组态 H7 表明，具备交易型领导和创业文化两项条件，匹配因果逻辑、管理文化和层级化结构三项条件不出现，同样可以促使制造企业形成高水平数字化。本章将该组态命名为"混合的领导-文化主导型"模式，该模式表明交易型领导风格同样可以推动制造企业数字化，但是它需要在组织内形成创业文化氛围，同时避免因果逻辑决策方式、传统的管理文化和层级化结构。

二、研究价值与启示

研究运用定性比较分析方法，基于数字跃迁探究制造企业数字化转型的多重驱动模式，具有一定理论贡献和价值，主要体现在：第一，以往数字化转型的实证研究大多将其视为一个单一构念，而本书从数字跃迁视角，借鉴数字化转型研究的前沿理论将制造企业数字化转型解构为信息化—数据化—数字化三大阶段，不仅深化对数字化转型的理论认知，更充分结合传统制造企业的实践特点，拓展数字化转型的逻辑框架。第二，现有数字化转型研究已识别出众多驱动数字化转型的前置因素，但这些因素之间缺乏整合框架，也较少有考察因素之间的互动效应；本书建立结构、文化、领导和决策的整合框架，考察不同组织因素之间相互作用的组态效应，深化了数字化转型的前置因素研究。第三，本书在关键组织因素的整合框架下，针对制造企业信息化、数据化和数字化，运用定性比较分析方法构建了制造企业数字化转型的多重驱动模型，拓展了制造业为分析背景的数字化转型前置因素研究。

从制造企业的管理实践看，制造企业数字化转型是一个多维构念，存在内在的阶段性，传统制造企业需要根据自身条件和发展目标选择合适的数字化转型阶段。信息化是模拟到数字的信息转换，是生产运营、业务管理过程的信息化；而数据化是使用数字技术和数字化数据来影响工作的完成方式，强化顾客及合作伙伴的参与及互动；数字化则是在信息化和数据化基础之上，创造全新价值，形成新的组织及业务网络，重构企业的业务模式。因此，对传统制造企业而言，应该在综合考虑资源与能力、投入与收益等条件下，选择适合自身的数字化转型阶段，在没有完成信息化、数据化的基础阶段，推动更高阶段的数字化转型是不恰当的，极易导致数字化转型无法达到预期目标甚至是转型失败。

三、研究局限与建议

本章从企业文化、组织结构、领导风格和决策逻辑四个方面，构建制造企业数字化转型的理论模型并对其组态效应进行了探索，但仍存在一些不足。

第一，在案例数量和覆盖范围方面，本章主要选取重庆地区的企业案例，尚未覆盖全国范围，且数量也受到一定的限制，这在一定限度上对研究结论的推广性与普适性有很大的影响。另外，对于数字化转型的测量均借鉴或改编于成熟量表，对于研究对象还缺乏精准定位与区分。因此，在后续研究中应该立足于全国，尽可能多地收集到全国各地的制造企业数据，扩大数据库的同时优化测量方式，尽可能开发出一套完善的数字化转型的测量量表。

第二，通过问卷与访谈收集到的数据也仅是某一时间点的截面数据，缺乏能够体现企业发展变化、变量之间的演变的跨时期数据，比如制造企业可能在不同时期适用于不同的决策方式，而决策方式之间相互转变、相互影响的内在机制尚未探讨。这使研究得出的组态结论缺乏对时间和历史维度上的检验，导致其适用性与推广性受到限制。因此，后续研究可以加入时间这一维度，收集跨时间的数据，从动态发展的分析视角，探讨制造企业在不同的发展阶段为实现高水平数字化转型所需要的必要条件与充分条件组合，并从生态系统视角探讨前置变量之间的可能存在的耦合关系，对研究对象进行进一步剖析。

第三，在关键变量选取方面，研究在组织因素框架下选取了组织结构、文化、领导及决策四类因素，对于上述四类因素还存在其他分类，抑或还有其他重要的组织因素，如战略、能力等可能是驱动制造企业数字转型的重要前因，需要在后续研究深化和拓展驱动模式框架。

第四，在分析策略方面的组态讨论中，本书仅对一致性程度较高的 7 个驱动路径进行了解释。一般而言，使用 fsQCA 方法可以同时研究原集和非集，即驱动和抑制高水平数字化转型的两类隶属集合，但考虑到研究涉及的 11 个变量生成的原集和非集组态较多，同时，结果的存在与否其实是两个完全不同的概念与现象，这也意味着这背后的前置变量会有很大的差异，并且相较于用同一样本数据讨论 Y 与 ~Y，重新选择理论与前置变量会更为合适。因此，本章仅聚焦于驱动高水平数字化转型的组态。未来研究可以在聚焦变量组合的前提下，选择合适的理论模型和前因变量对抑制性组态进行分析和说明。

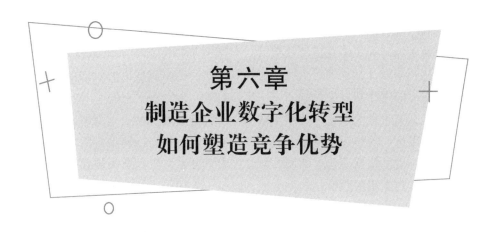

第六章
制造企业数字化转型
如何塑造竞争优势

在政府和市场的双重力量推动下，广大制造企业正积极开展数字化转型以实现高质量发展。然而，大多数企业数字化转型都不及预期，甚至是以失败告终，究其原因在于制造企业数字化转型实现竞争优势的作用机制目前尚不清晰。为了理清制造企业数字化转型的作用机制，更好地指导实践，本章基于组织能力的分析路径，引入产品导向型能力和服务导向型能力，探究制造企业数字化转型在制度情境下塑造竞争优势的作用机制。研究结论能够为制造企业运用数字化转型获取和维持竞争优势提供管理借鉴。

第一节　研究背景

一、现实背景

随着新一轮科技革命和产业变革深入发展，数字化转型已经不是一道"选择题"，而是一堂"必修课"。如何加快深化产业数字化转型，释放数字对经济发展的放大、叠加、倍增作用，成为全社会广泛关注的问题。为此，国家出台了多种方针政策以推动企业数字化转型。2021年3月，"十四五"规划纲要明确提出"打造数字经济新优势"，将数字经济作为振兴实体经济、培育经济新动能的重要战略。在此基础上，2021年6月，工业和信息化部、科技部等六部门联合印发的《关于加快培育发展优质制造业企业的指导意见》进一步强调，要通过实施智能制造工程，引导制造企业数字化转型发展方案，进而实现制造企业从低端制造向智能制造的转换。2022 年 10 月，党的二十大报告指出，要加快发展数字经济，促进数字经济和实体经济深度融合，打造具有国际竞争力的数字产业集群。这些举措从顶层设计上规划了企业在数字时代如何把握数字机遇，推动数字化转型以实现更好的生存和发展。

事实上，对于企业来说，随着互联网、区块链、大数据、人工智能等相关技术的融合和发展，客户需求的动态变化，企业迫切需要进行转型升级，进而更好地应对当前环境的快速变化。然而，如今许多管理者急于投资大规模的、激进的数字转型，导致昂贵的数字化转型失败，以至于管理层离职、企业裁员，甚至回归基本战略。2018 年，麦肯锡的统计数据中表明，约 70%的数字化转型项目未能实现预期目标。2020 年，埃森哲在《2020 中国企业数字化转型指数研究》报告中指出，能够将企业数字化投入转化为出色的经营绩效的企业仅有 11%，在成功实现实时数据调整和优化生产方面的比重仅达到 22%。在如此低的成功率下，制造企业通过数字化转型谋求企业的生存和发展受到了极大挑战，因此，制造企业如何成功地利用数字化转型塑造竞争优势实现企业的生存和发展，成为当前亟待解决的问题。

二、理论背景

随着数字技术的出现和扩散，企业原有的竞争格局被打破，制造企业需要思考在当今数字浪潮下重塑竞争优势以实现企业生存和发展的方式。数字化转型能够提高效率、降低成本、促进创新和显著改善价值链，已成为数字时代促进企业发展，塑造持续竞争优势的重要途径[1]。然而，在当前的数字背景下，虽然学者们已经证实了企业可以利用数字化转型改善创新水平和升级企业能力进而提高企业绩效，但是在如何通过数字化转型塑造竞争优势的作用机制方面，学术界还未提供有效的理论指导。

数字化转型的相关研究表明，数字化转型可以重新设计组织能力[2]，进而借

---

① Llopis-Albert C., Rubio F., Valero F. Impact of digital transformation on the automotive industry [J]. Technological Forecasting and Social Change, 2021, 162: 120343.

② Gurbaxani V., Dunkle D. Gearing up for successful digital transformation [J]. MIS Quarterly Executive, 2019, 18 (3): 6-23.

助组织能力适应不断变化的客户和战略需求，以建立竞争优势①。可见，组织能力不仅是企业利用数字技术弥补自身技能差距以发挥数字化转型作用的核心手段；也是通过利用资源以达到特定结果，从而塑造竞争优势的必要能力。因而本书整合产品导向型能力和服务导向型能力，从组织能力的分析视角来探究制造企业数字化转型塑造竞争优势的作用机制。此外，制度理论强调组织不仅只是一个生产产品和服务、适应消费者、供应商和竞争对手的纯粹理性系统，它还嵌在制度背景下并需要遵守合法行为的规定②。制度理论是一种理解变化和创新的特殊方法，而数字化转型的核心在于变革，其实现过程依赖于资源的利用。制度支持作为制度理论的核心组成部分，它能够帮助转型企业弥补制度空白以及配置资源，在更加有利的制度环境中运营③。因此，本书引入制度支持来探究制度因素对制造企业数字化转型塑造竞争优势的权变效应。

综上分析，本书将在探讨制造企业数字化转型塑造竞争优势的作用机制中，引入产品导向型能力和服务导向型能力从组织能力的分析路径探究其内部实现机制；此外，引入制度支持，分析在外部环境因素作用下制造企业数字化转型塑造竞争优势的权变效应。

第二节　核心概念与模型构建

一、核心概念界定

（一）制造企业数字化转型

在工业 4.0 时代，制造企业数字化转型的主要驱动力来自数字技术。物联网、云计算和人机交互等数字技术构成了制造企业数字化转型的底层技术，导致了所谓的智能工厂或智能生产过程。

在制造企业，数字化转型最开始强调利用数字技术以改变生产流程，使企业

① Ulrich D., Lake D. Organizational capability: Creating competitive advantage [J]. Academy of Management Perspectives, 1991, 5 (1): 77-92.

② Hinings B., Gegenhuber T., Greenwood R. Digital innovation and transformation: An institutional perspective [J]. Information and Organization, 2018, 28 (1): 52-61.

③ Mair J., Marti I. Entrepreneurship in and around institutional voids: A case study from Bangladesh [J]. Journal of Business Venturing, 2009, 24 (5): 419-435.

价值链各个环节实现数字化，实现业务流程的转型变革①。这种变革主要是为了更好地服务于客户。因而，制造企业数字化转型实际上是一种以客户为中心的机制，通过在组织各个层面使用数字技术，持续提高制造流程的生产力②。在此基础上，Fitzgerald 等（2014）提供了一个内涵更加丰富的概念，他们认为数字化转型既涉及作为用户和客户的个人，也影响企业。将制造企业数字化转型定义为通过使用新的数字技术来实现重大业务的改进，包括增强客户体验、简化运营或创造新的商业模式③。随后，开始有学者将数字化转型和战略联系起来，Albukhitan（2020）从战略的角度看待制造企业数字化转型，将数字化转型战略视为指导公司整个数字化转型过程的结构化和正式计划，它涵盖了从开发和生产到先进的质量控制、交付和分析等业务活动的各个方面④。王永贵和汪淋淋（2021）认为，数字化转型战略是指支持企业由数字技术应用所带来的战略转型以及转型中或转型后企业运营发展的战略定位，是企业战略管理的重要内容⑤。数字化转型也可以从竞争的角度来理解，它是将数字技术运用于战略和运营管理等方面，进而实现组织变革，以提高组织竞争优势。事实上，不管是从什么角度理解制造企业的数字化转型，它都将是一场根本性的制度变革，涉及组织内各种资源、能力、战略和文化等方面的协同⑥。

对制造企业而言，其出发点和落脚点都是通过数字化转型来实现预期目标，因而，本书认为，制造企业数字化转型是利用大数据、云计算、移动、数字孪生和社交媒体平台等数字技术来改善企业的核心业务，变革运营流程，以在市场竞争中获得优势⑦。

---

① Marsh P. The new industrial revolution：Consumers，globalization and the end of mass production [M]. New Heaven，CT：Yale University Press，2012.

② Abdallah O.，Shehab E.，Al-Ashaab A. Understanding digital transformation in the manufacturing industry：A systematic literature review and future trends [J]. Product：Management and Development，2021，19（1）：138-157.

③ Fitzgerald M.，Kruschwitz N.，Bonnet D.，et al. Embracing digital technology：A new strategic imperative [J]. MIT Sloan Management Review，2014，55（2）：1-16.

④ Albukhitan S. Developing digital transformation strategy for manufacturing [J]. Procedia Computer Science，2020，170：664-671.

⑤ 王永贵，汪淋淋. 传统企业数字化转型战略的类型识别与转型模式选择研究 [J]. 管理评论，2021（11）：84-93.

⑥ 武立东，李思嘉，王晗，等. 基于"公司治理-组织能力"组态模型的制造业企业数字化转型进阶机制研究 [J]. 南开管理评论，2023（6）：1-27.

⑦ Xie Y.，Chen Z.，Boadu F.，et al. How does digital transformation affect agricultural enterprises' proland behavior：The role of environmental protection cognition and cross-border search [J]. Technology in Society，2022，70：101991.

（二）竞争优势

现如今，制造企业如何塑造竞争优势，已经成为战略研究领域的重要议题。现有的研究已经分析了制造企业竞争优势的关键角色，它体现了制造企业在发展过程中做出的正确抉择，同时也是企业能够获得生存和发展的关键。竞争优势是企业在面临关键选择的时候，从战略、资源和能力等方面作出的重要决断，它是利用市场机会、降低成本和消除竞争威胁的具体表现①。同时，竞争优势也是制造企业绩效的重要来源，例如，它能够以同样的成本获得更大的利益，或者是以更低的成本获得同样的利益，但无论以何种方式都体现了制造企业能够以竞争对手做不到的方式改善企业绩效②。

竞争优势的维度划分，我们已经从文献综述中了解到，不同的学者对于其维度的划分都存在不同的见解，但对其进行归纳会发现，它们都呈现了两个特征：第一，速度性。无论是从成本领先、效率还是速度优势，都是围绕速度在进行竞争。第二，价值。不管是差异化、产品、服务还是价格优势，对于顾客来说，都是价值的体现。

本书在借鉴现有研究成果的基础上，认为制造企业的竞争优势是指企业在战略的调控下，整合企业资源和能力而产生的在产品或服务方面优于市场上竞争对手的表现；并根据产品或服务在市场上的响应速度和价值提供，进一步将其划分为速度优势和价值优势。速度优势指的是产品或服务比竞争对手更快进入市场，凭借时间差异形成的不对称性，迅速抢占市场，从而优先其他竞争对手获取正常经济利润③。速度优势体现了企业在某个行业的领先地位④。价值优势指的是企业的产品或服务能够提供比竞争对手更高的价值，使购买者在预算限制和考虑其他购买机会的情况下，愿意为产品或服务支付的价格⑤。价值优势体现了客户对产品或服务的质量和性能的满足程度，其关键在于建立一种以品牌认知度和优质

① Barney J. Firm resources and sustained competitive advantage [J]. Journal of Management, 1991, 17 (1): 99-120.

② Newbert L. Value, rareness, competitive advantage, and performance: A conceptual-level empirical investigation of the resource-based view of the firm [J]. Strategic Management Journal, 2008, 29 (7): 745 768.

③ Varadarajan R., Yadav S., Shankar V. First-mover advantage in an Internet-enabled market environment: Conceptual framework and propositions [J]. Journal of the Academy of Marketing Science, 2008, 36 (3): 293-308.

④ Song M., Zhao Y. L., Di Benedetto A. Do perceived pioneering advantages lead to first-mover decisions? [J]. Journal of Business Research, 2013, 66 (8): 1143-1152.

⑤ Hoopes D. G., Madsen T. L., Walker G. Guest editors' introduction to the special issue: Why is there a resource-based view? Toward a theory of competitive heterogeneity [J]. Strategic Management Journal, 2003, 24 (10): 889-902.

服务为核心的商业模式。

（三）服务导向型能力

1. 服务导向型能力的内涵

随着服务日益增长的重要性，越来越强调以服务导向的方法来创造价值。服务导向的逻辑是以客户为中心，以市场为驱动，反映在制造企业中为制造商与客户的合作，通过洞察客户声音满足客户的个人需求[①]。在数字时代，以服务提供新的价值主张得到强化，迫使企业不得不更新他们的服务导向型能力以满足客户需求。服务导向型能力作为适应数字时代的关键能力，有着极为丰富的内涵。从价值创造的角度来看，服务导向型能力能够建立以市场为导向和明确定义的服务开发流程，将服务重点放在客户价值主张和创造上，制造商通过向客户提供一系列的与产品和服务有关的增值性活动，实现客户价值最大化[②]。从能力的特质来看，张新安和田澎（2003）认为，服务导向型能力涉及服务企业开发和提供满足顾客期望的服务和产品的能力[③]；冯文娜等（2021）则认为，制造企业的服务导向型能力是支撑产品导向向服务导向转变的跨界运营能力，是决定服务开发、服务销售、服务交付等活动效率的一般能力特质[④]。

本书认为服务导向型能力是在市场的驱动下，以客户为中心，能够通过行动、流程和表现等手段为顾客服务的能力。服务导向型能力能够响应客户的个性化需求，一方面为客户提供价值主张，与制造商共同创造价值；另一方面制造商通过数字技术的利用可以实现与用户的互动。

2. 服务导向型能力的维度及测量

现有研究对于服务导向型能力的维度划分和测量还比较缺乏，从现有研究来看，可以分为以下几个方面：从机会的角度来讲，服务导向型能力涉及探索服务机会和开发服务机会两种类型。其中探索服务机会将基础服务融入产品价格，创造新的价值底座，并利用相邻客户链上的服务扩展；开发服务机会将基础服务纳入产品价格，分离产品和服务业务，扩大服务利润和收入，并利用沿主要客户活

---

① Vargo L., Lusch F. Evolving to a new dominant logic for marketing [J]. Journal of Marketing, 2004, 68 (1): 1-17.

② Gebauer H., Fleisch E., Friedli T. Overcoming the service paradox in manufacturing companies [J]. European Management Journal, 2005, 23 (1): 14-26.

③ 张新安，田澎. 利用扩展的 GAP 模型评价企业的服务能力 [J]. 工业工程与管理，2003 (5): 17-21.

④ 冯文娜，田英杰，孙梦婷. 同群效应下的响应型市场导向、组织惯例更新与制造企业服务能力 [J]. 现代财经，2021 (3): 37-52.

动链的服务扩展①。从服务链的角度来看，服务导向型能力包含高层次的大规模服务定制功能或服务开发功能，因为企业要么关注后端单位（如研发）更标准化的服务开发，要么在面向市场的前端单位建立大规模服务定制的能力②。从能力类别来看，服务导向型能力包含销售售后服务能力、集成售后解决方案的能力、销售生命周期解决方案的能力、编排整体解决方案的能力③。宋晶和陈劲（2021）从物理—事理—人理的研究框架，得到制造企业服务导向型能力的三个构成维度：关系能力、响应能力和服务规则④。

在服务导向型能力的测量方面，张涛和张川（2022）从安全可靠性、交货速度、便利性和准确性、服务灵活性、信息技术服务、定制化服务、全包一站式服务七个方面对服务导向型能力进行测量⑤；冯文娜等（2021）从服务设计能力和服务交付能力来测量服务导向型能力⑥。整理国内外对服务导向型能力的维度及测量的相关研究如表6-1所示。

表6-1 服务导向型能力的维度及测量的相关研究

作者	维度及测量	期刊来源
Fischer 等（2010）	探索服务机会和开发服务机会	Journal of Service Management
Sjödin 等（2016）	服务定制功能和服务开发功能	Journal of Business Research
冯文娜等（2021）	服务设计能力和服务交付能力	现代财经
Paiola 等（2013）	销售售后服务能力、集成售后解决方案的能力、销售生命周期解决方案的能力、编排整体解决方案的能力	European Management Journal

① Fischer T., Gebauer H., Gregory M., Ren G., Fleisch E. Exploitation or exploration in service business development? Insights from a dynamic capabilities perspective [J]. Journal of Service Management，2010，21（5）：591-624.

② Sjödin R., Parida V., Kohtamäki M. Capability configurations for advanced service offerings in manufacturing firms：Using fuzzy set qualitative comparative analysis [J]. Journal of Business Research，2016，69（11）：5330-5335.

③ Paiola M., Saccani N., Perona M., Gebauer H. Moving from products to solutions：Strategic approaches for developing capabilities [J]. European Management Journal，2013，31（4）：390-409.

④ 宋晶，陈劲. WSR框架下制造企业服务能力的维度探索和量表开发 [J]. 管理评论，2021（5）：87-96.

⑤ 张涛，张川. 需求风险对物流企业服务能力的影响机制——跨组织资源整合的中介作用 [J]. 会计之友，2022（22）：71-79.

⑥ 冯文娜，田英杰，孙梦婷. 同群效应下的响应型市场导向、组织惯例更新与制造企业服务能力 [J]. 现代财经，2021（3）：37-52.

作者	维度及测量	期刊来源
张涛和张川（2022）	安全可靠性、交货速度、便利性和准确性、服务灵活性、信息技术服务、定制化服务、全包一站式服务	会计之友
宋晶和陈劲（2021）	关系能力、响应能力和服务规则	管理评论

资料来源：本书笔者整理。

（四）产品导向型能力

1. 产品导向型能力的内涵

已有产品导向的研究表明，企业通过生产产品创造价值，而客户只是价值创造的外生因素①。产品导向强调了有形资源的利用，其重点在于生产的商品在交易中进行价值交换。因此，拥有产品导向型能力的企业重视资源在塑造优势中的重要作用。Reed 和 DeFillippi（1990）认为，产品导向型能力是指企业运用现有技术和资源实现产品快速和高效生产的能力②。官建成（2004）则认为，产品导向型可能与制造能力相关，因而产品导向型能力可以视为企业把研究与开发成果转化为满足市场需求、符合设计要求、能够成批生产产品的能力③。这意味着，对于产品导向型能力来说，其一开始可能只注重技术因素，通过不断地搜寻新的技术来实现以更好的方式解决问题；但是后面逐渐发现管理和市场因素在其中发挥的重要作用，通过营销技能和知识的成功利用，促进产品导向型能力的成功④。

本书认为，产品导向型能力是指企业使用数字手段来支持和实现产品开发的能力。这种能力涉及市场和新技术的复杂耦合，进而创新市场解决方案，实现面向市场的产品开发，满足市场需求⑤。它能够借助数字平台提供的数字化解决方案和大数据资源，聚焦产线精益管理，助力生产制造提质增效⑥。

① Merz A., He Y., Vargo L. The evolving brand logic: A service-dominant logic perspective [J]. Journal of the Academy of Marketing Science, 2009, 37 (2): 328-344.

② Reed R., DeFillippi J. Causal ambiguity, barriers to imitation, and sustainable competitive advantage [J]. Academy of Management Review, 1990, 15 (1): 88-102.

③ 官建成. 企业制造能力与创新绩效的关系研究: 一些中国的实证发现 [J]. 科研管理, 2004 (S1): 78-84.

④ 谈毅. 中小企业新产品开发关键成功因素的识别及其实证研究 [J]. 管理评论, 2011 (3): 60-70.

⑤ Atuahene-Gima K., Wei Y. The vital role of problem-solving competence in new product success [J]. Journal of Product Innovation Management, 2011, 28 (1): 81-98.

⑥ 马鸿佳, 王亚婧, 苏中锋. 数字化转型背景下中小制造企业如何编排资源利用数字机会? 基于资源编排理论的 fsQCA 研究 [J]. 南开管理评论, 2023 (5): 1-18.

2. 产品导向型能力的维度及测量

对于产品导向型能力的维度和测量，现有研究比较缺乏。Fang 和 Zou（2009）认为产品导向型能力体现了企业核心流程的反应性和效率性两方面，其中反应性涉及企业流程在传递客户价值过程中的反应速度，而效率性则涉及流程实施和调整过程中的成本问题[①]。Yli-Renko 和 Janakiraman（2008）认为产品导向型能力不仅包括产品开发方面的能力，更涉及将产品商业化的能力[②]。在产品开发阶段，主要是关于如何利用技术将消费者需求的想法转化为想要购买的物理产品的手段；在产品商业化阶段，涉及市场启动、产品培训和销售支持，以减少顾客采用新产品的障碍[③]。Subramaniam 和 Venkatraman（2001）认为产品导向能力集中体现在企业开发出的产品具有更好的特征，即具有更好的质量，更快速地开发新产品，成本更低廉地开发新产品[④]。

（五）制度支持

1. 制度支持的内涵

制度理论被证明有助于解释一套规范、监管和认知规则如何塑造个人、团体和组织的目标、行为和信念[⑤]。制度理论的应用强调了政府在经济中的重要作用，它可以直接塑造制度发生变化的速度，同时也制定了指导这些变化的规则和指导方针[⑥]。在转轨经济环境下，市场机制还不够完善，正式制度有所缺失，政府掌握着较大的资源配置权以及对企业经营的干预权。因此，制度不仅体现了它的约束性，更表现出如何使创造、识别和利用机会的行为成为可能[⑦]。制度支持是指政府机关、监管机构等行政机构为企业提供的制度化资源和保障，它能够弱化不确定性因素带给企业的消极影响，也能够调剂社会经济中的资源配置，引导

① Fang E., Zou S. Antecedents and consequences of marketing dynamic capabilities in international joint ventures [J]. Journal of International Business Studies, 2009, 40（5）：742-761.

② Yli-Renko H., Janakiraman R. How customer portfolio affects new product development in technology-based entrepreneurial firms [J]. Journal of Marketing, 2008, 72（5）：131-148.

③ Ernst H., Hoyer D., Rübsaamen C. Sales, marketing, and research-and-development cooperation across new product development stages：Implications for success [J]. Journal of Marketing, 2010, 74（5）：80-92.

④ Subramaniam M., Venkatraman N. Determinants of transnational new product development capability：Testing the influence of transferring and deploying tacit overseas knowledge [J]. Strategic Management Journal, 2001, 22（4）：359-378.

⑤ Scott R. Institutions and organizations [M]. Thousand Oaks, CA：Sage, 1995.

⑥ Ahlstrom D., Bruton D. Rapid institutional shifts and the co-evolution of entrepreneurial firms in transition economies [J]. Entrepreneurship Theory and Practice, 2010, 34（3）：531-554.

⑦ Ahlstrom D., Bruton D. An institutional perspective on the role of culture in shaping strategic actions by technology-focused entrepreneurial firms in China [J]. Entrepreneurship Theory and Practice, 2002, 26（4）：53-69.

产业发展方向和企业经营行为[①]。

中国作为一个市场和政府双驱动的转型经济体，其制度支持具有以下特征：一方面，政府机构已经在某行业建立起完善的制度，企业只要在政府规定的领域内开展业务，与政府所需的参数和期望保持一致，便能得到政府的各类支持[②]；另一方面，在某一行业可能还存在制度空白，使企业在日常经营活动方面存在极大的不确定性，在这种情况下，政府机构的制度支持往往能够帮助企业克服制度不完善，弥补制度空白的不利影响，有助于企业进行有效的运营[③]。基于以上分析，本书将制度支持划为前摄型和响应型两个维度，以全面反映政府及相关政策对企业行为不同层次和维度的影响。

2. 制度支持的维度及测量

陈怀超等（2020）将制度支持划分为正式制度支持和非正式制度支持，正式制度支持是政府及相关部门从补贴、税收优惠和经营许可等方面对企业进行帮助和支持；非正式制度支持主要体现在文化、规范、价值观和信仰层面的一些软性帮助和引导[④]。Shu 等（2019）等从政府提供必要的信息和技术支持、政府为企业寻求财政资源提供支持、政府提供有力的政策和项目、政府提供减税和补贴等财政支持四个方面测量制度支持[⑤]。Wei 等（2020）从六个方面的内容评估制度支持：①相关机构制定了引导企业开展数字技术应用的政策和规划；②相关机构通过制定政策与规划，创造了企业应用数字技术的外部需求；③相关机构通过制定政策与规划，鼓励企业在数字技术应用方面进行投入；④相关机构为企业提供数字应用所需的技术信息和技术支持；⑤相关机构在为企业数字应用提供资金支持方面发挥了重要作用；⑥相关机构协助企业取得数字技术、智能制造等相关技

① Ahsan M., Adomako S., Mole K. Perceived institutional support and small venture performance: The mediating role of entrepreneurial persistence [J]. International Small Business Journal, 2021, 39 (1): 18-39.

② Sheng S., Zhou Z., Li J. The effects of business and political ties on firm performance: Evidence from China [J]. Journal of Marketing, 2011, 75 (1): 1-15.

③ Stephan U., Uhlaner M., Stride C. Institutions and social entrepreneurship: The role of institutional voids, institutional support, and institutional configurations [J]. Journal of International Business Studies, 2015, 46: 308-331.

④ 陈怀超, 张晶, 费玉婷. 制度支持是否促进了产学研协同创新？——企业吸收能力的调节作用和产学研合作紧密度的中介作用 [J]. 科研管理, 2020 (3): 1-11.

⑤ Shu C., De Clercq D., Zhou Y., et al. Government institutional support, entrepreneurial orientation, strategic renewal, and firm performance in transitional China [J]. International Journal of Entrepreneurial Behavior & Research, 2019, 25 (3): 433-456.

术资源①。

二、理论模型与假设发展

(一) 理论模型构建

在数字时代，随着数字技术不断地融入产品、服务和流程中，制造企业已经将数字化转型视为在数字时代建立和保持竞争优势的有力武器。由此产生了数字化转型的热潮，并希望通过培育成功的数字化转型来塑造竞争优势。然而，目前的研究主要关注如何实现数字化转型，即数字化转型的前置因素研究，缺乏对于数字化转型带来的结果方面的探讨。虽然探究数字化转型的前置因素能够有效地帮助企业推动数字化转型，但更重要的是如何利用数字化转型来帮助企业获取竞争优势。因为，现有统计表明企业在利用数字化转型培育竞争优势方面的成功率仅有11%。因此，探究数字化转型塑造竞争优势的作用机制对制造企业来说十分必要。

关于数字化转型的研究始终强调企业可以通过数字化转型重新配置商业模式、创造新的产品和服务、干扰和重塑整个价值链，为组织提供新的战略机会，以保持其在市场上的竞争力②。从组织能力的视角来看，组织能力能够充分发挥数字化转型的作用，进而实现资源配置以及结果转化，为企业创造竞争优势。对于制造企业来说，在数字时代不仅需要企业拥有应对快速变化的产品需求的能力，而且还需要不断提升满足顾客服务需求的能力，这二者对于制造企业来说同等重要。同时，数字化转型在塑造竞争优势的过程中，涉及需要不断应对外部复杂多变的环境。从制度视角来看，组织并不是一个纯粹的理性系统，它是嵌入在制度情境下并需要遵守合法行为的规定③。由此可见，在制度情境下探究制造企业数字化转型如何塑造竞争优势是非常必要的。

因此，本书基于组织能力的分析路径，在制度情境下，探究制造企业数字化转型塑造竞争优势的作用机制。具体来说，引入产品导向型能力和服务导向型能力作为重要的组织能力，探究制造企业数字化转型塑造竞争优势内部作用

①　Wei J., Sun C., Wang Q., Pan Q. The critical role of the institution-led market in the technological catch-up of emerging market enterprises: Evidence from Chinese enterprises [J]. R & D Management, 2020, 50 (4): 478-493.

②　Westerman G., Bonnet D. Revamping your business through digital transformation [J]. MIT Sloan Management Review, 2015, 56 (3): 237-246.

③　Hinings B., Gegenhuber T., Greenwood R. Digital innovation and transformation: An institutional perspective [J]. Information and Organization, 2018, 28 (1): 52-61.

机制；此外，引入制度支持作为制造企业数字化转型塑造竞争优势的重要情景因素，探究制度支持发挥的权变效应。基于以上分析，本书的分析框架构建结果如图6-1所示。

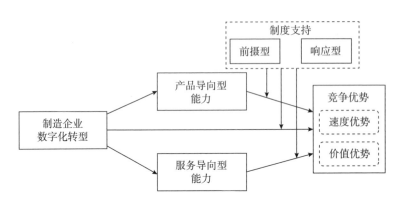

图6-1 概念框架

资料来源：笔者设计。

（二）研究假设发展

1. 制造企业数字化转型对竞争优势的影响

数字化转型可以帮助企业塑造竞争优势。一方面，制造企业数字化转型可以通过数字技术的使用，通过快速和创新的方式正在击败缓慢和传统的竞争对手。首先，数字化转型能够使企业通过采用数字技术克服了产品上升的复杂性，实现更快地推出新的产品，并且迅速将客户需求转移到生产过程中，从而减少设计和制造产品所需要的时间，极大地满足了市场要求[①]。其次，企业数字化将提升运营效率。采纳信息技术和数字技术可以让企业降本增效，数字化不仅让企业减少运营、管理等各类成本，而且能够帮助企业树立新的价值主张，获取新的营销渠道，促进客户生命周期管理[②]。最后，数字化转型能够快速地识别和响应市场需求。数字技术可以赋能组织改善现有结构和流程，促使企业对外部市场和客户信息进行快速反应，并通过跨组织交流学习促进外部知识吸收，进而增强自身竞争

---

① Dutta G. , Kumar R. , Sindhwani R. , et al. Digital transformation priorities of India's discrete manufacturing SMEs：A conceptual study in perspective of Industry 4. 0 [J]. Competitiveness Review, 2020, 30（3）：289-314.

② 余艳，王雪莹，郝金星，等. 酒香还怕巷子深？制造企业数字化转型信号与资本市场定价 [J]. 南开管理评论，2023（5）：1-27.

优势①。

另一方面，数字化转型正在以新的价值创造方式重塑竞争优势。首先，制造企业数字化转型可以利用数字技术改变企业运营方式，实现客户互动和合作，进而重塑顾客价值主张。② 这意味着，数字化转型要求个人重新思考旧流程，重新想象新的流程和决策，进而提高效率、降低成本、促进合作和创新，显著改善价值链。同时，数字化转型能利用数字技术实现对传统产品的改进、增强产品的服务体验，促进产品创新，以实现业务的升级改造③。其次，数字化转型能够帮助企业通过搭建开源平台、构建商业网络等方式，精确识别市场走向、客户需求及利益相关者的潜在价值，实现价值链的重构，帮助企业获得价值优势。例如，制造企业遵循"蓄势—进阶—升级"的价值转变逻辑，会利用平台化开展数字化改造进而摆脱生产困境，在此基础上加深数字平台的嵌入性，实现产品主导逻辑向服务主导逻辑的进阶，最后逐步增强平台系统的丰富性，促进以价值共创和价值占有的服务主导逻辑升级④。

综上所述，制造企业利用数字化转型通过创新的方式和提供新的价值主张能够对竞争优势产生积极影响。因此，提出假设 H6-1：

H6-1：制造企业数字化转型对竞争优势有积极影响。

2. 组织能力的中介作用

服务导向型能力在制造企业数字化转型与速度优势的关系中发挥中介作用。一方面，数字技术正在使顾客行为发生变化，消费者的购买决策受到数字平台和数字社交媒体所带来的客户在线互动的影响，正在改变企业的客户端业务和客户参与策略⑤。企业服务导向型能力能够使消费者更加容易融入企业生产产品和服务的全过程，减少了消费者和卖家之间信息的不对称，加快顾客做出购买决策的过程⑥。同时，服务导向型能力能够利用数字技术通过改进销售方式、提高顾客

① 张洁，匡明慧. 数字化转型如何提升企业竞争优势——技术市场可供性与商业模式创新的链式中介作用［J］. 科技进步与对策，2023（11）：1-12.

② Berman J. Digital transformation：Opportunities to create new business models［J］. Strategy & Leadership，2012，40（2）：16-24.

③ 刘淑春，闫津臣，张思雪，等. 企业管理数字化变革能提升投入产出效率吗［J］. 管理世界，2021（5）：170-190+13.

④ 杜勇，曹磊，谭畅. 平台化如何助力制造企业跨越转型升级的数字鸿沟？——基于宗申集团的探索性案例研究［J］. 管理世界，2022（6）：117-139.

⑤ Sebastian M.，Moloney G.，Ross W.，et al. How big old companies navigate digital transformation［J］. MIS Quarterly Executive，2017，27（5）：127-142.

⑥ Granados N.，Gupta A. Transparency strategy：Competing with information in a digital world［J］. MIS Quarterly，2013，37（2）：637-642.

响应速度以不断改善企业与顾客之间的互动，为顾客提供更加优质的服务，有助于企业与顾客建立动态的、长期的可持续关系①。另一方面，数字技术作为资源的一种形态，对服务导向型能力产生了影响。数字技术能够赋能先进制造企业客户需求端和服务供应端以促进服务导向型能力的转型发展，服务导向型能力的发展能够通过客户数据源、流程数据流和供应链网络数据集，精准捕捉客户异质性需求，驱动服务可视化和定制化创新，更快地满足顾客需求②。

组织能力在数字化转型与竞争优势的关系中发挥中介桥梁作用。第一，数字化转型的重点是采用数字技术作为杠杆，提高业务功能之间的和谐度，以产生服务和商业模式等方面的改进③。这种改进涉及组织能力，尤其是服务导向型能力的应用。数字化转型带来了组织变革，使服务导向型能力能够重新评估组织价值，以及改变服务提供的系统，对整个组织的价值创造方式产生了结构性的和根本性的影响。第二，制造企业数字化转型为服务导向型能力的发挥提供了有力支撑。制造企业通过数字化转型成功搭建起数字平台，实现了对客户和供应商信息的整合。服务导向型能力可以依托于数字平台，精准识别客户需求，为客户创造价值④。例如，在忽米网打造的工业互联网平台上，顾客只需要将需求发送到平台，企业将发挥其服务导向型能力，很快地为客户提供有价值的解决方案。第三，数字化转型可以利用数字技术实现与客户的跨境互动，在此过程中企业可以利用或更新服务导向型能力来提供更好的客户体验，建立竞争优势。因为，拥有服务导向型能力的制造企业能够有效感知服务机会、捕获服务机会以及重新配置服务资源，为制造商开发有效的客户解决方案⑤。例如，在汽车行业，数字化转型可以实现智能组件与汽车相连，企业通过服务导向型能力能够精准地识别当某些组件需要维护或更换时的信号，进而为其提供预测性的维护和连接服务，提升用户体验。

综上所述，服务导向型能力能够利用数字技术发展带来的影响，能够更快和

① 陈彦桦. 创新政策对服务业企业绩效的影响机制：以产品与服务创新能力为中介 [J]. 科研管理，2023 (2)：108-115.

② 李庆雪，綦天熠，王莉静，等. 先进制造企业服务创新转型演进逻辑及驱动机制研究——基于企业资源与能力视角 [J]. 科研管理，2023 (8)：47-56.

③ Romanelli E., Tushman L. Organizational transformation as punctuated equilibrium: An empirical test [J]. Academy of Management Journal, 1994, 37 (5)：1141-1166.

④ Hess T., Matt C., Benlian A., et al. Options for formulating a digital transformation strategy [J]. MIS Quarterly Executive, 2016, 15 (2)：98-121.

⑤ 冯永春，崔连广，张海军，等. 制造商如何开发有效的客户解决方案？[J]. 管理世界，2016 (10)：150-173.

更好地服务客户需求，为企业创造竞争优势。因此，提出假设 H6-2：

H6-2：服务导向型能力在制造企业数字化转型与竞争优势关系中发挥中介作用。

3. 产品导向型能力的中介作用

制造企业数字化转型使数字技术渗透到运营活动的各个方面，如生产、销售和管理，并通过塑造独特的组织能力为公司创造竞争优势。首先，制造企业数字化转型可以利用传感器、数据分析工具和数字平台等数字技术收集大量高质量的信息并对这些信息进行分类加工，产品导向型能力能够快速扫描和识别关键信息，实现对整个产品组合的有效管理，快速开发和推出有竞争力的新产品或改进现有的产品①。其次，制造企业数字化转型为产品导向型能力的发挥提供了有力支撑。数字化转型可以重塑业务流程，将用户和行业聚集在一起，实现对整个价值链过程的有效管理。产品导向型能力借助重塑后的业务流程，快速适应外部环境的变化，重新编排产品，迅速实现产品的数字化，成为市场的领先者②。最后，制造企业数字化转型是一种颠覆性的变革，往往会给企业带来能力的差距，因为制造企业数字化转型引入了新的技术知识替代方案、执行组织活动的新方法和创造价值的新方法，这种差距要求企业发展或获得新的能力③。产品导向型能力的发展能够使企业迅速进入新的产品领域，并结合新的技术，使新产品迅速商业化来创造价值④。

制造企业数字化转型带来了一种趋势，即数字化转型使企业的产品导向型能力从专注内部开发和制造产品，逐渐转向提供解决方案业务和相关关联的价值创造活动。一方面，数字化使得与客户直接互动成为可能，通过数据交互方式，企业能够准确地识别客户要求⑤；产品导向型能力能够响应这些要求，以更低的成本，与供应商更便利的合作与创新，更好地满足顾客。另一方面，在转型情境下，数字化是产品导向型能力发挥的必要前提。数字化能够实现制造控制、产品驱动自

①　Kaleka A. Studying resource and capability effects on export venture performance [J]. Journal of World Business, 2012, 47 (1): 93-105.

②　Llopis-Albert C., Rubio F., Valero F. Impact of digital transformation on the automotive industry [J]. Technological Forecasting and Social Change, 2021, 162: 120343.

③　Karimi J., Walter Z. The role of dynamic capabilities in responding to digital disruption: A factor-based study of the newspaper industry [J]. Journal of Management Information Systems, 2015, 32 (1): 39-81.

④　Lavie D. Capability reconfiguration: An analysis of incumbent responses to technological change [J]. Academy of Management Review, 2006, 31 (1): 153-174.

⑤　Tuli, R., Kohli K., Bharadwaj G. Rethinking customer solutions: From product bundles to relational processes [J]. Journal of Marketing, 2007, 71 (3): 1-17.

动化和产品中心控制的产品生产和处理分散控制，这意味着制造设施不再需要对正在制造的产品类型、制造每个产品订单所需的操作类型及其执行订单进行离线假设，通过利用产品和生产资源的数字孪生，实现车间领域的智能制造，增强了执行以产品为中心的产品导向型能力；产品导向型能力又能够充分发挥数字化的优势，通过提供更加优质的产品以及更加丰富的产品种类帮助企业塑造价值优势[①]。

综上所述，制造企业数字化转型推动了产品导向型能力的发展，使得产品导向型能力能够响应数字时代的要求，为顾客提供更快和更好的产品，进而有效地塑造企业竞争优势。因此，提出假设 H6-3：

H6-3：产品导向型能力在制造企业数字化转型与竞争优势关系中发挥中介作用。

4. 制度支持的权变效应

企业通过数字化转型可以领导组织变得更加敏捷，并重新考虑他们的业务和运营方法，因此被视为大多数企业的战略重点[②]。从制度理论的角度来看，企业的战略受到其所嵌入的正式和非正式的制度的影响。在制度的支持下，政府对组织数字化转型战略的承认，为其组织主体提供了合法性，并允许以这种方式进行运作和运营进而在市场中获得竞争优势[③]。此外，制造企业作为中国的重要战略产业，实现制造企业数字化转型是政府帮助制造企业发展的核心战略。因此，在制度支持之下，制造企业数字化转型更容易获得企业生存和发展的必要资源。利用这些资源，企业可以提高进入市场和加入竞争的主动性，增加获得速度优势或潜在速度优势的可能性[④]。

由此可见，在制度支持的作用下，政府一方面可以通过传统的制度手段，弥补制度的空白，另一方面可以进行需求创造、资源配置以及市场调节，以这两种形式促进制造企业数字化转型的进程，加强制造企业在市场上的竞争优势。因此，提出假设 H6-4：

H6-4：制度支持正向调节制造企业数字化转型与竞争优势的积极关系。

---

① Sebastian M., Moloney G., Ross W., et al. How big old companies navigate digital transformation [J]. MIS Quarterly Executive, 2017, 27 (5): 127-142.

② Matt C., Hess T., Benlian A. Digital transformation strategies [J]. Business & Information Systems Engineering, 2015, 57 (5): 339-343.

③ Deephouse L. Does isomorphism legitimate? [J]. Academy of Management Journal, 1996, 39 (4): 1024-1039.

④ Shu C., De Clercq D., Zhou Y., et al. Government institutional support, entrepreneurial orientation, strategic renewal, and firm performance in transitional China [J]. International Journal of Entrepreneurial Behavior & Research, 2019, 25 (3): 433-456.

在不断变化的环境中，制造企业面临着重大挑战。一方面是数字技术的出现使产品生命周期缩短，产品整体数量增加，重复请求减少，批量规模减小；另一方面是如何利用数字技术提供适销对路的产品，既满足客户需求，又符合企业利益。制造企业为应对这些挑战，使企业保持竞争力和盈利，就必须通过产品导向型能力巧妙地利用现有的资源和能力快速更新现有的产品体系①。

制度支持能够为产品导向型能力发挥提供必要的政策，例如，通过税收优惠促进产品导向型能力在技术研发领域发挥必要的作用。制造企业在提供适销产品的时候，企业需要搜索和评估哪种类型的产品能够帮助企业获得最有利条件，然后借助产品导向型能力快速地实现生产并迅速市场化以获得优势。政府的制度支持能够提供给企业所需的信息和知识，以强化这种知识搜索和转移过程，有利于产品导向型能力的发挥，为企业提供竞争优势②。

此外，制度支持创造了一种有利于产品导向型能力发挥的环境。在这种环境中，企业可以进行技术创新、改善管理技能以及获取资金支持等方式不断优化产品导向型能力，快速更新产品体系并实现快速推出，进而在激烈的市场中获得竞争优势③。例如，华为依靠政策的支持，不断地进行技术创新，发挥企业在产品方面积累的能力优势，持续对产品进行升级迭代，最终突破技术封锁，迅速推出搭载了其核心技术的产品，创造竞争优势。因此，提出假设 H6-5：

H6-5：制度支持正向调节产品导向型能力与竞争优势的积极关系。

从服务的角度来看，服务是为另一方做某事的过程，其本质上是一个基于客户、合作伙伴、员工和企业等利益相关者协作过程的承诺④。政府的制度支持可以为这种协作过程提供保障。一方面，政府的制度支持可以减轻服务基础设施不足所带来的负面影响，加强企业发挥服务导向型能力推动协作过程的努力⑤；另一方面，制度支持包括各种类型的协调机制以及制度协议，形成相互依赖的制度

① Li H., Atuahene-Gima K. Product innovation strategy and the performance of new technology ventures in China [J]. Academy of Management Journal, 2001, 44 (6): 1123-1134.

② Yuan L., Chen X. Managerial learning and new product innovativeness in high-tech industries: Curvilinear effect and the role of multilevel institutional support [J]. Industrial Marketing Management, 2015, 50: 51-59.

③ 陈怀超，张晶，费玉婷. 制度支持是否促进了产学研协同创新？——企业吸收能力的调节作用和产学研合作紧密度的中介作用 [J]. 科研管理，2020 (3): 1-11.

④ Shu C., De Clercq D., Zhou Y., et al. Government institutional support, entrepreneurial orientation, strategic renewal, and firm performance in transitional China [J]. International Journal of Entrepreneurial Behavior & Research, 2019, 25 (3): 433-456.

⑤ Li H., Atuahene-Gima K. Product innovation strategy and the performance of new technology ventures in China [J]. Academy of Management Journal, 2001, 44 (6): 1123-1134.

组合，体现制度支持的最重要特征以及服务导向型能力的制度基础，通过制度支持，能够驱动服务导向型能力落实协作过程，为行动者创造价值①。

制度支持能够实现服务导向型能力的转化，促使企业依照制度支持所指引的方向发挥服务导向型能力以获得竞争优势。例如，在消费金融行业，制度支持体现在监管部门对金融行业履行乡村振兴的要求上，马上消费金融在制度的支持下，充分发挥服务导向型能力，践行普惠金融，开展人才培训以及打造智慧养殖模式，在积极践行社会责任的同时也提升了马上消费金融的品牌竞争力。因此，提出假设 H6-6：

H6-6：制度支持正向调节服务导向型能力与竞争优势的积极关系。

第三节　研究方法

一、变量测量与问卷开发

（一）变量测量

本书运用问卷调查的方法获取研究数据，对理论框架所涉及的变量测量均借鉴或改编自成熟测量工具。数字化转型的测量工具借鉴 Singh 等（2021）的研究量表②，共 8 个问项。竞争优势的测量改编自 Zhou 等（2009）的测量工具③，从速度优势和价值优势两个维度进行测量，共 8 个问项。研究改编 Huang 等（2008）开发的测量工具④，对产品导向型能力和服务导向型能力进行测量，共 8 个问项。制度支持的量表改编自 Wei 等（2020）的测量工具⑤，对前摄型制度支

① Vargo L., Lusch F. Institutions and axioms: An extension and update of service-dominant logic [J]. Journal of the Academy of Marketing Science, 2016, 44 (1): 5-23.

② Singh S., Sharma M., Dhir S. Modeling the effects of digital transformation in Indian manufacturing industry [J]. Technology in Society, 2021, 67: 101763.

③ Zhou Z., Brown R., Dev S. Market orientation, competitive advantage, and performance: A demand-based perspective [J]. Journal of Business Research, 2009, 62 (11): 1063-1070.

④ Huang X., Kristal M., Schroeder G. Linking learning and effective process implementation to mass customization capability [J]. Journal of Operations Management, 2008, 26 (6): 714-729.

⑤ Wei J., Sun C., Wang Q., Pan Q. The critical role of the institution-led market in the technological catch-up of emerging market enterprises: Evidence from Chinese enterprises [J]. R & D Management, 2020, 50 (4): 478-493.

持和响应型制度支持进行测量，共 6 个问项。

此外，研究将企业年龄、规模及所有制形式作为控制变量。其中，企业年龄分为 5 组：3 年以下 = 1，3~6 年 = 2，7~12 年 = 3，13~20 年 = 4，20 年以上 = 5；企业规模以正式员工的数量进行评价：20 人以下 = 1，20~299 人 = 2，300~999 人 = 3，1000 人及以上 = 4；所有制形式分为 5 组：国有企业 = 1，集体企业 = 2，混合制企业 = 3，私营企业 = 4，三资企业 = 5。除控制变量外，所有变量的测量均使用李克特 5 点量表进行评价（1 = 完全不同意，5 = 完全同意）。

（二）问卷开发

本书在完成了问卷的初步设计之后，通过预调研的方式对问卷进行进一步的修正和完善。预调研是在川渝地区的某两所大学的 MBA 班级中展开，邀请了所在企业为制造企业，且该制造企业近三年具有数字化活动或应用的管理者进行填写，累计发放 100 份问卷，由于填写对象为 MBA 学生，能够高效、快速地回收问卷，因此总共回收 100 份问卷，其中有效为 97 份。然后对预调研数据进行分析，以"相关系数平方（SMC）小于 0.5"和"修正问项总相关系数（CITC）小于 0.4"两项指标为标准，删除对变量测量贡献较小的问项，并根据预调研的结果反馈进一步完善问卷措辞表达，最终形成包含 30 个题项的正式调查问卷。

二、数据收集与样本情况

（一）数据收集

考虑到调查对象制造企业在全国的分布特征，综合调研的科学性和可行性，问卷调查主要通过两种方式完成，一方面委托专业的调查机构面向全国来进行收集，另一方面依托于所在地区 MBA 培养院校的 MBA 校友会进行收集。具体的问卷调查步骤包括：首先，通过专业的调查机构获取 300 份调研企业的名单以及依托成渝地区九所 MBA 培养院校的 MBA 校友会秘书处获取人员名单，并筛选和联系符合条件的 200 个被调查者问询是否愿意参与调查，形成调查对象名单。其次，通过纸质问卷和电子问卷两种形式，向愿意参与调查的人员发放调查问卷，并进行问卷回收。再次，对问卷数据进行整理、复核，并对缺失项较少的问卷进行补充调查。最后，形成研究数据库。

（二）样本情况

本调查历时两个月，累计发放 500 份问卷，共回收 332 份，其中有效问卷289 份，有效回收率为 57.8%。对通过不同方式收集的电子和纸质问卷进行方差分析，没有发现组间差异，说明问卷收集方式的差异对数据没有显著影响。样本企业基本情况如表6-2所示。

表6-2　样本企业基本情况

企业年龄	3年以下	3~6年	7~12年	13~20年	20年以上
数量（家）	32	38	67	79	73
占比（%）	11.07	13.15	23.18	27.34	25.26
企业规模	20人以下	20~299人	300~999人	1000人及以上	
数量（家）	21	93	93	82	
占比（%）	7.27	32.18	32.18	28.37	
所有制形式	国有企业	集体企业	混合制企业	私营企业	三资企业
数量（家）	79	7	7	191	5
占比（%）	27.34	2.42	2.42	66.09	1.73

统计数据显示，本书在企业年龄方面主要涉及3年以下、3~6年、7~12年、13~20年以及20年以上5类企业。其中，3年以下的样本企业数量为32家，占总样本量比例为11.07%；3~6年的样本企业数量为38家，占总样本量比例为13.15%；7~12年的样本企业数量为67家，占总样本量比例为23.18%；13~20年的样本企业数量为79家，占总样本量比例的27.34%；20年以上的样本企业数量为73家，占总样本量比例为25.26%。

在企业规模方面，本书主要包括20人以下、20~299人、300~999人、1000人及以上4种企业规模类型。其中，规模为20人以下的企业，样本数量是21家，占总样本量的比例为7.27%；规模为20~299人的企业，样本数量是93家，占总样本量的比例为32.18%；规模为300~999人的企业，样本数量为93家，占总样本量比例的32.18%；规模为1000人及以上的企业，样本数量为82家，占总样本量比例的28.37%。

在所有制形式方面，本书将其分为国有企业、集体企业、混合制企业、私营企业、三资企业这5类。其中，国有企业的样本数量为79家，占总样本量比例的27.34%；集体企业的样本数量为7家，占总样本比例的2.42%；混合制企业样本数量为7家，占总样本比例的2.42%；私营企业的样本数量为191家，占总样本数量比例的66.09%；三资企业的样本数量为5家，占总样本数量比例的1.73%。

第四节 实证分析及结论

一、信效度检验

本书首先进行同源偏差检验，利用 Harman 单因素检验对全部数据进行主成分分析。结果表明，问项及变量解释的累计方差为 64.255%，高于 60% 的标准值，首个因子的解释方差为 43.239%，低于 50% 的标准值，说明数据不存在同源偏差问题。然后利用 Cronbach's α 系数和问项的 CITC 值两项指标来测评变量的信度水平。结果表明（见表 6-3）变量测量的 α 系数均大于 0.7，说明测量问项的内部一致性很好；各变量测量问项的 CITC 值均大于 0.4，表明测量问项的相关性较好，问卷的内在结构较为一致。因此可以认为变量测量的信度比较理想。

表 6-3 信效度分析

构念	题项	CITC	因子载荷	AVE
制造企业数字化转型（$\alpha=0.917$）	在过去的三年里，我们整合了人工智能、大数据、云计算以及社交媒体平台等数字技术，以推动组织结构和文化变革	0.671	0.823	0.632
	在过去的三年里，我们整合了人工智能、大数据、云计算以及社交媒体平台等数字技术，以推动领导风格、员工角色和技能的改变	0.633	0.801	
	在过去的三年里，我们基于人工智能、大数据、云计算以及社交媒体平台等技术形成了新的业务流程、销售网络和渠道	0.619	0.784	
	在过去的三年里，我们吸收和采用数字技术（如人工智能、大数据、云计算和社交媒体平台）以快速适应竞争环境的变化	0.621	0.826	
	在过去的三年里，我们基于人工智能、大数据、云计算以及社交媒体平台等技术开发新的产品或服务，积极创造新价值	0.637	0.799	
	在过去的三年里，我们基于大数据、云计算，以及移动和社交媒体平台等数字技术建立新的业务流程	0.660	0.785	
	在过去的三年里，我们将大数据、云计算，以及移动和社交媒体平台等数字技术整合在一起，以推动变革	0.631	0.760	
	在过去的三年里，我们利用数字技术，如大数据、云计算，以及移动和社交媒体平台转变业务运营方向	0.694	0.778	

测量模型值：$\chi^2/df=1.891$；$P=0.000$；RMSEA=0.056；GFI=0.976；AGFI=0.942；IFI=0.990；TLI=0.982

续表

构念	题项	CITC	因子载荷	AVE
产品导向型能力 ($\alpha = 0.726$)	我们可以在保持高产量的同时定制产品	0.603	0.759	0.549
	我们可以增加产品种类而不影响产品质量	0.551	0.739	
	我们能够根据客户的需求优质高效地生产产品	0.608	0.755	
	我们以提供产品为主，配套服务是支持性的	0.552	0.711	
测量模型值：$\chi^2/df = 2.395$；$P = 0.000$；RMSEA $= 0.070$；GFI $= 0.992$，AGFI $= 0.961$；IFI $= 0.987$；TLI $= 0.961$				
服务导向型能力 ($\alpha = 0.799$)	我们可以在不显著增加成本的情况下调整服务流程	0.550	0.795	0.623
	我们可以在不影响品质的前提下增加服务种类	0.576	0.790	
	我们可以在不显著增加成本的情况下增加服务种类	0.557	0.805	
	我们能够根据客户的需求优质高效地开发服务	0.621	0.767	
测量模型值：$\chi^2/df = 1.316$；$P = 0.000$；RMSEA $= 0.033$；GFI $= 0.998$；AGFI $= 0.977$；IFI $= 0.999$；TLI $= 0.995$				
制度支持 ($\alpha = 0.908$)	在过去的三年里，政府、行业组织等相关机构制定了引导我们开展数字技术应用的政策和规划	0.691	0.798	0.684
	在过去的三年里，政府、行业组织等相关机构通过制定政策与规划，创造了我们应用数字技术的外部需求	0.709	0.829	
	在过去的三年里，政府、行业组织等相关机构通过制定政策与规划，鼓励我们在数字技术应用方面进行投入	0.676	0.815	
	在过去的三年里，政府、行业组织等相关机构为我们提供数字应用所需的技术信息和技术支持	0.690	0.847	
	在过去的三年里，政府、行业组织等相关机构在为我们数字应用提供资金支持方面发挥了重要作用	0.670	0.839	
	在过去的三年里，政府、行业组织等相关机构协助我们取得数字技术、智能制造等相关技术资源	0.666	0.835	
测量模型值：$\chi^2/df = 2.123$；$P = 0.000$；RMSEA $= 0.062$；GFI $= 0.987$；AGFI $= 0.947$；IFI $= 0.995$；TLI $= 0.984$				
竞争优势 ($\alpha = 0.884$)	相较于主要竞争对手，我们能够优先获得优质的原材料供应	0.649	0.753	0.551
	相较于主要竞争对手，我们能够抢占关键的产品或服务	0.599	0.854	
	相较于主要竞争对手，我们能够更快地应用新技术进行产品或服务开发	0.618	0.734	
	相较于主要竞争对手，我们能够更快速地交付产品或服务	0.635	0.724	
	相较于主要竞争对手，我们的产品和服务很难模仿	0.600	0.749	
	相较于竞争对手，我们的品牌更具有影响力	0.584	0.735	
	相较于竞争对手，我们提供的产品或服务在功能、特性等方面具有独特性	0.565	0.729	
	相较于竞争对手，我们提供的产品或服务对顾客非常具有吸引力	0.639	0.762	
测量模型值：$\chi^2/df = 1.985$；$P = 0.000$；RMSEA $= 0.058$；GFI $= 0.976$；AGFI $= 0.942$；IFI $= 0.985$；TLI $= 0.972$				

　　对于效度的检验，本书从内容效度、收敛效度和判别效度三方面进行。在内容效度方面，所有变量的测量问项均借鉴或改编自成熟量表，进而确保测量的内容效度。对收敛效度的检验运用验证性因子分析进行，数据如表6-3所示，每个变量的验证性因子分析模型卡方值与自由度的比值均居于1.0~3.0，RMSEA低于0.8，GFI、AGFI、IFI和TFI均高于0.9，表明各模型的拟合度都比较理想，测量的收敛效度较好。

　　对判别效度的检验综合运用Pearson相关系数和AVE值平方根两项指标。结果如表6-4所示，任意变量之间的相关系数不等于1，各变量的AVE值平方根均大于所在行列相关系数的绝对值，表明各变量测量的判别效度也较为理想。

表6-4　相关系数与判别效度

变量	均值	标准误	1	2	3	4	5	6	7	8
1. DT	4.233	0.632	**0.795**							
2. CA	4.183	0.579	0.608**	**0.743**						
3. IS	4.182	0.695	0.669**	0.646**	**0.827**					
4. POC	4.259	0.571	0.600**	0.658**	0.671**	**0.741**				
5. SOC	4.226	0.592	0.501**	0.664**	0.563**	0.708**	**0.789**			
6. 企业年龄	3.430	1.297	0.192**	0.252**	0.234**	0.224**	0.156**	—		
7. 企业规模	2.820	0.930	0.186**	0.183**	0.275**	0.153**	0.083	0.623**	—	
8. 所有制形式	3.120	1.356	−0.035	−0.122*	−0.153**	−0.086	−0.072	−0.243**	−0.298**	—

　　注：对角线值为AVE的平方根；* 表示 $p<0.05$、** 表示 $p<0.01$。

二、假设检验

（一）主效应及中介效应检验

　　本书运用SMART PLS 3.0对主效应和中介效应进行检验。首先检验主效应制造企业数字化转型与竞争优势之间的关系。结果如表6-5所示，在控制变量的前提下，制造企业数字化转型对竞争优势有正向影响（$\beta=0.592$，$p<0.001$），假设H6-1得到验证。

　　本部分进行产品导向型能力和服务导向型能力的中介效应检验。首先进行对产品导向型能力的中介效应检验，结果如表6-5所示。制造企业数字化转型对产品导向型能力有正向影响（$\beta=0.611$，$p<0.001$）；产品导向型能力又对竞争优势产生正向影响（$\beta=0.441$，$p<0.001$）。更进一步地加入产品导向型能力的中介情况下，制造企业数字化转型对竞争优势有正向影响（$\beta=0.330$，$p<0.001$）。因此产品导向型能力发挥了部分中介作用，假设H6-2得到验证。然后对服务导

向型能力进行中介效应检验，结果如表6-5所示。制造企业数字化转型对服务导向型能力产生正向影响（β=0.510，p<0.001）；服务导向型能力对竞争优势产生正向影响（β=0.472，p<0.001）；此外，加入服务导向型能力的中介作用后，制造企业数字化转型也对竞争优势产生正向影响（β=0.352，p<0.001）。因此服务导向型能力发挥了部分中介作用，假设H6-3得到验证。

表6-5　主效应与中介效应检验

效应	路径	非标准化系数	S. E.	p 值	95%置信区间
主效应	制造企业数字化转型→竞争优势	0.592	0.062	0.000	[0.477, 0.718]
	企业年龄→竞争优势	0.148	0.065		
	企业规模→竞争优势	-0.041	0.065		
	所有制形式→竞争优势	-0.07	0.049		
产品导向型能力	制造企业数字化转型→竞争优势	0.330	0.085	0.000	[0.159, 0.488]
	制造企业数字化转型→产品导向型能力	0.611	0.059	0.000	[0.495, 0.726]
	产品导向型能力→竞争优势	0.441	0.076	0.000	[0.295, 0.592]
	企业年龄→竞争优势	0.087	0.057		
	企业规模→竞争优势	-0.015	0.064		
	所有制形式→竞争优势	-0.048	0.044		
服务导向型能力	制造企业数字化转型→竞争优势	0.352	0.067	0.000	[0.218, 0.485]
	制造企业数字化转型→服务导向型能力	0.510	0.074	0.000	[0.364, 0.656]
	服务导向型能力→竞争优势	0.472	0.06	0.000	[0.354, 0.588]
	企业年龄→竞争优势	0.096	0.055		
	企业规模→竞争优势	0.001	0.057		
	所有制形式→竞争优势	-0.046	0.04		

（二）调节效应及机制检验

在主效应和中介效用的基础上，应用SPSS 26.0软件进行回归分析以检验调节效应。在进行回归之前，需要对每个变量进行多重共线性检验。结果显示，每个变量的膨胀系数（VIF）均小于3，其中制造企业数字化转型为1.967，产品导向型能力为2.675，服务导向型能力为2.073，制度支持为2.315，表明所涉及变量之间不存在多重共线性问题，可以进行回归分析。

首先在SPSS里利用Process4.0对调节效应进行检验，结果如表6-6所示。制造企业数字化转型与制度支持的交互项对竞争优势有显著影响（β=0.141，p<0.001），假设H6-4得到支持；产品导向型能力与制度支持的交互项对竞争优势的

影响不显著（β=0.061，p>0.05），假设 H6-5 不被支持；服务导向型能力与制度支持的交互项对竞争优势的影响不显著（β=0.027，p>0.05），假设 H6-6 不被支持。

表 6-6　调节效应分析结果

假设	路径	非标准化系数	标准误	p 值	95%置信区间
H6-3a	制造企业数字化转型×制度支持→竞争优势	0.141	0.033	0.000	[0.077，0.205]
H6-3b	产品导向型能力×制度支持→竞争优势	0.061	0.049	0.208	[-0.034，0.157]
H6-3c	服务导向型能力×制度支持→竞争优势	0.027	0.040	0.500	[-0.052，0.106]

在调节效应检验的基础上，进一步对调节机制进行分析。将制度支持分解为前摄型制度支持和响应型制度支持，以探究其在竞争优势二维度关系中的调节作用，结果如表 6-7 所示。

表 6-7　制度支持的调节机制检验

变量		竞争优势			
		速度优势		价值优势	
		模型 1	模型 3	模型 2	模型 4
控制变量	企业年龄	0.074**	0.069**	0.055	0.052
	企业规模	-0.023	-0.053	-0.025	-0.050
	企业所有制形式	-0.022	0.007	-0.044	-0.018
自变量	制造企业数字化转型	0.559***	0.352***	0.513***	0.344***
	制度支持　前摄型制度支持		0.444***		0.380***
	制度支持　响应型制度支持		0.251***		0.300***
交互项	制造企业数字化转型×前摄型制度支持		0.130***		0.122**
	制造企业数字化转型×响应型制度支持		0.147***		0.160***
指标值	R²	0.396	0.511	0.317	0.426
	Adj-R²	0.387	0.501	0.307	0.414
	ΔR²	0.326	0.030	0.263	0.029
	F 值	46.481***	49.116***	32.914***	34.881***

注：＊＊＊表示 p<0.001；＊＊表示 p<0.01；＊表示 p<0.05。

调节机制检验步骤如下：第一步，引入控制变量企业年龄、规模和所有制形式，以及自变量数字化转型和因变量速度优势、价值优势进行回归，得到基础模型 1 和模型 2；第二步，在基础模型的基础上，引入自变量与前摄型制度支持和响应型制度支持的交互项，分别与因变量进行回归，得到模型 3 和模型 4。结论显示，两个回归方程模型显著（F = 49.116/34.881；p = 0.000），前摄型制度支持正向调节制造企业数字化转型与速度优势（β = 0.130，p<0.001）和价值优势（β = 0.122，p<0.01）的积极关系；响应型制度支持正向调节制造企业数字化转型与速度优势（β = 0.147，p<0.001）和价值优势（β = 0.160，p<0.001）的积极关系。简单斜率如图 6-2 所示。

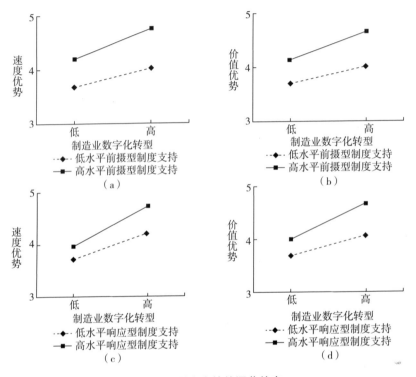

图 6-2　制度支持的调节效应

第五节　本章小结

一、研究结论与讨论

（一）本章主要研究结论

在数字化和转型经济时代，为传统制造企业利用数字技术进行转型升级提供了机遇。已有研究探究了实现制造企业数字化转型的前置因素，然而，针对与数字化转型的作用机制的研究相对缺乏，且由于企业缺乏适当的能力、组织内部创新效率低下及外部因素的干扰，导致企业通过数字化转型实现预期目标的成功率较低，从而影响企业开展数字化转型的积极性。因此，探究数字时代制造企业数字化转型塑造竞争优势的成功路径及其外部影响因素具有重要的理论和现实意义。

本书聚焦数字时代的制造企业数字化转型，从组织能力（产品导向型能力和服务导向型能力）和外部环境因素（制度支持）的视角探究制造企业数字化转型重塑竞争优势的实现机制。运用多种定量分析工具，对 289 家制造企业的数据进行实证检验，明晰制造企业数字化转型塑造竞争优势的作用机制，主要结论如表 6-8 所示。

表 6-8　研究假设结论

假设	验证结果
H6-1：制造企业数字化转型对竞争优势有积极影响	得到验证
H6-2：服务导向型能力在制造企业数字化转型与竞争优势关系中发挥中介作用	得到验证
H6-3：产品导向型能力在制造企业数字化转型与竞争优势关系中发挥中介作用	得到验证
H6-4：制度支持正向调节制造企业数字化转型与竞争优势的积极关系	得到验证
H6-5：制度支持正向调节产品导向型能力与竞争优势的积极关系	未得到验证
H6-6：制度支持正向调节服务导向型能力与竞争优势的积极关系	未得到验证

资料来源：笔者整理。

（二）研究讨论

制造企业数字化转能够帮助企业重塑竞争优势。本书的路径分析表明，制造企业数字化转型与竞争优势之间存在积极关系。这充分体现了，一方面，随着数字技术的普及，制造企业需要迅速地应对数字技术带来的改变。成功的数字化转型使制造企业变得更加敏捷，可以迅速利用数字技术以响应市场的变化，从而保持在市场上的竞争优势。另一方面，数字技术的出现，为价值创造方式带来了变化。制造企业数字化转型能够利用数字技术实现客户大规模的个性化定制服务，为客户创造独特的价值，保持企业在市场上的价值优势。这一研究结论不仅从竞争优势的层面有力支撑了数字化转型在促进企业竞争速度和提高企业价值竞争方面的显著作用①②；还丰富了数字化转型带来的影响文献研究。

产品导向型能力和服务导向型能力在企业创造竞争优势方面发挥重要作用。结合本章研究的主效应和中介效应可以发现产品导向型能力和服务导向型能力在制造企业数字化转型和竞争优势的正向关系中扮演部分中介作用，即制造企业数字化转型除了能够直接创造竞争优势之外，还能够通过产品导向型能力和服务导向型能力发挥间接作用。创造竞争优势的"能力路径"表明，在以产品导向型能力为主导的制造企业中，制造企业数字化转型可以重塑业务流程，使流程更加灵活，更有利于借助数字技术发挥产品导向型能力，满足市场需求，为组织创造竞争优势；在以服务导向型能力为主导的制造企业中，制造企业数字化转型为有效整合客户信息提供了基础，有利于企业充分发挥服务导向型能力精准识别和满足客户需求，创造竞争优势。本书结论证实了制造企业数字化转型在产品导向型能力和服务导向型能力形成中的重要价值③，还将产品导向型能力和服务导向型能力与企业竞争优势联系起来，从组织能力的角度扩展了产品导向型能力和服务导向型能力在解释企业塑造竞争优势方面的文献。

制度支持是制造企业数字化转型创造竞争优势的重要外部情景。通过调节效应检验发现，制度支持正向调节制造企业数字化转型与竞争优势的积极关系。通过调节机制的检验进一步发现前摄型制度支持和响应型制度支持均对速度优势和价值优势产生正向作用。一方面，前摄型制度支持具有引领作用，能激励企业主动获取竞争优势。想要创造速度优势的企业往往能够率先把握住前摄型制度支持所带来的"领先效应"；而创造价值优势的企业能够充分利用前摄型制度支持来获取稀缺的资源，通过这些资源的利用获取价值优势。另一方面，响应型制度支持具有鼓励的本质，能够支持企业在日常经营中获取竞争优势。企业想要获取速度优势，需要来自制度的认可，才能获得迅速的发展；而企业的价值优势又离不开政府在关键技术、研发补贴等方面的支持。此外，本章对于前摄型制度支持和响应型制度支持的划分遵循 Sheng 等（2011）和 Mair 和 Marti（2009）对于制度

① Westerman G. , Bonnet D. Revamping your business through digital transformation [J]. MIT Sloan Management Review, 2015, 56 (3)：10-13.

② Berman S. J. Digital transformation：opportunities to create new business models [J]. Strategy & Leadership, 2012, 40 (2)：16-24.

③ Karimi J. , Walter Z. The role of dynamic capabilities in responding to digital disruption：A factor-based study of the newspaper industry [J]. Journal of Management Information Systems, 2015, 32 (1)：39-81.

理论的研究①②，契合当前飞速发展的数字经济背景，丰富和深化了数字化转型背景下的制度理论研究。

在调节效应中表明，制度支持对产品导向型能力、服务导向型能力与竞争优势的调节作用并不显著，这表示制度支持没有成为产品导向型能力、服务导向型能力创造竞争优势的外部情景。造成这一结果的可能原因是：由于制度能够直接或者间接地嵌入到企业的行为、活动和战略选择中③。产品导向型能力和服务导向型能力可能将外部制度支持内化到企业生产产品和服务的过程中，而不是单独作为情景因素发挥作用。因此，造成制度支持对产品导向型能力和服务导向型能力的调节效应不显著。

二、研究价值与启示

（一）研究价值

制造企业数字化转型如何重塑竞争优势？这是本书要回答的主要问题。本章从组织能力的分析路径和制度支持的外部情景探究制造企业数字化转型塑造竞争优势的作用机制，本书有效地整合了战略管理的相关理论和观点，具有一定的理论价值。

有别于从前置因素探究制造企业数字化转型的分析范式，本书从制造企业数字化转型带来影响的角度，在区分速度优势和价值优势的前提下，探究制造企业数字化转型塑造竞争优势的方式，不仅丰富了制造企业数字化转型的后置结果研究，还深化了对竞争优势的理论认知。

本章基于组织能力的分析路径，探究产品导向型能力和服务导向型能力在制造企业数字化转型塑造竞争优势过程中的作用机制，既深化了战略管理的相关理论研究，又符合"行为—能力—结果"研究范式。

本章基于外部环境因素，探究制度支持在制造企业数字化转型塑造竞争优势过程中的权变效应，既体现数字时代飞速的变化对制度支持的重视，又契合中国转型经济下市场和政府双驱动的现状。

① Sheng S., Zhou K. Z., Li J. J. The effects of business and political ties on firm performance：Evidence from China [J]. Journal of Marketing, 2011, 75 (1)：1-15.

② Mair J., Marti I. Entrepreneurship in and around institutional voids：A case study from Bangladesh [J]. Journal of Business Venturing, 2009, 24 (5)：419-435.

③ Peng M. W., Sun S. L., Pinkham B., et al. The institution-based view as a third leg for a strategy tripod [J]. Academy of Management Perspectives, 2009, 23 (3)：63-81.

（二）管理启示

本书聚焦制造企业数字化转型，基于外部的制度情景和内部的能力路径构造制造企业数字化转型塑造竞争优势的作用机制，为制造企业在数字时代维持和创造竞争优势提供了实践启示。

首先，竞争优势作为企业长期生存和发展的关键，要求企业必须在激烈的竞争环境中找到适合自己发展的路径。本书将竞争优势划分为速度优势和价值优势，可以从多方面启发企业：在速度优势方面，企业可以充分拥抱数字时代，将数字技术与企业生产和服务流程融合，创新产品和服务的提供方式，提高产品和服务的传递效率；在价值优势方面，随着数字技术与企业价值链的融合程度加深，企业可以提供更加优质的产品和服务。这意味着，任何想要在激荡的时代生存下去的企业，都能够找到适合自身特点的竞争方式，并不断地实现新的价值创造。

其次，企业在思考创造竞争优势的方式时，需要高度关注数字化转型所带来的颠覆性变革。从价值创造的角度来讲，制造企业数字化转型的重点在众多客户的参与之下，提升标准化和集中化的运营流程的灵活性和敏捷性，并且通过重新配置商业模式、创造新产品和服务，以及在某些情况下重塑整个价值链，为组织创造竞争优势提供新的战略机会。考虑到制造企业数字化转型在竞争优势中的重要作用，结合当前时代背景的要求，企业应当充分评估自己的数字化准备程度，不断运用数字思维思考企业发展方向，充分结合数字技术变革业务流程，不断积累数字文化和发展数字能力，进而为成功的数字化转型做好准备。

再次，企业需要重视产品导向型能力和服务导向型能力在保持竞争优势中的作用。组织能力是企业保持竞争优势的重要原因，产品导向型能力和服务导向型能力在聚焦于产品和服务的基础上，创造竞争优势。对制造企业来说，其竞争优势主要源自产品以及服务，具备产品导向型能力和服务导向型能力的制造企业具有实现企业生存和发展的必要保障。

最后，企业在创造竞争优势的过程中，需要格外关注制度因素在其中的重要作用。在中国，政府在市场经济中发挥重要作用，制度支持能够帮助企业在市场竞争中获取资源、提供合法性、规避竞争风险等。例如，中国要从制造大国迈向制造强国，制造企业数字化转型提供了一条可行的路径，在制度支持的作用下，制造企业可以借助政策优势，获取政府资金、技术等方面的扶持，为制造企业数字化转型提供有力帮助。因此，重视制度支持是企业创造竞争优势的重要保障。

三、研究局限与展望

（一）研究局限

本书基于组织能力的分析路径，对制造企业数字化转型实现竞争优势的实现机制进行了深入剖析，但仍然存在一些不足。

在概念模型方面，本书基于组织能力的分析路径，引入了产品导向型能力和服务导向型能力，同时基于外部情景因素引入制度支持构建起中介和调节效应模型，但是在组织能力和外部情景的框架下，还存在其他的重要因素，比如营销能力、技术外溢性等需要后续研究进行探讨。在实证分析方面，考虑到样本数量和篇幅限制，本书仅对制造企业的数据进行了分析，没有对其他行业和不同类型的企业进一步分析，以识别是否会因为行业不同而导致数字化转型在塑造竞争优势的过程中存在差异，对此尚未进行进一步的探究。

本书基于静态的视角，讨论制造企业数字化转型塑造竞争优势的作用机理。然而，随着竞争优势的建立，企业更加需要明确具体类型的竞争优势，本书尚未进一步探究对不同类型的竞争优势作用。

（二）研究展望

在对相关文献进行梳理发现其不足的基础上，本书借鉴管理理论的宏观现实背景，将中国企业的发展现状与数字化转型实践的情况相结合，提出以下展望：

第一，后续的研究可以考虑引入营销能力、动态能力等组织能力以及技术外溢性、市场导向等外部情境因素，进而更加全面地探究组织能力和外部情景因素在制造企业数字化转型塑造竞争优势中的作用机制。

第二，后续的研究应该继续扩展不同行业和不同类型的企业，以识别数字化转型在塑造竞争优势过程中的差异，或者立足于制造企业，探究企业数字化转型的不同阶段对其竞争优势的影响机制是否存在差异。

第三，数字化转型是企业应对数字时代冲击的有效方式，后续的研究还需要通过一些案例研究，识别数字化转型在塑造竞争优势过程中的具体路径以及企业间路径的差异性。

案例篇

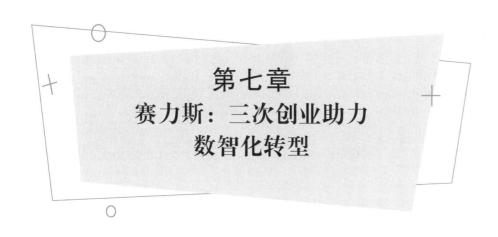

第七章
赛力斯：三次创业助力
数智化转型

　　新能源汽车是新时代汽车产业全面贯彻新发展理念、构建新发展格局、落实双碳工作的重要路径，在新能源大潮下，越来越多的车企加速拥抱数字化技术以求变革升级。作为中国工业重镇，在山城重庆的这片土地上，曾诞生了长安、力帆、小康等一批重量级汽车企业。面对席卷而来的电动化、智能化浪潮，重庆瞄准智能网联新能源汽车发展方向打出"组合拳"，从出台支持智能网联新能源汽车推广应用激励措施，到着眼"芯屏器核网"布局全产业链，努力打造产业新生态。作为重庆民营汽车龙头企业，赛力斯集团股份有限公司（原重庆小康工业集团股份有限公司，以下简称赛力斯）积极响应，2016年起就主动求变，开始研发新能源汽车，从智能制造到科技创新，从国内市场到跨境出海，赛力斯的数字化转型升级历程，已成为重庆汽车产业发展的缩影。赛力斯集团发展历程如图7-1所示。

　　赛力斯集团始创于1986年，现有员工2万余人，是A股上市公司、中国企业500强，业务涉及新能源汽车及核心三电（电池、电驱、电控）、传统汽车及核心部件组成的研发、制造、销售及服务。从弹簧到减震器，从摩托车到微型汽车，从传统燃油车到新能源汽车，从小康股份再到赛力斯集团，这家如今定位为以新能源汽车为核心业务的科技型制造企业已有38年的创业与历程，实现了数次重大的迭代转型：1986年，小康股份最早以零部件起家；2003年，小康股份正式进军整车制造领域；2016年，小康股份进入新能源领域，跨入高端智能电动汽车新赛道；2021年，与全球ICT领先企业华为开创了联合业务深度跨界融合的先河，双方充分发挥各自优势，在核心技术、产品及渠道方面进行深入合作，

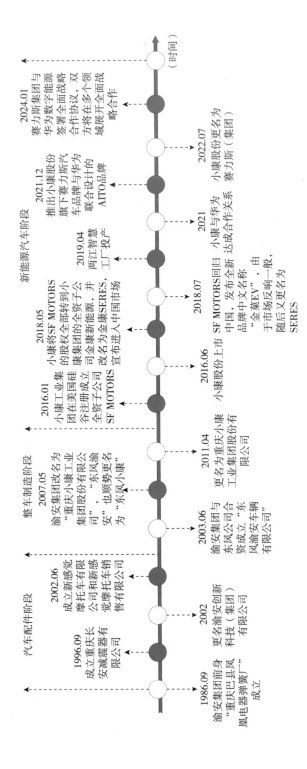

图 7-1 赛力斯集团发展历程

资料来源：笔者设计。

双方共同打造了 AITO 问界系列新能源汽车产品；2022 年，小康股份正式更名为赛力斯（集团），并在同年与全球领先的新能源创新科技公司宁德时代建立了长期战略合作关系，为公司新能源汽车交付提供有力保障。

得益于长期的高强度投入，赛力斯在汽车整车、电驱动、智能互联、自动驾驶等领域取得了多项技术创新成果。如今，赛力斯已经成为新能源车领域一股不可忽视的"传统新势力"。"老实说，我这个人就喜欢做'从 0 到 1'的事情，这也可以说是我的一个人生追求。"回顾赛力斯这一路走来的足迹，创始人张兴海曾在采访中说道，"我就坚持一件事，要把所有资料中的'成'字改为'创'字，不管公司发展到什么阶段，务必忘掉以前所取得的成就，回到原来的起点。"

截至 2023 年 11 月，赛力斯汽车已经拥有 2 座智慧工厂，工厂内布有数千台智能化设备，融合 AI 视觉、大数据等先进技术，关键工序 100% 智能化，600+整车关键质量控制点，满足以精益、柔性、数字、智慧、定制、生态为关键词的多车型生产工厂。深耕整车制造 20 年的赛力斯汽车，已实现从传统生产到智能制造的跃迁，在新能源汽车产业转型升级的道路上稳步推进，以高水平智能制造实力为高质量交付持续赋能。

第一节　创业 1.0：弹簧厂的整车梦

一、小弹簧，大梦想

1986 年是改革开放第八年，当时的重庆市沙坪坝凤凰镇还属于巴县管辖。这个地区尽管交通不便，但改革开放的意识已然形成，弹簧厂、纸盒厂、电镀厂、铸造厂……凤凰镇成为巴县发展乡镇企业最活跃的地区之一。弹簧在当时属于被国外企业垄断的零部件，一根进口弹簧的价格超 1 美元，张兴海从中嗅到商机。于是，在那一年，年仅 23 岁的张兴海与两个哥哥拿出全部家底，筹资 8000 元，创办了小康股份的前身——"重庆巴县凤凰电器弹簧厂"，带领十几名员工通过手工作坊的方式从事家用电器的弹簧加工。张兴海在谈起自己的创业历程时曾说："那时候，内地改革开放的氛围远没有沿海一带热烈，但思想和观念已经形成，有人试水，有人缩手缩脚，我算是其中比较大胆的一个。""当时整个中国都在摸着石头过河，我办企业也是一样，小心翼翼地探索。"

看似一根简单的弹簧，其中包含的技术却很不简单，特别是异形弹簧，力学原理、材质分析、形状设计等，都是从无到有的研制生产，当时家用电器弹簧技术被国外企业垄断，国内掌握这方面的技术人员非常少，张兴海为了招聘技术员，曾四处寻觅，三顾茅庐地请人过来。功夫不负有心人，在张兴海和员工的不断钻研下，弹簧的研制成功了。张兴海将和进口弹簧性能相同的国产弹簧，"打"到1块多人民币一根，而弹簧厂生产的全自动洗衣机的方丝抱簧则打破了日本企业的技术垄断。与此同时，张兴海还接到了为长安铃木汽车生产座椅弹簧的订单，由此赚到了第一桶金。随后，小作坊一步步变大，靠着洗衣机离合器弹簧，以及微车座椅弹簧，凤凰厂迅速完成了原始积累。但小小的弹簧毕竟产值有限，此时一个更大的机遇是重庆摩托车、汽车产业的整体崛起。

二、顺应时代，业务更新

20世纪90年代是中国摩托车产业腾飞的时代。由于当时制造水平和居民购买力限制，摩托车在便捷性、经济性等方面都比汽车更加适合大众，摩托车的市场空间得以被打开，诞生了嘉陵、隆鑫、宗申、力帆、银翔等一批知名摩托车企业。与此同时，位于西南地区的重庆又是当时极为适配摩托车产业发展的城市。西南地区地势高低婉转，天然适合摩托车这种两轮机械化交通工具的应用，加之20世纪80年代一批军工企业开始"军转民"，都为从事摩托车产业奠定了良好的基础。因此，重庆逐步形成了整车、关键零部件配套的研发和生产、外贸等摩托车产业集群。

由于重庆的汽车与摩托车产业的发展势头不错，弹簧作为减震器的核心部件也面临着巨大需求，这也完美契合了张兴海的弹簧业务。"当时建设厂在军工企业内部找协作厂生产减震器，我们虽然只供应弹簧，但还是参加了那次配套会。"张兴海说，正是在那次会上，决定深入了解减震器。同时，敏锐地洞察到商机，张兴海果断将业务重心转移到汽配领域。弹簧虽然是减震器的一部分，但一个合格的减震器还涉及活塞、液压等更为复杂的技术环节。既然下决心做减震器，工厂就利用企业灵活的优势，大力引进技术人员。1996年，张兴海正式进军汽车和摩托车减震器领域，成立重庆长安减震器有限公司，主要生产汽车和摩托车的减震器。相比于单纯的弹簧制造，减震器具有更高的科技含量。得益于对质量和工艺的严格追求，张兴海凭借着在弹簧制造领域中积累的技术优势，将减震器做到了连续13年位居摩托车减震器行业产销第一位，公司规模也逐渐扩大。并且公司自主研发出的第一代气囊后减震器，不仅填补了国内市场的空白，还大量出口海外，成为海外的"洋产品"。张兴海的减震器与汽车配件弹簧也逐步得到长安、嘉陵等汽车和摩托车整车厂家的认可，成为长安汽车座椅弹簧的供应商。

作为摩托车整车企业的供应商，张兴海也一直有着整车制造的梦想。随着在减震器和弹簧领域的做大做强，张兴海已不满足于只做"配角"，开始制造和销售摩托车。2002 年，张兴海成立了重庆渝安创新科技（集团）有限公司，并收购了力帆旗下的"新感觉"品牌摩托车板块。2002 年，公司进入摩托车整车制造领域。由此，摩托车减震器和摩托车整车成为渝安集团的两大核心业务板块。

第二节　创业 2.0：小康股份的上市之路

一、合资造车，整车制造借"东风"

在卖掉"新感觉"的时候，力帆在摩托车领域已经深耕了十年。同一时期的高端产品有日本品牌，中低端的又有大量的本地企业。所以，自始至终，收购后的"新感觉"也没有挤进销售的前十位。而进入 21 世纪后的中国，无论是生产力还是居民消费水平都得到大幅提升，摩托车作为一种曾经流行一时的交通工具，在逐渐流行开来的电动自行车以及国家限摩导向下，产业形态也日渐式微，市场需求升级和产业变革的力量使摩托车成为一种小众产品。在这种背景下，渝安集团的销售业务日渐式微，亟待转型。

与此同时，20 世纪 90 年代的中国在"先富带动后富"的政策影响下，东部地区以及中西部一些地区的大户率先实现了小康生活。价格便宜、既能坐人又能拉货的微车（微型汽车），在市场上受到了消费者的广泛喜爱，市场销售形势一片大好，据了解，到 2000 年，全国的微车销量已超过 50 万辆，其中微客（微型客车）为 40 万辆，微货（微型货车）为 10 多万辆。微车这种车型是被国外和国有汽车大厂看不起的产品，不仅技术含量相对不高，毛利也比较低，一度被作为国家的"扶贫"项目在一些地方支持。正是这种市场细分的空缺，为国产微车发展壮大提供了时间窗口。抓住了微车发展的市场机遇，长安汽车借此机遇，与日本铃木公司合作引进了微型厢式货车和微型载货汽车，很快发展壮大成为国内微车龙头，并带动了微型汽车的迅速发展。

看到这种行业趋势以及长安汽车在微车领域风生水起，位于行业第二的东风汽车公司也想分一杯羹。但是东风汽车在成本上没有太大优势，于是开始寻找合适的合作伙伴，以便进入微车行业。重庆地区集聚了汽车和摩托车两大产业，产业配套完整，又有一批具备实力的供应链企业，因此远在湖北的东风汽车决定在重庆合资建厂。2003年，在得知央企东风汽车有意寻找一家合作伙伴着手微车项目时，张兴海马上向东风汽车表达了自己的合作意愿。张兴海的渝安集团多年来一直是东风汽车的零部件供应商，并因为质量和信誉多次获得过东风的嘉奖。因此，这一次东风汽车想要在重庆寻找合伙企业，张兴海自然也成为不二的合作对象。于是双方一拍即合，东风汽车很快答复并启动谈判，双方经过多轮艰苦谈判，最终达成了合资合作造车的共识。

2003年6月，东风汽车与渝安集团正式签署三方协议，成立了东风渝安车辆有限公司，东风汽车与渝安集团各自持股50%，主要生产"东风小康"品牌微车，这也成为我国历史上第一例国企与民企合资造车的典范。借着东风小康的大好势头，2007年，重庆小康集团公司成立，"东风渝安"也顺势更名为"东风小康"，第一台"东风小康"品牌汽车在井口基地下线，这也是沙坪坝区生产的第一台汽车。"小康"的第一辆汽车研发倾注了很多人的心血，"当时技术要突破现有汽车的水准，而我们又没有任何基础，难度可想而知，我们大量引进专业人才，不断地对样车进行精雕细琢，有一点问题就重来，反反复复，不停地试错，不停地总结经验，最后终于成功。"张兴海回忆起来，仍觉唏嘘。2008年，王宝强成为东风小康代言人，憨厚的形象与微型车的基层定位完美匹配。2011年，小康再度更名为"重庆小康工业集团股份有限公司"，并更换了企业标识。借助此次与东风汽车的合作，渝安集团正式进军整车制造领域，至此，小康股份完成了从零部件生产到整车生产的巨大转变①。

拥有了汽车制造牌照，又有国有汽车资本的加码，张兴海又很快进入到汽车发动机等核心部件领域，逐步开启了汽车产业链布局。微车市场的火爆是一场典型的"农村包围城市"运动，特别是在2009~2010年的"汽车下乡、以旧换新"政策的刺激下，微车的销量也迎来了史无前例的爆发。正是在这样的时代背景下，拿到合资汽车牌照并将企业资源向微卡、微客汽车板块押注的小康股份，在几年内便与上汽通用五菱、长安拿下了全国微车市场份额前三名。汽车工业是一个系统性产业链工程，虽然小康股份在21世纪之后一直发力于微车领域，但依托东风汽车，也逐步培育起自主从冲压焊接到发动机的完整产业链条，并定位于

---

① 搜狐. 小康股份36年变形记：背靠华为，如何从弹簧厂"变身"赛力斯？[EB/OL].（2022-08-11）. https://www.sohu.com/a/575893656_116132.

中低端的微型客车与卡车细分市场，在汽车界站住了脚。

二、战略升级，"商转乘"成功上市

微车中的面包车尽管兼顾乘坐和拉货的用途，但在早期，还是以运货为主，加上轻卡的产品，所以这一时期的小康主打产品是商用车。但是作为一个人口大国，要想发展汽车工业，仅依靠商用车是不行的。并且微车市场崛起是在兼顾经营性活动和乘坐舒适性时代背景下的一种市场表现。对于日益崛起的中产一代，以轿车、交叉型乘用车为代表的需求在 2010 年前后表现得前所未有的强劲。在这个过程中，国内的车企长城精准抓住这一时代需求变革，在 SUV 上发力并在相当长一段时间内确立了霸主地位。而相对的是，自 2011 年起微型车市场的发展停滞，东风小康销量连年下滑。这一次，小康再次聚焦相关多元化，将方向瞄准在了"微车升级版"上。张兴海介绍说，以前汽车行业，汽车制造是老大，以制造为中心，现在是以用户为中心。而微车的"升级版"按照国家产业目录划分，归类于紧凑型 MPV，也就是多用途汽车（Multi-Purpose Vehicles）。从汽车产品类型来看，这一时期的小康股份以及长安汽车等进军 MPV 领域，依托于原有的产品线进行"商转乘"转型。

2013 年，东风小康推出东风风光乘用车，将车型策略转向 SUV 和 MPV。这一次的产品升级迭代是成功的，在 2013 年 9 月上线的风光系列车型，在 2014 年和 2015 年全年完成销量分别为 8.88 万辆和 15.97 万辆。经过几年的发展，以五菱宏光、长安欧诺、东风小康风光为代表的紧凑型 MPV 车型稳居全国市场前三名。汽车产业体系中，乘用车市场远远大于商用车市场，而以实用、低价、耐用为标签的小康 MPV 在有了一定市场份额后，也先后开发了 SUV 等产品线。至此，小康股份迎来了微型车市场的落幕，但积累已久的张兴海开始谋求上市。自进入微车市场以来，小康股份在一直专注于汽车发动机的核心技术突破与发展的同时，重视双燃料、新能源、节能型动力的研发与生产。经过多年积累，小康股份已具有较强的技术和质量优势，并拥有有效专利权 471 项，其中发明专利 31 项，实用新型专利 352 项，外观设计专利 88 项[①]，形成了包括微客、微卡、紧凑型 MPV 在内的微车整车、发动机及零部件的生产销售服务在内的完整产业链，这些为小康股份上市 A 股奠定了基础。

2016 年 6 月 15 日，小康股份在上海证券交易所正式挂牌上市，发行价为每

---

① 重庆华龙网．渝企小康股份 15 日 A 股上市涨停几乎没有悬念［EB/OL］．（2016-06-15）．http：//mt.sohu.com/20160615/n454441203.shtml.

股 5.81 元。一上市，这只股票便拉出 18 个涨停板，最高将股价推至每股 45.88 元①，此后不到一个月的时间，小康股份的市值就翻了将近 8 倍，风头直追同样位于重庆的长安汽车。从 1986 年创立弹簧厂算起，小康股份已走过了近 30 年的创业历程，此次上市的成功无疑是政府和市场对企业的一种肯定。小康股份创始人张兴海表示，公司将以"提供安全舒适的移动空间，共享幸福生活"为使命，以"诚信、共享、责任、精准、热忱"为核心价值观，做"人车和谐发展"的践行者。同时，力争以此次 IPO 上市为契机，坚持"产业化和资本化"两条腿走路，力争在五年后拓展形成"以家用汽车（含紧凑型 MPV、紧凑型 SUV）机车联网的物联网汽车与纯电动微型商用车为主体，发动机为支撑"的新业务格局，实现"五年倍增"计划，创建百万量级且富有竞争力的汽车企业集团。

第三节　创业 3.0：科技型新能源汽车制造企业的转型历程

一、谋求转型海外寻路，新创品牌市场惨淡

从 2016 年末开始，小康股份的 MPV、微客等车型销售开始出现疲态。2017 年，小康股份除去 SUV 系列的其他车型销售 21.5 万辆，同比下降 26.32%；2018 年再度下滑至 17.1 万辆，同比减少 20.56%②。实际上，中国燃油车企业在过去 10 年间顺风顺水般地发展，都是得益于处在高速发展中的汽车较低保有量，中产一代的规模日益壮大，支撑了汽车消费大国的市场发展和产品迭代。但 2018 年前后国内燃油车的销售增速徘徊不前，一方面，日益丰富的汽车产品线扩大了供给；另一方面，在汽车保有量翻了几番之后，增速的拐点到来也是必然。

随着汽车行业的发展，很多传统车企开始往新能源赛道发力，小康股份也是众多转型车企中的一员。早在 2015 年，小康股份便开始了自主开发三电核心技术。2016 年，张兴海作为重庆首批特斯拉用户，在体验到特斯拉电动车的精致

---

① 凤凰网科技. 近一年 37 次涨停，一天蒸发 74 亿元，"妖股"小康股份还能妖多久？［EB/OL］.（2021-05-14）. https：//tech. ifeng. com/c/86Eubr6fowi.

② 第一电动网. 亏损 4.2 亿元，小康股份还是坚持押注新能源［EB/OL］.（2019-11-11）. https：//www. d1ev. com/news/qiye/103071.

和科技感后，意识到新能源车的未来即将到来，决定制造同样的新能源智能车。2016 年 1 月，张兴海的儿子张正萍来到硅谷，投入 3000 万美元成立新能源汽车公司 SF MOTORS，从事智能电动汽车的设计、研发、生产、销售等，但主要的发展模式还是以收购海外成熟资产为路线。2016 年 7 月，在公司上市一个月后，小康股份宣布进军新能源乘用车市场。同年 10 月，新成立的 SF MOTORS 以 3300 万美元的价格收购了美国电动汽车电池系统研发设计公司 InEVit 的 100% 股权，并与密歇根大学麦城创新中心在互联和自动驾驶汽车转型方面进行深度合作，专注于新能源电动汽车领域。

2017 年 6 月，SF MOTORS 宣布以 1.1 亿美元收购美国汽车解决方案集成供应商 AM General 公司的民用汽车工厂，双方交割于 2017 年 11 月正式完成。该汽车工厂有着生产高品质汽车的传统，曾连续多年生产民用悍马 H2 车型和奔驰 R 系列车型等知名品牌车型，并有着经验丰富的管理团队和熟练的产业工人。SF MOTORS 对该工厂进行了满足高端电动汽车生产的设备及工艺的升级，并对所有雇员提供大量培训，使其成为美国最具创新性的绿色电动汽车工厂之一。在国外的 SF MOTORS 发展的同时，国内的小康股份也在不断发力。2017 年 1 月，小康获得了国家发展改革委批复的纯电动乘用车生产资质，这是国内批复的第八张新能源车生产资质。2018 年 9 月，获得工业和信息化部的产品资质，这是两个至关重要的资质，也是国内为数不多的同时拥有两个资质的新能源车企。经过一段时间的发展，小康股份在 2019 年 4 月推出高端新能源汽车品牌金康 SERES（赛力斯），由希腊文 SERES 音译而来，意思是丝绸之国，象征着东方、中国，还有高端的含义。

然而，努力并不一定能带来对应的成果，尤其是当发展方向不对的时候，小康股份的新能源汽车项目在国外的进展并不顺利。张兴海看到了新能源车的发展前景，却没看到美国作为石油输出第一国和油车数量世界第一国的大背景，新能源车的市场并不在美国。2018 年，SF MOTORS 在美国发布的 SF5、SF7 两款电动 SUV 市场反响平平，于是公司决定转回国内发展，同年 5 月小康股份将 SF MO-TORS 的股权全部转到旗下全资子公司金康新能源，并改名为金康 SERES，宣布进入中国市场。2018 年 7 月 25 日，SF MOTORS 正式回归中国，发布全新品牌中文名称"金菓 EV"，由于市场反响一般，随后又更名为 SERES。2019 年，金康新能源推出首款新能源电动汽车赛力斯 SF5，包括纯电和增程两种类型。但转型新能源市场又谈何容易，首次进入大众视野的赛力斯并没有给小康股份带来惊喜。尽管年报将 SF5 的发布称为"小康股份新能源汽车战略布局的里程碑大事件"，但 SF5 并没取得"一鸣惊人"的效果，整个 2020 年的销量仅突破 1000 辆。导致这一状况的一个很大的原因在于，人们对新出现的汽车品牌并不是很认可，极少人将其视为真正的整车企业。汽车作为一种耐用消费品，品牌认知、质量保障、用户体验等都构成了重要影响因素。原本就出身"卑微"、长期依赖中低端产品维持生计的小康，即使进军新能源汽车，品牌的认知始终是一个绕不过去的门槛。在摸索新能源市场的阶段，正是小康股份经营走下坡路的时候。在 2016 年，小康股份总营收达到了 161.92 亿元，归母净利润 5.14 亿元，曾一口气拉出 18 个涨停板。但 2017 ~ 2020 年，该公司营业总收入分别为 219.34 亿元、202.40 亿元、181.32 亿元、143.02 亿元，同期归母净利润分别为 7.25 亿元、1.06 亿元、0.67 亿元、－17.29 亿元。可见小康股份的业绩自 2018 年开始下滑得厉害，并且在 2020 年首次出现了亏损。2020 年 7 月，赛力斯 SF5 量产上市，当年销量不足 800 辆，足以用悲惨形容。进入中国汽车业颇为风光的 2021 年，公司也未能摆脱窘境，2021 年前 3 个月销量分别为 83 辆、13 辆和 54 辆，净利润的亏损进一步扩大至 18.24 亿元[①]。此时，小康股份已处于极度缺钱状态，却仍在"砸钱"投向新能源，并且未能收获对等的效果。

在小康深耕新能源市场的同时，公司管理层也完成了权力的交接。2020 年 10 月 23 日晚间，小康股份宣布，公司创始人、实际控制人张兴海先生近日申请辞去公司董事长职务，以集中精力研究公司战略布局、拓展公司智能网联新能源汽车业务、打造赛力斯 SERSE 品牌。10 月 25 日，小康董事会选举张正萍为新任董事长。张兴海、张正萍完成父子交班，意味着小康全面迈入新能源车时代，金康赛力斯就是小康股份的全部未来所系。

二、联合业务跨界融合，华为主导品牌背书

当赛力斯在高端新能源汽车领域的发展陷入困境之时，华为造车的战略举措为小康伸出了援助之手，与华为的合作让赛力斯初次尝到了与"知名大企业"合作所带来的甜头。早在 2019 年初，小康股份就与华为举行了全面合作签约仪式，以便深入推动新能源汽车领域合作，在工业互联网、ICT 基础设施、新能源汽车智能化、网联化等领域开展全面合作。2020 年 4 月 19 日，小康股份与华为公司联合业务深度跨界融合，正式推出赛力斯华为智选 SF5。2021 年 4 月 6 日，在重庆市政府、华为和小康股份主要领导见证下，小康股份与华为关于赛力斯新

---

① 36 氪. 小康股份 36 年变形记：背靠华为，如何从弹簧厂"变身"赛力斯？［EB/OL］.（2022-08-11）. https://36kr.com/p/1865672607068553.

能源汽车项目合作协议正式签约。小康股份与华为的深度合作模式，以及华为直接介入车型配置设计、主导产品力的打造，使小康股份作为市场上潜在的、最正宗的华为概念车，在品牌力上获得了背书和质的提升。自此小康股份旗下的赛力斯品牌知名度大增，销量不能说是水涨船高，但也颇有起色。乘联会数据显示，2021 年 4~12 月，赛力斯 SF5 销量分别为 129 辆、204 辆、1097 辆、507 辆、715 辆、1117 辆、1926 辆、1385 辆、1089 辆，共计 8169 辆。这也带动了小康股份的股价持续飙升，从最低的每股 10 元出头一度上涨到超过 80 元①。

此后不到一年的时间里，双方继续加深合作。2021 年 12 月 23 日，华为与小康联合推出高端智慧汽车品牌 AITO 问界以及赛力斯纯电驱增程平台（DE-i），同时发布了首款智能豪华 SUV 汽车 AITO 问界 M5。或许是吸取了 SF5 的教训，在 AITO 品牌合作上，华为的介入更加深入。彼时华为声称将全面介入新品牌的规划、设计、营销、销售、服务等核心环节。换句话说，华为不再像之前一样只是供应链的一环，而是参与到整车生产制造中。据了解，之前赛力斯 SF5 仅采用华为电驱动系统及 HUAWEI HiCar 等功能，而问界 M5 则配备了 Harmony OS 智能座舱、HUAWEI DriveONE 纯电驱增程平台、HUAWEI SOUND 音响系统等众多华为系解决方案，首款车型 AITO 问界 M5 凭借出色的产品力一跃成为车圈明星。2022 年 3 月初，问界 M5 开启首批批量交付。同年 7 月，第二款车型 AITO 问界 M7 正式发布。

2022 年 7 月 31 日，小康股份正式更名"赛力斯（集团）"，同时更换全新企业标识，决心彻底转型并深耕新能源市场。张兴海表示，改名"赛力斯（集团）"是对于当前智能电动汽车赛道的应对之策，意味着进入第三次创业阶段，有利于公司统一品牌形象、提升品牌价值。

三、战略合作聚势谋远，构建共赢汽车生态

新能源汽车对电动化、智能化和数字化的要求，跟传统车企相比存在较大差异。赛力斯汽车此前积累的经验主要在传统汽车领域，而面对新能源汽车的全新赛道，需要在摸索中前进。在新的机会和挑战面前，赛力斯汽车乘势而为，通过与多方的战略合作，"聚势"而"谋远"，以期在新能源汽车红海中闯出一片新天地。

（1）携手华为，开启联合造车先例。据了解，华为数字能源与赛力斯的合

---

① 搜狐. 大涨？赛力斯 4 月销量公布［EB/OL］.（2022-05-04）. https：//www.sohu.com/a/543750008_119627.

作最早可追溯到 2018 年，双方开始在智能电动领域展开合作，在 2021 年的上海国际汽车工业展览会上，赛力斯汽车正式宣布与华为达成深度合作，双方在技术、产品、渠道三方面深度融合，双方由此开启了车企与领先 ICT 企业携手的范例，并成功实现量产。后续双方合作生产了 AITO 问界系列 M5、M7、M9 等车型，上市后反响良好，并获得了市场和用户的认可。2024 年 1 月 4 日，赛力斯集团与华为数字能源在深圳签署全面战略合作协议，双方将在多个领域展开全面战略合作：在智能电动部件产品方面，将联合研发与制造电驱动、车载充电、增程系统、智能光伏、底盘融合系统、线控制动、多合一驱动系统等部件产品；在智能电动的创新降本合作上，将通过 E2E 技术创新、规模化，实现整车创新降本，加速推动智能电动解决方案商业化变现；在产品与技术联合开发方面，将共同打造极具市场竞争力的产品与技术解决方案，为消费者提供极致的产品体验；在充电网络超充联盟及服务方面，携手推进新能源汽车充电超充网络部署，实现平台互联互通；在国际化合作方面，共同推动国际化产品的技术开发与国际化市场拓展。

（2）联合宁德时代，创新电池技术。2021 年至今，赛力斯多次就车载电池、超充技术、电池安全、"车、电、充"一体化发展以及大数据等方面达成战略合作。2022 年 8 月 27 日，赛力斯与宁德时代签署了深化战略合作的协议，协议约定未来 5 年内 AITO 问界系列车型将全面搭载宁德时代动力电池，同时，问界系列新车型将全面搭载麒麟电池。而此次合作并不是双方的首次合作，2021 年赛力斯就与宁德时代先后进行了两次合作协议签订，此前已有了良好合作基础。5 年合作共识的达成，彰显了两家公司对于先进技术与稳定供应的合作信心，这也是新能源汽车供应链合作升级的重要里程碑事件。2023 年 12 月 20 日，赛力斯集团再一次与宁德时代签署了全面深化战略合作协议，此次协议的达成，意味着双方将更进一步展开深度合作，携手拓展海外业务，共同推动电池技术创新和全球化布局，宁德时代将长期为 AITO 问界系列车型提供高质量电池产品，并在新产品研发、新技术和新材料的应用方面深度协同。

（3）产业链协同发展，构建共赢汽车生态。2022 年 10 月 18 日，赛力斯汽车与文灿集团签订战略合作框架协议，双方将在新能源汽车的一体化结构件、一体化电池盒和三电部分产品的轻量化研发、新材料应用和零部件供应等方面建立战略合作关系。文灿集团董事长唐杰雄表示：文灿集团将集中最好的资源，从产品研发、设计等方面给赛力斯提供资源支持，保证品质、保障产能。与文灿集团的合作，进一步夯实了赛力斯汽车打造的精品供应商链，提升产品质量水平。

2023 年 11 月 28 日，在重庆市沙坪坝区举行先进制造业领域加快推进数字重庆建设签约活动现场，赛力斯汽车、卧龙电气驱动集团股份有限公司与钉钉签署战略合作协议，协议约定三方将发挥各自优势，共同推进新能源汽车产业数字化升级与产业链协同。目前赛力斯汽车钉钉平台应用范围包含赛力斯汽车内部组织、赛力斯汽车外协平台及赛力斯汽车供应商等多个外部（或产业链）组织，钉钉已经成为赛力斯汽车内部的移动办公门户，已经有 200 多个应用深度集成到钉钉上，实现了组织数字化、业务数字化和产业链数字化。此次战略合作中，赛力斯汽车将基于钉钉的产品底座能力持续进行升级，强化组织和人力的效能提升，打造自主可控、安全及便捷的移动化办公平台；同时结合卧龙集团数字化应用及数字化管理优势，探索构建数字化运营等新型应用场景及创新孵化，提升企业运营效率，通过数字化赋能实现产业协同发展，建立开放、高效、共赢的汽车生态。

（4）政商协作，推动新能源汽车行业发展。2022 年 9 月 17 日，赛力斯集团与重庆两江新区管委会签订战略合作协议。根据协议，赛力斯新能源汽车升级项目将入驻重庆两江新区新城龙兴智能网联新能源汽车产业园，助力重庆打造世界级智能网联新能源汽车产业集群。此次赛力斯新能源汽车升级项目是以数字化、智能化为核心驱动，结合大数据、物联网等新技术，运用数字孪生技术搭建的又一智能化生产基地；具备升级的质量控制、优化的运行方案、合理的总体布局以及高阶的数字信息化管理系统，达到国际先进、国内领先水平，致力于打造中国新能源车企智能制造新标杆。两江新区有关负责人表示，赛力斯新能源汽车升级项目的实施，将有力地推动重庆市智能网联新能源汽车自主高端品牌集群发展，作为重庆汽车产业发展的主阵地，两江新区将努力在全市建设世界级智能网联新能源汽车产业集群中发挥龙头引领作用，打造成为智能网联新能源汽车发展的沃土。

（5）产教融合创新，助力行业高质量发展。2024 年 1 月 16 日，重庆大学与赛力斯集团在重庆签署战略合作协议，以在智能制造、新能源汽车、智能网联汽车的人才培养和科技创新等方面开展深度合作。双方以课程共建、工学交替等合作模式，培育支撑产业发展的创新人才；通过合作共建联合实验室，以开展产业前沿与共性技术的产学研协同研发与交流，促进科技成果转化。在战略合作协议的基础上，重庆大学还与赛力斯集团进一步签署了新能源、智能网联汽车产教融合平台实施协议，共同挂牌成立重庆卓越工程师学院—重庆赛力斯新能源汽车设计院有限公司"新能源汽车""智能网联汽车""先进制造""汽车碳中和"联合实验室。双方还共同组成研究团队，开展前沿技术探索、工程问题研究以及基础领域研究等，并依托联合实验室，培养卓越工程师，加强人才资源合作与科技成果转化。借助此次合作，赛力斯集团和重庆大学将加快打通新能源汽车技术与基础研究的专业通道、高校人才与企业需求的连接通道，推动校企合作走深走实，走出一条拥有"重庆大学—赛力斯"辨识度的产教融合创新可持续发展之路，全面助力新能源汽车和智能网联汽车产业高质量发展。

四、数智驱动高效生产，优化管理保质保量

从最初问界 M5 的一炮而红，到已经上市的问界 M7 和问界 M9，赛力斯集团正在用系列化的产品构建更完善的市场定位并冲击更高的整体销量。如何用有限的空间、时间来实现更高质量、更高产能以及新产品、新工艺带来的多重挑战，已成为目前赛力斯集团需要解决的核心问题。在这个品牌爬坡、用户体验爬坡、产能爬坡的关键时期，赛力斯集团需要依靠技术进步来寻求效率突破。赛力斯集团的合作伙伴华为凭借在制造业的数字化转型领域拥有丰富经验，提出了对应的智慧车企网络解决方案。

在投产初期，华为带来了整个产品集成、质量管理体系团队，双方一起研讨整个过程管理的思路、机制、方法。随后又在智能化、数字化应用、质量自动化控制等方面迭代，在原有的基础上导入了 AI 视觉技术，在硬件部分也加入了自动化控制，极大提升了生产流程的管控效率。相应地，赛力斯集团着手打造了以数字化、智能化为核心驱动，结合大数据、物联网等新技术，运用数字孪生技术搭建的智能化生产基地，推出重塑行业标准的新能源汽车产品。早在 2016 年，赛力斯集团就开始建造智能制造基地、布局智慧工厂；在 2017 年获得了中国新能源生产资质；2018 年赛力斯两江智慧工厂投用，成为问界 M5 的生产基地，并获得了国家新能源产品资质；2019 年 4 月发布了金康赛力斯品牌，并在两江智慧工厂正式投产；2022 年，赛力斯集团获评"智能制造标杆企业"，成为新能源汽车行业中唯一一家获评企业；2023 年，凭借领先的"智造"实力，赛力斯汽车智慧工厂荣获"2023 年度智能制造示范工厂"，名副其实地引领行业数字化变革。如今，赛力斯集团的智慧工厂具备着"中国领先，世界一流"的高标准智能制造能力，实现了高度的自动化、智能化，关键工序 100% 自动化，年产能达10 万辆[①]。

在赛力斯汽车智慧工厂中拥有超 3000 台机器人智能协同，机器人数量行业

---

① 凤凰网. 小康股份：2021 年实现营收 167 亿新能源汽车业务成为新的业绩增长引擎［EB/OL］.（2022-04-30）. https：//finance.ifeng.com/c/8FbwQ3QuuDX.

第一。在生产过程中，通过大量机器人智能设备的运用，使关键工序自动化率高达 100%，让赛力斯集团达到了目前全行业最高生产效率。不仅如此，赛力斯汽车智慧工厂为了进一步提升生产效率，提升产品品质，成功推动全球领先的超大型 9000T 一体压铸机落地投产，在创新探索方面不遗余力。在保证智能高效生产的同时，赛力斯集团重视产品品质与可持续发展性，做到鱼与熊掌两者兼得。尖端技术及高精度检测设备，让赛力斯汽车智慧工厂的产品检测精度达到 0.05 毫米，比一根头发丝还要细。运用行业首创的质量自动化测试技术，从供应商端、制造环节、下线环节，对零部件、系统、整车质量开展全过程体检，实现车辆 100% 全检，全身"CT 扫描"，车辆测试数据自动上云，1 万余信号云端大数据比对生成报告，形成"一车一档"，只有 100% 合格才能出厂，为 AITO 问界系列产品的高品质交付赋能。

为了实现高质量交付的"垂直上量"，在供应链环节赛力斯集团也付出了巨大努力。从新车型开发阶段，赛力斯集团便践行"精品供应链"建设理念，以系统集成化体系模式开展供应体系布局，并与行业头部零部件企业达成战略联盟合作关系。赛力斯集团还引入了供应链"铁三角"机制，产品线、供应链体系、研发体系组成铁三角团队在供应企业驻厂，协同管理各个环节物料供应等，并主动深入关键纵链供应商，管理下层物料的质量控制和产能建设，保障整车产品量产后，可以按照提前规划好的零部件齐套能力保障高质量交付。

第四节　赛力斯的未来发展

在山城重庆，一场以新能源产业为核心的城市升级、产业升级正在如火如荼地进行。在数字技术发展、政策激励和产业链配套落地的多重利好之下，越来越多车企正在重庆规划新基地、新产线。作为引领行业数字化变革的科技型制造企业，赛力斯汽车展示了其在高端新能源汽车产品与智能制造领域的领先实力和优异成果。同时，当前中国新能源汽车出口正值高速发展的"窗口期"和"黄金期"，赛力斯作为中国新能源汽车民族品牌之一，将不断深化新能源汽车海外发展战略，助推 SERES 品牌向国际一流品牌迈进。

一、全球布局，出口海外

2021 年 6 月，赛力斯携其 SERES 3 参展 2021 米兰蒙扎车展，剑指意大利市场。在此次车展上，赛力斯与意大利战略合作伙伴 Koelliker 达成协议，首批将进口 SERES 3 和 SERES 5 两个型号，针对高端和高级通用两大细分市场满足当地市场的不同需求。此外，赛力斯集团的新能源汽车产品在意大利、德国、韩国、新加坡等海外市场也颇受青睐，还在摩洛哥、巴基斯坦、土耳其等海外市场与合作伙伴共同建设了组装工厂，深入本地化运营。数据显示，截至 2022 年，赛力斯集团已累计出口汽车近 50 万辆，出口市场达 70 余个[①]。海外市场营业收入同比增长 47.81%；海外市场新能源汽车销量同比增长 193.50%[②]。

进入 2023 年，赛力斯集团出海的步伐依旧没有停歇。赛力斯集团轮值董事长张正萍表示[③]，通过不断的技术研发，赛力斯已经推出了具备高性能和智能化的新能源产品，经过 5 年的研发、设计和验证，赛力斯也正式在欧洲推出 SERES 5 新能源车型。2023 年 1 月，赛力斯新能源战略车型 SERES 5 亮相比利时布鲁塞尔车展，发布会现场全球各地的经销商、供应商、使团、媒体等在体验 SERES 5 后纷纷表示认可，认为 SERES5 充分满足了欧洲市场对高智能和高性能电动汽车的需求，有来自欧洲、美洲、非洲、亚洲等地区的 20 余家经销商与公司进行了现场集中签约，并表达了期待后续深入合作的意愿。此次赛力斯 SERES 5 的发布，也使其进一步扩充了欧洲市场。2023 年 6 月 21 日，赛力斯 SERES 5 欧洲首批用户交付仪式在挪威卑尔根弗洛伊恩山举行，自年初比利时布鲁塞尔车展发布以来，SERES 5 就受到了海外媒体、经销商和消费者的关注，此次完成首批交付，也意味着赛力斯汽车的海外新能源汽车事业更进一步。

二、联合业务，路在何方

2023 年底 AITO 问界 M9 上市之际，赛力斯汽车荣获了 ISO26262-2018 汽车功能安全 ASILD 管理体系认证证书。此证书的获得标志着赛力斯已经按照 ISO26262-2018 版标准要求，建立起完全符合汽车功能安全最高等级 ASILD 级别的产品开发和管理流程体系，也意味着其在功能安全开发和管理能力上均达到了国际领先水平。随后，赛力斯集团与华为数字能源于 2024 年 1 月 4 日在深圳签署了全面战略合作协议，以在新能源汽车智能电动部件产品、新能源汽车平台技术开发与应用、新能源汽车充电网络建设与运营、新能源汽车国际化等领域展开

---

①③ 搜狐．海外受青睐，自主新能源车企掀起"出海"潮，赛力斯拿下超 2 万辆订单 [EB/OL]．(2023-01-18)．https：//www.sohu.com/a/631635829_116062.

② 中华网汽车．赛力斯：以技术实力打破"内卷"，海外市场布局不断深化 [EB/OL]．(2023-05-11)．https：//auto.china.com/merchant/30811.html.

全面战略合作，此次合作体现了华为对赛力斯集团近年来在新能源汽车研发、制造、销售及服务等方面所获成就的认可，双方将探索更深入的合作模式，共同推动新能源汽车的高质量发展。

　　然而，伴随着华为赋能"赛力斯模式"的走红，也出现了一部分质疑的声音：赛力斯究竟是否已经沦为华为的"代工厂"？从传统制造车企转型智能制造科技企业，赛力斯的数字化转型之路并不是一帆风顺的，赛力斯如今的成功，更是离不开华为的助益。目前来看，AITO 问界系列产品的大火除了赛力斯的功劳，华为的品牌效应是主要因素，这让我们不禁思考，没有了华为的主导，赛力斯的前途又将如何？因此，面对竞争越来越激烈的新能源智能汽车市场，赛力斯能否打破华为的技术桎梏，找寻到自身的竞争优势，仍是值得思考的一个重要问题。

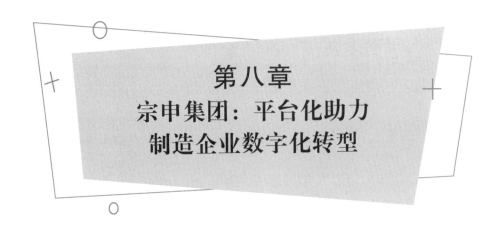

第八章
宗申集团：平台化助力
制造企业数字化转型

在重庆，数字化改造正在破解传统制造业难题，这家摩托车企业的装配生产线上 28 台机器人正在各自的网格内繁忙有序地运转，这是企业进行数字化改造的成果之一。"在改造之前，我们整个油封的压装是靠人工进行的，整个产品的质量合格主要是靠人，如果遇到不合格的产品或者一些异常的情况，实际上是不可控的；经过智能改造，通过我们的标识解析技术，只有合格的产品才能向下流转，不合格的产品则直接进入返修，从而保证了整个生产下线率的提升。"宗申集团动力信息的江经理热情地向来访寻求合作的某汽车配件公司一行人介绍，江经理还解释道："原来的生产线效率低，防错容错的手段相对缺乏，经过智能化、数字化改造后，这条生产线每天单套产能 1000 台左右，各项指标大幅度优化，新线的人均产出提升了 2.2 倍，自动防错、纠错能力提升了 10.6 倍，作业自动化率增长了 10 倍，装配数据的采集率达到了 100%。"2018 年以来，宗申集团已累计投入超 6 亿元进行数字化、智能化改造。改造之后，企业的研发生产运营效率和销售收入全面提升。"五年之内，宗申集团的销售收入增长 33%，研发效率提升了 30% 多，整体的运营效率得到了极大的提升。"重庆宗申产业集团（简称"宗申集团"）运营副总裁陈刚自豪地说道。

2017 年，数字经济首次出现在《政府工作报告》中，到 2023 年提出大力发展数字经济，数字经济已经成为地方经济高质量发展主引擎，重庆作为国家数字经济创新发展试验区，2022 年数字经济核心产业增加值占 GDP 比重超过 8%，在打造数字经济产业高地的道路上，宗申集团抢滩数字经济新蓝海，赋能传统产业转型升级，催生新产业新业态新模式，赋能存量优化，引领增量突破，致力于平台化助力制造企业数字化转型。

第一节　宗申制造的觉醒之路

一、摩帮江湖，小铺大梦

40多年前两个人的梦想驱动与恒久的坚持，让两个人的理想成为一群人的坚守，一个修理铺的创业之路成为一个集团的远征，也让左宗申和摩托车结下了不解之缘，使制造精神跨越了时代。1982年，左宗申在妻子的支持下，在巴南区王家坝（原属九龙坡区）开设了一家摩托车修理铺，在10年时间内，从一个修理铺发展成为一个大型民营科工贸企业集团，左宗申在这个阶段完成了从修理师傅到现代企业家的角色转换，也完成了他小铺大梦的蜕变。每每谈到这个阶段，左宗申都会说："人世间没有什么困难是不可克服的，只要认定了目标并持之以恒地坚持下去，就一定能获得成功。"

1993年，国家放开政策允许私营企业生产摩托车发动机，左宗申将自己生产的发动机申请了终身品牌商标，左宗申以自己的名字和企业品牌集合在一起，一损即损、一荣即荣，这是在向社会和外界宣誓将自身命运与品牌信誉绑定，随后两年宗申摩托车科技开发有限公司以其独特的经营理念和神奇的发展势头，在中国的摩托车行业中异军突起，宗申摩托车科技开发有限公司也迅速完成了原始资本积累。1998年，左宗申申请到了摩托车生产资质，宗申牌摩托车正式上市。1998~2003年是宗申高速发展的时期，从2000年开始，左宗申就开始对集团进行内部改革，旨在实现"所有权家族化、经营权社会化、股权公众化"。2003年，宗申集团旗下核心公司宗申动力通过资产重组成为深交所上市公司。2004年经过两次搁置、三次谈判，宗申与意大利比亚乔集团正式签约，成立宗申比亚乔佛山摩托车企业有限公司，这对宗申集团而言也是一个里程碑式的事件，这是重庆民营企业中首家与欧洲最大的摩托车制造企业合资。

而随后的几年，对于重庆的摩托车制造企业而言，日子就开始不那么好过了。一方面，以本田为代表的日系品牌决定利用中国配套资源在他们所谓的廉价车领域和中国企业打价格战；另一方面，中国城市禁限摩愈演愈烈，最有消费能力的城市市场被排除在外，虽然宗申走的市场道路依然为宗申这样的企业提供了规模发展的空间。但是，技术成长的空间却被限制了，而与此同时，中国经济的高速成长为已经赚到第一桶金的摩托车企业提供了更多机会，像房地产、汽车以及重化工项目让宗申这样的企业认为可以赚大钱的机会比比皆是，这难免不让行业内的企业家分心。宗申也不可避免地尝试过所谓"多元化发展"，但是，左宗申一直清醒地知道自己的初心是什么，他在试水多元化后回归主业时坚定地说："制造业才是宗申产业的根基，企业的转型不能丢掉老本行，制造才是我们的基本平台。"左宗申在经历了摩托车产业盛极一时，也经历了 168 个城市"限摩令"的骤然衰落后，依旧坚定地站在汽油机动力这个原点上守护摩托车制造初心。

最近的十年，是中国摩托车市场转型升级的十年，宗申在这十年表现出来非常难得的沉着与冷静，宗申每年都有几款新品推出，由于资源比较充足，特别是企业心态比较成熟，宗申不会孤注一掷地靠以快取胜来投机市场，也不会竭泽而渔、不留余地地推出迭代不明显的新产品，而是审时度势继续在"摩帮江湖"创造新的奇迹。宗申集团与发展历程如图 8-1 所示。

二、两主一长，产融网互动

随着热动力产品簇的不断丰富以及产业链条的完备构建，宗申集团在追求不断增长的动力驱使下，开始从单一产品的多元化发展，逐步迈向产业多元化。然而，正值 2005 年前后，中国摩托车市场因"禁限摩"政策的推出而面临巨大的政策性萎缩，在如此背景下，宗申集团的发展遭遇了重大挑战。更进一步地，在数字技术的冲击下，自 2011 年开始，宗申集团的制造业务逐渐陷入增长滞缓的困境。这样的形势使宗申集团不得不探寻产业多元化的途径，以应对困境。当时，宗申集团凭借其前瞻性的视角和敏锐的洞察力，广泛涉足多个产业领域，试图寻求突破，然而这往往只是表面上的尝试，未能在不同领域中持续深耕，从而错失了行业爆发的机会。随着时间推移，尽管宗申集团在产业多元化之路上努力尝试，但是在过去的局势和环境下难以坚定前行，这种战略选择逐渐显露出巨大的战略发展矛盾和困惑。

公司座谈会上，稳扎稳打的"传统派"和大胆前卫的"创新派"出现了激烈的思想争锋，听取两方的汇报后，左宗申坚定地将"不做井底之蛙，不当现代阿Q，拥抱新思维，铸就新文化，确立新使命"作为宗申集团这一时期的发展主线。经过集团深入调研，提出全面诊断，最终确立了"两主一长，产融网互动"发展模式。这一时期的抉择和挣扎，为宗申集团后来的战略调整和发展路径奠定了基础。

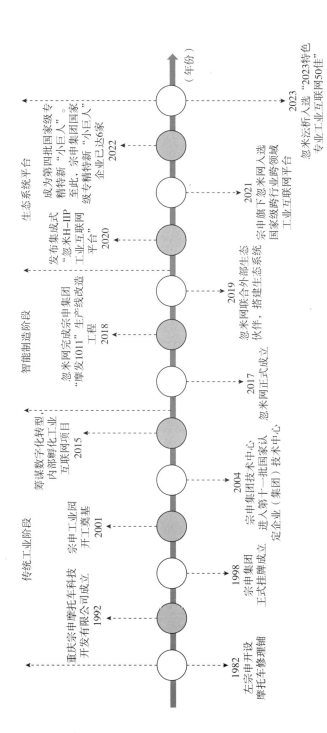

图 8-1 宗申集团发展历程

资料来源：本书笔者设计。

（一）策略融合，定位升华

宗申集团拥有良好的硬件基础和能力，适应产业转移和升级的需要。这包括充足的资本、深厚的技术积累、唯实唯新的管理团队，以及领导者的果敢勇气和对国际市场的积极开拓。然而，集团现有队伍由于长期从事传统制造业务而形成思维定式，很难适应新技术的变革是宗申集团在过去的战略转型中效果不佳的根本原因。宗申集团忙于规划和执行，忽视了更为前置的深刻战略思考，这成为战略决策中的阻碍。

基于这些认识，宗申集团管理层开始谋划建立新的业务团队，着眼于内在的结构性问题，专注于引入"构建型战略"。他们以终为始，从发展定位、模式、产业组合、资本规划、横向协同、核心能力等方面，系统性地构建了集团战略体系。集团于2011年发布了"两主一长、冲浪发展、系统集成、能者为王"的发展战略，这一战略将指导集团成为主流长周期高技术产业中的主流企业，同时以产引融，不断增强金融实力；"冲浪发展"在把握产业发展规律、复杂系统运行规律以及企业生命周期规律的基础上，踏稳趋势潮流，卡位发展的关键环节，实现多产业间的互补与共振；"系统集成"式地构建宗申自身的系统优势，成为产业链/生态链核心环节的系统集成者，同时基于系统集成开展商业模式创新，实现宗申集团整体的价值最大化；"能者为王"要求宗申未来的产业链延展、集成和多元化发展应基于自身的核心能力。

（二）宗申"动力+"产融网

随着确定新时期发展战略，宗申构建ODO模式（线上+大数据+线下）的新范式以打造产融网互动的良性格局。在这一战略指导下，宗申动力秉持"驾驭多源动力，创造多维价值"的使命，在已有产业基础上，以构建型思维为基础，整合资源，努力构建"动力+"的"产融网"互动模式。它强调产业为本，致力于将"动力+"核心枢纽融入产品拓宽和产业升级，巩固产业链系统集成能力；侧重金融为器，建立了产业链金融服务体系；关注网络为基，通过构建线上交易与线下实体门店的结合，为产融服务提供更好的交易大数据支持。通过收购重庆汽摩交易所和重庆外滩易商科技公司，宗申动力构建了ODO模式，即交易所结算型电商+大数据平台+左师傅线下服务网络。

这个时期正值中国移动互联网春风盛行，此时的宗申不仅巩固了自身在摩托车制造业耕耘30年的行业地位，还选择了更加睿智和前瞻的道路。通过将产业、金融和网络这三个要素有机结合，实现资源的最优配置，这不仅是一次战略的调整，更是一个战略的变革，使宗申集团得以在移动互联网时代焕发新的活力，进

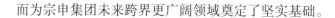

而为宗申集团未来跨界更广阔领域奠定了坚实基础。

第二节　宗申集团逆势而上

一、破解传统难题，引领智能潮流

在 21 世纪 10 年代，全球产业竞争调整，我国面临巨大挑战。传统制造业因原材料成本上涨、环保投入增大等问题受限，企业盈利受挫。宗申集团也在重庆遭遇类似问题：技术升级瓶颈、大量存货积压、信息孤岛。

随着宗申业务规模的不断扩大和 IT 架构的复杂化，当监测到某个应用程序无法响应后，现有运维工具很难在多层架构之下精准、快速地定位故障，需协调各方配合排查，但服务器、网络、应用等都说自己没问题，反复陷入低效扯皮中。虽然集团信息中心不断引入新的运维工程师，但此前对于故障处理的应对之策并没有以数字资产的形式沉淀为标准化的处理方案，因此许多新员工相较于老师傅而言，在故障排查与处理方面的效率往往低十几倍之多，既要赋能新人，又要有序推进运维工作，效率提升受阻。与此同时，运维人员常因未能及时发现异常而处于"被动救火"的状态，往往需要等到用户遇到问题并报送信息中心后，通过逐一排查才能发现故障，用户满意度难提升。面对公司对于业务系统全面状态监控的需求和贯穿业务全生命周期的平台化管理方式，信息中心决定以集成创新模式及端到端的完整解决方案保证业务稳定性。这给集团的运维工作带来挑战，如何及时发现异常、如何快速定位故障、如何提高新员工的故障处理效率等，确保各项业务能够更加敏捷、高效、安全地实现 IT 运维管理，以适应集团数字化转型升级，重塑竞争优势，成为宗申集团的重要议题。

"现在的 IT 运维不是简单地监控网络性能，而是必须把 IT 所有资源，包括本地到云端的软硬件、网络流量、应用系统、安全资源、负载均衡等融会贯通，再进一步结合智能化、自动化运维把数据价值对外呈现，让人一目了然。"宗申集团信息中心负责人杨文涛表示，随着集团业务系统连续性保障的重要性不断深化，宗申集团需要构建 IT 运维的全面集成监控平台。为了解决这一难题，宗申集团与锐捷网络展开了合作，共同开启了智能网络运维的新时代。

二、数智科技，推动升级

宗申集团与锐捷网络的合作，为传统的网络运维带来了全新的变革。通过锐捷乐享智能运维管理平台，宗申集团的信息中心能够更加敏捷、高效、安全地进行 IT 运维管理。当出现应用程序无法响应的情况时，运维工程师可以快速定位故障，避免了协调各方配合排查的低效问题。此外，该平台还通过数字资产的形式进行知识库的沉淀，为新员工提供了标准化的故障处理策略，提高了他们的工作效率。同时，平台的全面状态监控功能能够及时发现异常，避免了被动救火的情况，提升了用户满意度。同时，集团的运维工作成果也能通过平台进行直观呈现。

此次智能升级不再局限于技术或产品，更是一种理念和策略。其不单单是赋能运维人员，降低运维成本，还有提升数据准确性，更是管理模式的规范化、科学化，这是国内制造企业 IT 架构达到一定规模后必须经历的环节。对于宗申集团自身而言，也将逐层推进这种智能运维理念从现有的财务、人力、BI 等核心系统向 ERP、MES、CRM 等重要系统不断应用，并延伸到边缘资产管理等各个维度。

宗申集团的数字化转型之路虽然刚刚踏上征程，但通过与锐捷乐享智能运维管理平台的合作，集团已经告别了传统运维的痛点。未来，宗申集团将继续在数字化道路上更新迭代，推进智能制造的发展，为集团的数字化转型提供更加强大的支持。

第三节　从宗申制造到宗申创造

一、制造业底蕴，铸造赋能基因

宗申集团在实现制造智能化的过程中经历了从消费互联网到工业互联网的转变。面对这一机遇，高瞻远瞩的左宗申联想到近年来国际国内都高度关注的数字化转型，头脑里开始构思一个宏伟蓝图：如果依托宗申集团多年来制造积累的深厚底蕴去打造一个公开平台供自身企业甚至是其他工业制造企业数字化升级，说不定能大幅提升整个制造业行业水平，实现共创共赢！

有了这大胆的构想后，左宗申领导宗申集团作出了积极响应并迅速落实行动，宗申集团管理层开始谋划建立新的业务团队，基于工业互联网的全新转变，围绕平台化展开战略布局和组织调整，支撑后续的技术改造活动，最终实现智能升级。

不同于此前单纯的智能升级，宗申集团探索性地选择了从未接触过的基于工业互联网的平台化战略，在原来制造队伍之外开拓新的技术力量，试图利用这一全新的尝试开展整体性转变，这在国内还处于"摸着石头过河"的阶段，制造企业都不知道怎么做，国外的先进经验也不一定适合国内企业体制。对此，左宗申提出"新战略要有新团队，新业务要有新作为，不具备数字化转型的技术基因，那就去外面找"。恰逢此时，巩书凯创立的艺点意创以"互联网技术赋能制造业"大放异彩，在一番了解考察之后，左宗申认为其是合作的不二人选。于是，左宗申与巩书凯、陈虎、卢仁谦等一批资深的数字技术人才，组建了数字技术与互联网背景浓厚的新团队，开始了在数字技术研发与产业化方面的新征程。

二、平台时代，忽米网应运而生

2017 年 10 月，重庆市制造业龙头企业宗申产业集团经过三年的内部孵化，成立了重庆地区第一家工业互联网服务平台，即忽米工业互联网平台。宗申产业集团拥有大量专业设备以及国家级的技术中心，但其使用率并不高，造成大量资源浪费。"我们拥有最先进的 3D 打印机之一，但是实际使用频率太低，太多的闲置固定资产导致折旧、维护成本过高，生产费用一直居高不下。"宗申创新研究院院长胡显源介绍说，"一些因资金不足而无法购买 3D 打印机的中小企业知道这些消息后，主动找到我们表示想要租借 3D 打印机。也正是这种迫切的资源共享需求给了我们创建忽米网的启发。"

自 2008 年起，随着 Uber、Airbnb、滴滴等国内外知名企业的诞生，共享经济愈发受到社会各界的广泛关注。宗申产业集团总裁左宗申便敏锐地察觉到：中小企业由于缺乏资金和人才，无法像大型制造业企业那样动用巨额的资金参与到生产工厂的改造升级中。特别是当下，中小企业更希望能够有投入低、效果快的高性价比平台帮助它们先解决温饱问题，之后再寻找帮助企业实现业务良性增长的途径。

宗申产业集团孵化忽米网的初衷，一方面是打通中国制造业广泛存在的信息孤岛和资源孤岛问题。尽管中国制造业快速发展，已成为全球最大的制造业大国，但在辉煌成就的背后也存在着诸如资源和信息连通性差、协作效率低等困境。另一方面是助力中小型制造企业实现降本增效、转型升级。中国制造业在整体层面较为发达，但广大的中小型制造企业整体水平仍比较低。数据显示，2015年前后，全国70%~80%的工业企业还没有实现自动化，更别谈数字化和智能化。宗申产业集团希望通过忽米网输出的工业互联网能力，推动行业内及行业间的协作与协同，打破信息和资源孤岛，帮助中小制造企业降本增效，向数字化和智能化方向迈进。

第四节　当制造业邂逅互联网

一、聚"能"：开创信息化平台

（一）洞察机会，勾画蓝图

为了实现赋能制造业发展的愿景，并满足市场需求，忽米网CEO巩书凯前往全国各地对中小制造企业进行深入调研。"即使工业行业已经达到万亿级，资源匹配依旧是广大用户最大的痛点，传统制造业的发展往往受到数字化成本高、安全性难以保证、装配与制造难以协调等限制。所以，忽米网就是要解决传统制造业资源匹配的难题。"调研回来后巩书凯在讨论会上这样说，"换句话说，客户加入平台的方式很简单。比如，客户可以选择将需要改造、解决的问题打包发送到平台，而平台里面对应的行业顶尖人员会给出最科学、最高效的解决方法。当然客户也能够借用其他客户的专用设备，解决企业难题的同时实现资源的共享。"

其实，对于中小制造企业信息化发展起到限制作用的不仅是资金不够，还有很大一部分原因是对信息化的意识不足，以及机遇不够。为了更好的效果、更高的利润，信息化企业往往会选择行业中有影响力的制造企业进行合作，在获得更高报酬的同时能够有更大的影响力。而忽米网的诞生，则为中小企业实现信息化、数字化提供了一个新的有效途径。

巩书凯认为，忽米网可以借助已有的工业资源基础，聚焦信息整合，建设供需双方之间的桥梁，同时搭配各种增值服务，打通企业与外部的沟通障碍，增强资源的流动性和共享性，提高资产与信息的利用率，这样便可实现在解决传统企业发展难题的同时，为资本用户匹配最佳投资项目。巩书凯将这一构想称为"构建产业生态链，打造工业全景新商业模式"。

（二）步步为营，稳扎稳打

勾画了明确的发展蓝图后，忽米网开始梳理宗申已有的资源，为同行业中小企业梳理行业共性问题，搭配对应解决方案，并为企业提供个性化服务，将那些普适方案应用到面临相同困难的中小制造企业。平台上线运行仅一个月，就已经有2000多家企业注册，平台交易额也超过了2000多万元。

为了让中小制造企业能够准确地理解和最大化地应用忽米网提供的解决方案，忽米网会对用户特征、需求、场景等数据进行深入分析，在充分利用自身资源的同时对解决方案进行个性化设置。在解决信息化问题上，忽米网努力充当大型信息化企业与中小制造业企业之间的"融合剂"。例如，用友、CIDI等企业在此之前一般会因为成本问题，放弃与中小企业合作的机会，而忽米网则打通双方之间的技术壁垒，为地方企业的信息化发展添砖加瓦。不仅如此，忽米网还通过平台的人才共享方案，为多行业、多用户提供知识共享服务，广泛解决了中小企业的人才需求难题。

2018年8月，由忽米网定制的各类工业产品在首届中国国际智能产业博览会展出，其中一辆炫酷电单车吸引了大量来访人员的注意力，不少记者也驻足观看，采访相关产品的负责人。原来这款产品叫作"杰米电单车"，是来自杰米科技的新产品，该公司主要业务是在出行领域，但是这款产品的诞生多亏了忽米网的帮助。

据杰米科技项目负责人刘金龙介绍，一款新的产品的诞生，少不了技术、资金、生产设备、专业人才的助力，而这些对于一家初创企业来说都是稀缺资源。但是杰米电单车从最开始的一个想法的产生，到产品设计初稿、模具与样件的生产制作，最终到产品的落地，绝大部分是由忽米网整合各方资源，协调多方需求的同时，完善产品实现的。电单车除了拥有高颜值的车身外观以外，还具备90千米航程和跌片刹车等高配置。

刘金龙坦言，杰米电单车的诞生离不开忽米网，而自己创业梦的实现同样离不开忽米网。"创业之初我并不太了解知识产权、财税等相关知识，但是忽米网都帮我解决了，甚至是面对资金缺口，忽米网都帮助我们找到了最合适的投资者。"刘金龙感慨地说道。

二、模式跃迁：聚焦技术创新

（一）姓"工"还是姓"互"

杰米电单车等项目的成功，不仅使忽米网小有名气，也增强了忽米网在工业互联网领域开疆拓土的信心。随着一个又一个项目的顺利上马，忽米网在业内的名声越来越响，但挑战也接踵而至：随着客户数量的增加，忽米网在运营过程中发现客户的要求也越来越高，资源整合的难度越来越大，甚至有时候客户的技术需求已经超过了平台的资源和能力范围。同时，客户经常需要根据自身实际情况进行产品或服务定制，导致应用场景变得复杂多样，平台现有的产品和服务逐渐无法有效满足客户需求。

巩书凯隐约觉察到，忽米网即将面临成立以来的第一个十字路口：是继续采用整合思想，依托已有资源继续做"撮合"业务的信息化平台，还是转身做技术创新，成为拥有自主产品和服务的技术化平台？这一战略十字路口的背后是"互联网"思维与"工业化"思维的抉择。对此，不仅忽米网内部有分歧，甚至整个工业互联网圈子对工业互联网平台到底是姓"工"还是姓"互"这一问题都存在着不同看法。

在巩书凯看来，忽米网具备母体自带优势，即忽米网由宗申孵化，在诞生之初就自带工业元素，并具有在应用场景等方面的优势。首先，我们脱胎于制造业，我们对制造业的整个行业非常熟悉。其次，我们有着制造业相关的技术底蕴，了解具体产品的实际应用场景，能够制造出更具有普适性的科技产品。所以我们肯定姓"工"！巩书凯在公司会议上坚定地说道。毫无疑问，工业互联网平台应该姓"工"，而互联网只是工业技术及模式演进中的"辅助者"，是一类工具、配角，而不是主角。

因此，在单一的信息汇聚、整合资源已经不能完全满足市场需要的前提下，忽米网明确界定"工业"与"互联网"二者关系后，决定调整公司发展战略和资源投入方向，将平台重心从聚集资源转向技术创新，针对工业互联网领域进行技术研发和服务创新，全力巩固平台的领先地位。

（二）试点改造，初试锋芒

在有了明确的发展战略和资源投入方向后，忽米网大力投入技术研发，并孵化出工业知识图谱、数字孪生体、5G边缘计算器、视觉检测系统等一系列平台级产品和应用级产品。但是有了产品，却并没有什么企业找上门来表达想要使用的意愿。

原来，虽然忽米网是 B2B 平台，但是在此之前还没有任何一家类似平台将线上与线下相结合。所以哪怕忽米网在帮助中小制造企业实现资源整合上做得风生水起，也没有任何一家中小制造企业敢把自己的身家性命用来冒险，直接采用忽米网还未被实践检验的应用级产品，甚至是车间系统。毕竟，不尝试还可以基本保证存活，而一旦尝试失败便可能毁于一旦。

"目前制造业已经到了不得不变革的阶段，我相信忽米网，哪怕从头再来，我也愿意尝试。"巩书凯面对如此的困境仍坚定地强调。为了打造成功案例、打破市场僵局，忽米网在宗申产业集团的大力支持下，挑选摩发 1011 线用来作为打开市场的测试点。

改造前的摩发 1011 线车间一直存在着信息闭塞、管理存在缺陷、生产成本高以及设备维护不及时等问题。"过去，生产车间经常出现问题，哪怕是一颗螺丝也能给工厂造成不小的麻烦。螺丝拧得太紧了，很容易折断，但是要是稍微松一点，发动机在强烈抖动下又会出现漏油的状况。为此，我们被投诉变成了常有的事。"宗申动力副总经理张奎表示，现在这些问题都已经被忽米网一一解决。原来，忽米网通过收集电机以及不同的螺丝规格参数，再利用大数据后台计算出与之最匹配的扭矩，最后利用机械臂将对应的扭矩与螺丝装配起来。

改造后的宗申智慧工厂与传统的制造工厂已经有了很大的区别。"系统会24 小时对厂区内的设备运行情况进行监测，假如任何一个设备物料即将用完，系统会自主调动附近运输物料的搬运车，这样就不需要工人时时刻刻守在设备面前，节约成本的同时增加容错率。"张奎一脸轻松地说道。除此之外，倘若任何一条生产线上面任何一个设备出现问题，系统都会自动报警，同时显示问题设备的具体编号，如此一来又大幅度提升了设备的维护时间，提高了生产效率。目前，该智能生产线产品合格率已经超过 99%，代表着国内智能生产的顶尖水平。

经过一年多不断优化改造，摩发 1011 线的智能化工作已经被忽米网近乎完美地完成。改造后的生产线一线工人减少五成，作业自动化率直线上升，生产效率翻倍增长。

事实上，忽米网的此次尝试也让宗申产业集团开启了新的发展格局。现在一线生产工人每天的工作量已经大幅度降低，工作强度也明显下降，但是生产效率只增不减。"如今员工有了更多的休息时间，不再像以前那样需要一直高度集中精神，每天工作都很开心。"宗申产业集团技术中心主管曹凌兴奋地说道。

另外，忽米网还通过网络技术实现人机互联。"我们的每一个设备、每一件产品，甚至是每一个小零件都有特定的编号和条码。我们的每一件产品从上线到下线的每一步都有全程跟踪监督，不管是哪一个设备出问题，还是产品、零件出问题，我们都能够在第一时间追根溯源，找到问题所在。"曹凌表示。

（三）数字赋能，大放异彩

在摩发 1011 线取得成功后，忽米网开始逐渐转型为赋能平台，即帮助制造企业提升产品质量、降低生产过程损耗，进而实现智能制造。工厂数字化、生产自动化、流程可视化等更是帮助工厂的智能化水平直线上升，这对制造企业的高效率运行有着举足轻重的作用。从摩发1011线到宗申智慧工厂，忽米网已经全面赋能动摩行业的转型升级：

（1）工厂数字化。工厂数字化即利用网络设备对生产工厂的运行数据实时收集。这有利于了解设备运行情况，及时对需要调整的生产线做出具体的调整，即使是负责人不在工厂，也能在第一时间了解到工厂的具体生产情况，下达新的生产命令。具体而言，忽米网利用物联网技术及信息系统连接，"工厂数据总览"可实时展示车间生产相关信息，包括空气环境、空调系统状况、电力能耗、5G通信信号等；可实时展示当前工厂发动机计划生产数量、实际生产数量、合格率情况、生产下线数量等现场数据。同时，通过设备数据采集，可实时跟踪每个发动机装配单元当前装配情况（如右箱体装配单元）；当前AGV的零配件运输配送情况，包括AGV小车运行、空载、充电等状态。

（2）生产自动化。为实现工厂生产自动化的目标，忽米网引入DCS/SLS等自动化系统，对生产流程进行自动调整。其中"发动机自动化装配监测"可实时采集装配机器人坐标位置信息、现场工艺及设备参数信息、机器人及伺服机构装配8个螺栓的实际扭力扭矩等参数信息；结合工业AI可反馈控制机器人，优化装配过程出现的工艺异常，提升发动机现场装配的工艺水平，进而真正解决生产自动化的核心问题。

（3）流程可视化。忽米网将5G技术、AI技术与工业互联网深度融合，连接生产车间多个软硬件设施，实现对生产流程的全方位实时监测，对物料的供应、物流的配送以及零件装备的任何异常情况做第一时间预警。其中，"零配件仓储及物流监控"可实时监控宗申零配件智能仓储区域物料、AGV运料机器人物流运输情况，比如AGV运输哪些零部件到装配单元都可进行实时跟踪和数据监测。负责人还可以在监测系统界面实时观测到每一个操作员的操作状况，对需要人员调整的情况做出最及时的应对。

另外，宗申智慧工厂不仅能够监测每一件产品的生产过程，而且标识解析的应用对产品售后也非常有帮助。"我们以前经常收到有质量问题的退货产品，却很难找到到底是哪一个设备出现了问题，特别是小的零件产品。因为工厂的设备实在太多，每一件产品要生产下线需要经过大量的流程，所以我们需要大量的员工，花费大量的时间去检查到底是哪里出了问题。"曹凌说道，不过现在这些情况都不存在了。因为工厂每一件产品都会有一个二维码，里面储存着产品生产的全部信息，包括在什么时间什么地点经过哪一件设备，一个二维码让所有的产品流程变得可以追溯。

目前，标识解析技术已经在宗申智慧工厂得到了广泛应用，标识解析让工厂里面的每一个物件都有了"身份"，同时还有了"GPS"定位。通过二维码，任何零件都可以追根溯源，都可以防伪，任何产品都可以让用户在有需要的时候了解生产的具体流程，这样可以在提升产品合格率的同时大幅度提升客户满意度和忠诚度。

（四）能力升级，万物互联

在有了以上的技术产品的基础上，为了让所有技术与应用能够融为一体，互相取长补短，共同助力解决宗申智慧工厂信息闭塞、资源短缺等行业问题，忽米网将平台、数据、应用相融合。从基础层的云基础建设到平台层的容器化管理，再到应用层的产品开发，忽米网从这三个层面持续为工厂赋能。

（1）平台是核心。平台是互联万物的核心。忽米网将 H-IIP、大数据平台以及物联网平台等6大专业级平台结合，构建1+5+6+8体系。利用应用收集数据并传输到平台，区别差异化的应用场景，再利用平台后台算法匹配到最佳的解决方法，实现人、机、系统的万物互联。

（2）数据是基础。数据是打通"数字鸿沟"的基础。任何环节都会产生数据，而对数据的分析实践是应用开发的基础。比如，最为典型的数据收集产品——标识解析，便能够在生产过程中毫无遗漏地收集设备与产品的数据，截至2022年6月其注册量已突破13.9亿，位列西部第一位。另外，根据制造原理对企业研发、生产、物流等过程提供优化解决方案，实现工厂控制系统内部数字化信息的有效传递，连接生产过程的各个环节，并把整个企业数字化信息以及企业所必须控制的目标都实时、准确、全面、系统地提供给决策者和管理者，帮助企业决策者和管理者提高决策的实时性和准确性以及管理效率，从而实现管理和控制数字化、一体化的目标。巩书凯认为，工业互联网不仅要解决终端数据的采集问题，更要解决数据与数据之间交互、数据分析应用等问题，帮助企业解决痛点问题、实现降本增效的同时打通制造业的"数字鸿沟"，助力企业转型升级。

（3）应用是关键。互联网只是手段，应用才是工业互联网的关键议题。当然这也再次印证了工业互联网姓"工"这一观点。工业应用场景的智能化深度和广度将决定未来企业数字化转型成功与否。在此领域，忽米网创新性融合5G、AI、视觉检测等前沿技术，自主研发各种关键应用。忽米网始终坚信，丰富的工业应用场景问题不能靠单一技术解决，多种技术及数据的融合应用是解决实际工业场景问题的关键。

三、从"点"到"面"：应用场景拓展

经过持续的技术创新，目前忽米网已有很多成熟的产品和服务，比如数字孪生体、5G边缘计算器和视觉检测系统等，但是，这些产品或服务的已有应用场景基本在动摩行业。现有的技术产品或服务是否能，以及如何拓展到不同的行业，成为忽米网高管们在一次会议上的重要讨论话题。

"我们拥有丰富的产品建设经验和深厚的技术底蕴，忽米网本来就是要帮助一众中小企业实现数字化转型升级，不管是哪一个行业，只要市场有需求，那么我们就可以不断尝试。"忽米网高级副总裁兼首席技术官陈虎曾在会议上坚定说道。正是忽米人践行"让工业更有智慧"的企业口号，以及"细节定成败，挑战不可能"的企业价值观，才让忽米网不断从"点"到"面"，持续地在工业互联网服务中拓展应用场景。

（一）服务民生，使污水处理更智慧

随着国家工业化与城市化进程不断地加快，生活污水和工业污水的处理影响着城市形象和宜居水平，是各级政府关心的民生大事。忽米网敏锐地察觉到污水治理行业的发展契机，以数字化和智能化为切入点，推动全国污水治理的效率化进程。

忽米网赋能城市污水处理行业始于承接重庆市某污水处理厂的改造升级项目。"在此之前，我们的污水处理厂一直存在很大的问题。比如即使配备大量工人、数以千万的处理设备，处理的效率仍旧低下。不仅如此，由于设备长期与大量的生活污水和工业污水接触，经常遭受腐蚀，有时候正是工作运行的关键时期，设备突然停止运行，这会给我们造成很大的困难。"污水处理厂王经理表示，如果正是处理高峰期，人员安排本就容易顾此失彼，出现问题时，根本没有足够的人员能够安排去做设备巡查。

忽米网工程师在了解这些情况后，总结指出该工厂应该加强预防性维护。因此，忽米网结合大数据、云计算等应用设备，将电机、风机等设备纳入监测系统里面，创建监测系统运行流程，实现对机器设备实时监控，采集振动、噪声、温度等关键数据，并利用后台算法预测设备可能出现的问题，实时定位具体的零部件，一有任何可能的风险便自动在系统界面报警。

最终，经过忽米网对该污水处理厂的改造升级后，事故率大幅度降低，停工时间也显著减少。王经理说："现在我们不再需要提前一两个月准备大量零部件，

只需要提前一周采购需要的零件，大幅度降低仓储成本的同时让我们的维护成本降到了最低。"同时，忽米网也按照"以点带面，稳步推进、逐步推广"的原则，逐步辐射德州市及周边危废治理行业，形成危废产业大数据运营平台，推动行业企业实现数字化转型升级。

（二）直击痛点，让电机行业更智能

在5G边缘计算器再次成功地跨行业应用后，与之有着强烈联系的电机行业也随之进入忽米网的视野。注塑机在全球应用广泛，特别是在中国，市场规模超过十亿。但是由于注塑机采购成本与精细化程度太高，一般企业都没有专业的人员能够时刻监测设备，而且一旦设备出现故障，单靠人工检查很难检查出来具体问题在哪里。除此之外，很多企业由于购买设备时间较早，加上资金限制也没有及时地进行更新换代，信息化程度严重不足，导致生产效率低下。

忽米网赋能电子行业始于其与重庆某注塑机生产企业的合作。针对电机行业的痛点，忽米网运用5G边缘计算器、物联网系统等核心产品，对该企业实施针对性的解决方案。据项目负责人介绍，有了忽米网监测系统的加持，目前该企业能够实现300多台设备同时连入同一个系统，近8000个数据采集点将设备实时数据传输到平台，大幅度提升了设备的容错率和节能减排效果。

（三）整合数据，助医疗行业更安全

在工业领域大放异彩之后，一个特殊行业的难题再次摆在了忽米网的面前。医疗行业一直以来都是危险化学品重特大事故多发的特殊领域。近年来，随着企业数量和规模的不断扩大，医疗行业的发展痛点开始凸显：设备运维管理不足，缺乏异常报警响应，多数设备缺乏数据采集传输能力，设备停机需靠人工发现，而中间环节设备停机，极有可能造成上下链设备损伤等。除此之外，医疗行业的生产园区涉及高危作业种类多、作业审批流程复杂、作业管理流程不清晰、缺乏作业统计数据，造成园区管理效率低下、安全生产风险响应度低等问题。

植恩生物位于重庆市长寿经开区，以药物生产加工为主，其生产园区已有ERP系统，已建成可视化中心，但基础设施系统还不完善，数据采集依靠人工，一旦出现设备问题则可能导致全线停产。

忽米网根据植恩生物企业生产运营状况以及信息化建设水平，结合企业的数字化转型战略需求，将业务管理平台规划为三维可视化管控平台、园区安防管理业务平台、设备管理业务平台三个业务板块。通过人员定位卡、防爆信标、基站等前端物理设备和子系统的建设，传递相关数据到平台，满足日常管理的需要，提升人员管理、工作和生产效率。

忽米网在发挥自身优势的同时充分结合客户需求，为生产园区配备了重大危险源实时数据在线监测、承包商管理和生产全流程信息作业管理等应用，实现园区管理精细化、电子化、自动化。同时，平台支撑园区人员、设备、物资、环境等要素全面互联，基于统一的平台，用户、企业、园区和政府实现网络化协同，园区整体效率提升5.8%、生产安全事故率降低8%。通过工业互联网为化工园区赋能，引导园区从功能单一的产业区向综合型功能区进行高端化转型，实现了创新园区价值体系新模式。

近年来，忽米网的企业边界不断得到拓展，业务范围也不断得到扩大。忽米网的事迹也逐渐进入到越来越多企业的视野，尤其是苦于资金的限制，想要做数字化转型而无从发力的中小制造企业。忽米网也用广泛的实践成果不断证明当初选择姓"工"与开展技术创新这一决策的正确性与重要性。巩书凯说："数字化转型升级不应该是某一部分企业福利，我们希望每一个中小企业都能够有数字化的机会。制造业的进步也应该是所有行业齐头并进，通过赋能企业，为中国制造企业转型升级进程助力，这样才能实现制造业强国的梦想。"

目前，除上述行业外，忽米网的业务领域已经涉及有色金属、压铸及精加工、特高压、电气装备等12大垂直行业平台，同时建设重庆、成都、贵阳、苏州等7大特色区域平台，为大中小、多行业、多品类制造业企业提供服务，为其数字化进程提供强大推动力。

第五节　将数字化转型进行到底

都说时势造英雄，但在宗申集团工业互联网的嬗变之路上，用英雄造时势来形容更为贴切。站在工业互联网新格局下，左宗申感叹道："这40年在工业产业上的成就，远比不上这8年下决心做工业互联网平台的成就大！"在互联网时代，平台化可以无限延伸，未来的工业形态将朝着产业协同方向发展，不再是以前制造企业"闭门造车"，产业形态会逐渐升级，将大幅降低工厂成本，提高效率，逐渐实现万物协同。

打造产业数字化能力中心，赋能制造企业高质量发展是宗申集团孵化重庆忽米网络科技有限公司的初衷，自2017年成立忽米网以来，其构建数字底座，打造产业数字化能力中心；坚持自主创新，打造软硬一体化核心产品；深耕垂直行业，布局全国制造业细分市场。忽米网为企业智转数改提供 IOT 解决方案，连续四年入选工业和信息化部国家级双跨平台，荣膺国家专精特新"小巨人"企业称号。

宗申集团花了 40 年时间以"工匠精神"深耕工业领域，推动产业升级。忽米网也将乘着数字建设的东风，充分发挥在系统化设计、精益化管理、自动化产线、信息化平台和数字化治理等方面的核心能力，为制造企业数字化转型赋能。加快产业数字化能力中心建设，强化数字平台底座，瞄准工业操作系统、工业软件等"卡脖子"关键难题，力争在装备智能化、生产智能化、运营智能化三大领域市场份额跻身全国前列。深入产业链供应链开展赋能行动，探索行业龙头与上下游企业创新应用场景，带动更多企业数字化转型，使工业互联网发展壮大，竭力改变整个产业的业态。

2023 年 9 月 11 日，工业和信息化部发布的《2023 年跨行业跨领域工业互联网平台名单》显示，忽米网继 2022 年双跨再进一步，位列全国第七。"忽米网现在的思路是先帮助大厂建设企业级甚至行业级的工业互联网平台，依托大厂在行业的影响力，再带动这个行业的上下游进行工业互联网的改造，实现数字化的转型升级。"巩书凯这样说道。在快速发展并取得阶段成就的同时，忽米人又开始未雨绸缪，思考和布局未来。

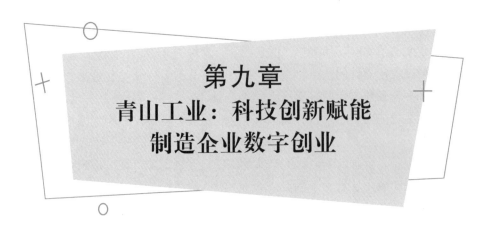

第九章
青山工业：科技创新赋能
制造企业数字创业

　　重庆青山工业有限责任公司（以下简称"青山工业"）成立于 1965 年 1 月，至今已有近 60 年的历史，系中国兵器装备集团公司所属的国有大型工业企业，目前拥有员工 2000 余名，工程技术团队 700 余人，其中研发人员 500 余人，高工及以上 70 余人，博士 8 人。除重庆璧山的研发基地之外，青山工业还创建了国家级创新平台，建立博士流动站，取得创建世界一流专精特新企业称号，并成功获批为"国家级工业设计中心"，是重庆市 2023 年唯一获批该项资质的企业。目前，青山工业专业从事各类汽车传动系统的研发、生产和销售，其主要经营范围包括汽车零部件及配件的研发与制造、试验机制造与销售、机械设备租赁与研发等，已与长安、奇瑞、长城、华为、博世、本田等多家企业达成长期合作关系。青山工业发展历程如图 9-1 所示。

　　青山工业以重庆为起点，经过多年的发展建设，逐步形成了重庆、成都、郑州三大生产基地，搭建了 MT-AMT-DCT-新能源四大产品平台，将研发产品销售至全国各地，形成"两国五地十中心"全球布局。青山工业企业管理运作规范，科技创新力量雄厚，检测设施配套齐全，自主研发能力突出，拥有多达 548 项国家专利，并获得创建世界一流专业领军示范企业、国家级工业设计中心、国家技术创新示范企业、国家级绿色工厂、国资委"科改企业"等多项称号及国家级奖项，拥有国家认定企业技术中心、CNAS 认可实验室等资质，顺利通过了 ISO/TS16949 质量管理体系、GB/T24001 环境管理体系、GB/T28001 职业健康安全管理体系认证，并在全行业率先实施了精益制造和 ERP 系统，攻克多项"卡脖子"问题，打破国外技术垄断，构建 GI-Drive 电气化产品架构，打造出满足扭矩 400Nm

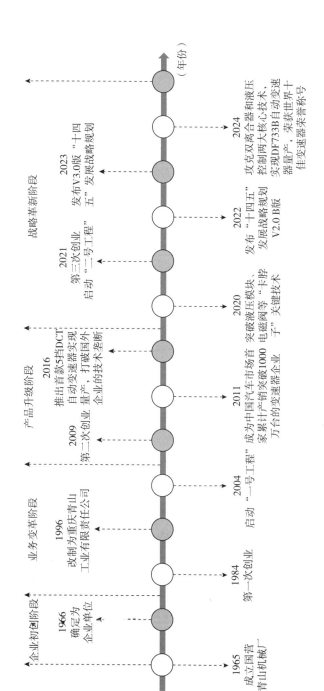

图 9-1 青山工业发展历程

资料来源：笔者设计。

以下乘用车的手动、自动、混动、电驱动经典商品，满足乘用车、轻型商用车搭载需求。

数字经济时代，青山工业深入贯彻党的二十大精神，聚焦高质量发展，加速向"新四化"企业转型，全面推进"TS12368"数字化战略落地，以兵工集团"133"战略和中国长安"1347"规划为牵引，全力实施"电驱动业务再加速计划"，进一步完善、拓展新能源产品规划和发展谱系，形成了 P1、P2、P13、EDS、减速器、控制器、PCBA 等全产品谱系，PEF20B、HFE30C 等一系列新能源重点产品成功投产并上市，2023 年实现新能源产品收入同比增长 188.9%。在数字化转型战略指引下，青山工业重塑科技创新运营体系，构建核心数字技术能力，成立全新的科技委组织，围绕科技、数字、技术制定并发布相关规划，初步形成"新能源动力系统+核心零部件+软件生态"产业链布局，成为新汽车动力系统技术策源地，坚定不移向科技公司转型。回忆来时路，董事长刘波感叹道，如果把技术成长比作人的成长，青山工业在传统汽车变速器业务上实现了从"中学生"到"研究生"的蜕变，面对新能源技术的快速迭代，在深入贯彻落实习近平总书记一定要"把关键核心技术掌握在自己手里"重要指示的基础上，还需继续深耕数字化领域，加快转型升级的脚步，力争早日在新能源电驱动领域实现产品和技术的领跑。

第一节　转型：顺应数字潮流，点燃发展引擎

一、企业初创阶段（1965~1983 年）：原始生产，传承军工之魂

"几十年前，为了保密，我们的工厂都藏在深山里。工人们去上班，要走一条小路进山。"在华龙网记者的采访过程中，一名工作人员指着背后郁郁葱葱的山峦说道。20 世纪六七十年代，为改善产业布局并加强国防实力，中国开展了一场以中西部地区为重点的大规模工业迁移，即"三线建设"。三线建设时期，为改变工业落后局面，加强后方基地建设，我国西部掀起了一场轰轰烈烈的国防工业建设热潮，重庆形成了常规兵器生产基地，并催生了一批军工企业，青山工业也是其中之一。青山工业始建于 1965 年，其前身为国营青山机械厂（代号国营第二四六厂），又名精密工艺研究所（代号第五机械工业部第十六研究所），

由长安机器厂（四五六厂）负责包建，作为重庆众多的三线军工企业之一，青山工业承担着国防建设和经济建设的军工生产任务和重要历史使命。

青山工业于 1966 年 3 月被确定为企业单位，采取以厂带所的办法，从事有关精密工艺研究工作，其最初的主要任务是生产 14.5 毫米高射机枪瞄准具。随着三线建设工程的持续推进、青山工业生产任务的不断拓展、厂区基础设施的日益完善，大批爱国有志青年纷纷加入青山工业，直至今日，依然有许多老员工的子孙后代们坚守在青山工业的工作岗位上，以自己的方式传承军工之魂。20 世纪 70 年代，国际局势动荡不安，由于战备升级的需要，青山机械厂开始进行厂区整改扩建，于 1969 年 5 月确定生产 WP101 特种装备，于 1980 年 4 月开始生产新产品 WQ204 特种装备，为加强国防实力和推进工业建设贡献青山力量。WP101、WQ204 两大特种产品的生产，意味着青山工业的军工生产技术与产品研发能力取得了新的进展与突破，军工背景的铺垫和生产经验的积累，为青山工业今后的制造业转型奠定了坚实的根基，自强不息的军工精神也为企业今后的革新与发展注入了动力源泉，并逐渐成为企业文化与价值理念中极其重要的一部分，成为企业使命与发展愿景生生不息的灵魂与精髓。

二、业务变革阶段（1984~2007 年）：自主研发，冲破技术约束

20 世纪 80 年代，中国进入了全面深化改革的转型时期，在改革开放方针的指引下，中国汽车工业进入了从封闭到开放、从军工化到乘用化的全面发展阶段。在此背景下，青山工业抓住军工企业"军转民"的政策红利，实施"军民结合，科技兴厂"的发展战略，引进日本铃木生产技术和基础设施，开始研发汽车变速器，于 1984 年 10 月试制成功 SC110 微型汽车变速器总成，形成两大特种产品和微型汽车变速器、摩托车传动箱、精密滚珠丝杆三大民品的军民结合型五大产品体系，由特种产品向微车变速器转型，全面进入汽车零部件行业，踏上了研制手动变速器的创业之路。在这一阶段，青山工业借助军工背景和生产经验双重优势，实现了从厂所合一到生产企业的蜕变，其经营业务也逐渐由生产特种产品向生产汽车零部件过渡。

1996 年 12 月，国营青山机械厂正式改制为重庆青山工业有限责任公司，标志着青山工业由国营机械厂发展为军民结合型企业，并迅速成长为我国最大的专业变速器生产企业之一、全球最大的微型汽车变速器生产企业之一。值得一提的是，尽管青山工业的微车变速器产量突破 10 万台大关，但仍受制于国外企业垄断技术的枷锁束缚，如何冲出技术牢笼成为中国制造企业发展面临的一大难题。

为了打破技术茧房，不让国外企业"卡脖子"，实现中国制造企业的技术自由，青山工业自力更生紧跟"中国制造"的脚步，通过组建技术攻关团队，搭建生产研发平台，与吉林工业大学、重庆大学、重庆工学院（现重庆理工大学）等高校展开技术合作，初步具备较为完善的变速器设计、试验和试制能力，逐步从技术引进向自主创新转型，从生产加工型企业向科研生产型企业的目标迈进。2004 年，为实现轿车变速器自主开发，青山工业首次实施"一号工程"，组建了一个"国外学习设计+国内试验技术"的 12 人专业团队，与国外一家专业变速器设计开发公司展开跨境合作，2005 年完成主辅分离改革改制后，产品结构调整初见成效，青山工业仅用了两年多的时间便研发、设计、制造出两款适销对路的轿车变速器，并实现了批量上市，标志着其自主研发技术取得了新的突破①。

三、产品升级阶段（2008~2018 年）：科技创新，赋能产品更新

市场经济的消费升级和研发技术的迭代更新推动了中国汽车领域的飞速发展，变速器产品由手动型向自动型升级革新，在数字技术加持下，青山工业居安思危、顺势而为，于 2008 年加大自动变速器的投入规模与研发力度，以科技创新驱动"数字化+制造业"向着自动化制造领域深入发展。2009 年，青山工业自主研发了国内首款 AMT 自动变速器，搭载江淮同悦成功下线并实现批量生产，成为国内首家突破自动变速器产业化的企业，一举打破国外企业的市场垄断格局，青山工业产品结构实现由手动变速器向自动变速器的跃升，掀起了从传统机械向多领域创新的二次创业热潮。但多领域创新仅达到了"中国制造"的门槛，随着全球经济一体化的发展，要想实现从"中国制造"向"中国智造"的跃迁，青山工业必须转变思维模式并树立创新意识，以推动"中国品牌出海"为己任，不断提升自动变速器的制造水平和生产效率。2011 年，青山工业以自主研发技术为载，不断提升自动变速器的生产水平，成为中国汽车市场首家累计产销突破1000 万台的变速器企业，并实现了 BEV 变速器产业化，不仅意味着青山工业技术创新能力的突破和自主研发水平的提升，更为推动中国制造企业的数字化转型树立了标杆。2016 年，青山工业的手动变速器年产量突破 230 万台，在整个乘用车行业占有率超过 10%。

在手动变速器销量创下佳绩的同时，青山工业也不忘以数字技术推进变速器产品的迭代升级，同年 8 月，青山工业突破双离合器集成核心技术，推出的首款

---

① 搜狐网．【重庆创新故事】青山工业：咬定"研发"不放松［EB/OL］．（2019－10－15）．https：//www.sohu.com/a/347229477_800246.

5 挡 DCT 自动变速器搭载长安 CS15 上市并实现量产，打破了国外企业对 DCT 自动变速器的技术垄断；趁着核心技术突破的良好势头，青山工业踔厉奋发、赓续前行，于 2017 年 7 挡 DCT 自动变速器实现批量生产，该产品荣获"2020 年世界十佳变速器"称号。功夫不负有心人，在这一阶段，青山工业朝乾夕惕、勇往直前，以科技创新赋能产品制造升级，实现自动变速器的迭代更新。

四、战略革新阶段（2019~2024 年）：数智跃迁，踏上转型之旅

数字经济时代，以电动化、智能化、网联化、共享化为代表的汽车"新四化"浪潮席卷全球，为了顺应汽车产业大变革的竞争趋势，青山工业于 2019 年以科技创新赋能数字创业，从被动创新向主动创新转型。2020 年，青山工业启动电气化核心技术及产业化课题研究，突破液压模块、电磁阀等"卡脖子"关键技术难题，从根本上改变了关键核心技术受制于人的局面。为加快数字化转型的步伐，青山工业于 2021 年全面开启第三次创业之旅，从传统传动创新向智能化电气化创新转型，努力在新的产业发展格局中赢得主动权。在"双碳"战略加速落地、新能源产业生态日趋成熟、汽车行业领域竞争加剧、技术迭代推动行业变革、数字化转型步伐加快的时代大背景下，青山工业以科技创新赋能数字创业，紧紧围绕汽车"新四化"转型加快发展电气化、电动化汽车动力系统，奋力打造世界一流汽车传动系统企业①。

历时 3 年，青山工业研发团队攻克了双离合器和液压控制两大核心模块的集成化正向设计技术及产业化技术，并实现了 DF733B 自动变速器的批量生产，该产品于 2024 年搭载长安整车 CS55PLUS 荣获世界十佳变速器荣誉称号。2024 年 1 月，青山工业研发的首款油冷双电机混合动力变速器双电机数智电驱搭载长安启源 A06 荣获"第二届世界十佳混合动力系统"称号。这些奖项不仅彰显了青山工业在汽车变速器领域的科技研发实力，也意味着中国汽车行业逐渐从"中国制造"向"中国智造"迈进。科技青山的战略宏图已经发布，百亿青山加速实现的号角正在吹响，在数字化转型过程中，青山工业始终坚持数字化战略导向，以打造追求卓越的自驱型组织为目标，砥砺奋进刷新的技术研发的历史纪录，胸怀大志追逐"大国智造"的使命愿景，积累了丰富的科技创新经验，形成了有效的数字创新能力，开展了卓越的数字工程建设，一度成为行业领域内的数字化转型标杆。

---

①　经济日报 .2500 万台汽车变速器的背后［EB/OL］.（2021 - 08 - 20）. https：// proapi. jingjiribao. cn/ readnews. html？ id = 254287.

第二节 从"制造"到"智造"：
青山工业的数字创业之路

一、战略先行驱动数字创业

（1）加强顶层规划，落实数字战略布局。2021 年，青山工业召开了以"战略驱动、深化改革、提质增效、加速发展"为主题的战略研讨会，董事长、党委书记刘波在会上作了题为《统一思想，凝聚共识，以新担当新作为开创第三次创业新局面》的讲话，提出了"12338"战略构架，标志着青山工业全面开启第三次创业。自第三次创业提出以来，青山工业以全新的企业使命和"2030 愿景目标"为引领，以集团公司"133"战略为导向，坚定第三次创业战略方向，坚持创新驱动，全面深化改革，实现高质量发展，通过强主业、快转型、抢市场、建生态，加快向科技型企业转型。

为了深化数字战略改革，厘清数字战略定位并构建数字战略体系，青山工业于 2022 年 9 月 23 日正式发布"十四五"发展战略规划 V2.0 B 版，将"12338"战略升级为"TS12368"，明确提出将数字经营能力建设成企业六大核心能力之一，强化"资源共享、能力共享、深度协同、合作共赢"的组织运营逻辑，加快实施电驱动新业务加速行动、经营质量再提升行动、效率倍增行动三大行动，努力打造世界一流汽车传动系统企业，朝着"电驱动总成+核心零部件+软件生态"的电气化战略目标迈进。

在"TS12368"战略牵引下，青山工业围绕"场景全覆盖、流程全打通、数据全在线"，构建"一朵青山云、一张产业网、一个数字化平台、一套精益管理体系"，全面推进数字化转型。2023 年，青山工业"十四五"发展战略规划 V3.0 版的发布，意味着青山工业的数智跃迁之路再上一个新台阶。回首过去，刘波对"十四五"前半程取得的成绩给予了高度肯定，并基于 SWOT 分析模型指出了青山工业面临的优势、劣势、机会、威胁和当前发展存在的问题；展望未来，刘波强调未来五年将成为中国品牌生存关键期，青山工业应聚焦五项重点工作，继续坚持以习近平新时代中国特色社会主义思想为指引，认真贯彻落实集团公司党组的决策部署，保持战略定力，强化战略执行，坚定产业发展信心，加快构建差异化核心竞争力，为把公司打造成世界一流新型汽车动力系统企业，实现更高质量发展而努力奋斗。

（2）高效协同整合，打通数字产业链路。自 2021 年第三次创业以来，青山工业结合产品技术升级，重新整合优化产业链和供应链，致力于构建供需命运共同体，实现优质资源共享共用、专家团队驻点供应商、产业链帮扶提升百余次，推动筑链、固链、强链的高效协同与创新整合，打通数字技术与产业供应相辅相成的创新生态链路。青山工业总经理龚为伦表示，企业始终牢记习近平总书记一定要"把关键核心技术掌握在自己手里""着力打造自主可控、安全可靠的产业链、供应链"等重要指示精神，坚持科技自立自强，强化科技创新驱动力，增强高质量发展核心动力，以确保产业链供应链安全、稳健、高速发展。一方面，青山工业以增强采购保供能力推进数字化工程，构建"1452"汽车生态圈体系，深入开展大采购中心建设，新增优化 30 个与产业链供应链相关的运营流程标准，以"自主可控+合作共赢"的双轮驱动发展模式，打造"稳健、可持续、高质量和有竞争力"的产业链供应链生态圈。另一方面，青山工业不断提升强链补链能力，围绕产业链上下游搭建"一链一网一平台"，通过建立高效协同的企业间数据共享机制，实现产业生态圈中各相关主体的有效对接，对供应链、物流、库存实现统一管控、实时监测和有效调度，提升供应商预约准确率同时降低企业产品库存率，实现原材料物流成本、库存成本等达到最优状态。

2023 年 12 月，青山工业申报的《汽车传动系统产业链数智经营能力提升》成功入选工业和信息化部 2023 年大数据产业发展示范名单，该项目围绕大数据驱动研发设计、柔性化生产、供应链协同、AI 质量监测、能源管理、智能经营决策六大应用场景，通过实时监测和分析数据，打通全业务链流程信息壁垒，打造信息协同、实时跟踪、动态调度、快速支付、智能预警功能，为企业提供决策依据的同时促进产业链降本增效。

（3）激发文化活力，凝聚数字团队合力。数字化转型并非一蹴而就，而是根植于企业文化理念的创新性、根本性、颠覆性变革。为了营造良好的数字化文化氛围，增强数字化团队的文化底蕴，重庆青山秉持"TS11610"领先文化理念体系，采取"线上自学+线下讲座"的培训模式，线上培训内容包括数字化新兴技术、产品创新数字化、智能工厂、物流与供应链、管理数字化、智能决策、规划与实施、行业应用等各个领域课程，线下培训讲座包括数字化转型、研发、制造、经营与管理等子领域专项主题讲座，致力于提升员工的数字化思维和能力，培养一批将数字化和经营业务进行有效整合的复合型专业人才。

于企业高层领导而言，加强数字化文化培养有助于其梳理创新思路、坚定数字方向、明晰发展目标，更好地领导数字化转型工作；对于企业中坚骨干人员而言，有助于其系统地了解企业的数字化转型发展战略，提升其数字化转型适应性、转变数字化变革思维力、强化数字化实战创造力，为数字化建设的顺利实施奠定基础；于企业基层一线员工而言，系统地进行数字化文化培训，有助于以"文化与工作相融"丰富其专业素养，以"数字与发展并驱"提升其工作效率，厚植数字化文化底蕴的同时，助力企业以数字化提升整体绩效。截至 2022 年6 月，经过不断地变革与实践，青山工业逐渐完善企业的数字化文化建设工作，已培养出 17 名各业务领域数字化官、28 名数字化工程师、28 名项目经理、20 名关键用户、19 名数据分析师。为激发数字文化活力，凝聚数字团队合力，青山工业以"架构规划、大数据、业务赋能和平台创新"四大能力框架为基础，深入探索自主开发及人工智能应用等数字领域，致力于增强数字化团队的数字化文化感染力、数字技术创新性和数字研发自驱性，持续向技术型、自驱型、创新型数字化团队迈进①。

二、业务升级赋能工程管理

（1）紧抓数字，强势启动"二号工程"。在青山工业 2021 年度战略研讨会上，刘波紧扣数字经济的时代主题，围绕"加强抓数字，启动实施'二号工程'（数字化工程）"，提出以数字化工程全面赋能效率提升和科技创新，并通过了《青山公司数字化转型规划方案》和《数字化委员会及工作组运行机制》。为加快数字化转型的步伐，青山工业立项启动工业互联网（一期）建设，旨在以数据治理驱动业务升级，实现关键产线、质量、能源数据接入集成，目前企业数据治理一期项目建设已基本实现数据可视化，在柯马线智能化制造、供应商物流协同、DCT 二线质量数字化、多场景 5G 创新应用、质量域数据治理、数字化运营、数字化平台、信息安全建设等方面都初见成效。

2023 年 8 月，青山工业与阿里云、神州数码强强联手，启动青山数据治理二期项目。在数据治理项目的实践中，青山工业将数字化作为企业的核心发展战略，将"1354"数字化架构全面升级为"1375"数字化战略，加速"全面建成与世界一流汽车传动系统企业相适应的数字青山新业态体系"的愿景实现，制定小步快跑、螺旋模式等战略推进策略。自"二号工程"启动以来，青山工业在

---

① 华龙网. 重庆青山工业：数字化建设为转型升级赋能 ［EB/OL］.（2023－07－27）. https：//news. cqnews. net/1/detail/1134213740240752640/web/content_1134213740240752640. html.

数字化战略目标的牵引下全面提速，以"TS12368"数字化顶层规划为本，以数字化运营体系建设为根，以"1375"数字化架构为基，以"TS11610"数字化文化为魂，在诸多方面都取得了阶段性成果，例如青山工业先后入选国家级智能制造示范工厂、重庆市创新示范智能工厂、重庆市数字化车间、2023年重庆市双化协同示范工厂，成功获得"2023年重庆市智能工厂"、2023年重庆市唯一"国家级工业设计中心"等行业内荣誉或奖项就是佐证。

（2）重塑数字平台，完善运营体系建设。数字化转型是与企业战略、组织变革、流程再造及产品创新深度融合的系统性工程，其战略布局离不开运营体系的支撑。青山工业借助数字化平台，依托数字化工作委员会及其工作机制，构建数字化工作运行体系，实现数字化运营体系线上运行，明确数字化工作的决策、预算、执行、组织人员管理机制，提升企业数字化运营效率及水平。同时，通过数字工具对事项进行管理与追踪，实时监控数字化工作机制流程执行情况，加强过程风险识别及预警管控机制，提升数字化工作按时交付率，保证工作质量的同时满足数字化业务需求。在数字化决策机制方面，青山工业围绕"六统一"的管理原则，优化企业数字化委员会的工作运行机制，围绕流程优化相关的组织变革、流程变革等，以数字化工作提升企业的决策效率；在数字化预算机制方面，青山工业基于ERP数据质量优化、价值链业财管理、预算系统建设等方面，建立管理机制推进ERP数据质量优化，大力推动产品全生命周期系统建设，贯通企业全价值链业财管理，建设全面预算管理系统，推动资源配置效率提升，积极推动财务数字化转型；在数字化执行机制方面，青山工业不断完善数字化项目管理、数据管理办法并不断优化运行机制，严格管控项目建设子节点和关键里程碑节点，推动信息化、数据化、智能化项目审计工作常态化，引领企业员工的数字化思维从"重建设"向"重应用"转变；在组织人员管理机制方面，青山工业进一步深化业务与技术双轮驱动的推动模式，明确数字化官、关键用户、技术人员的工作内容，进一步细化任务清单、压实工作职责，做到各司其职、强化通力协作，形成企业内生合力，高质高效完成各项数字化工作任务。

（3）聚焦智能制造，全力打造数字化车间。2023年9月，青山工业正式启动"以数字空间打造数字化车间"项目（以下简称数字空间项目），该项目以大数据为核心支撑，是实现数字化转型的关键，作为《基于数字空间打造数字化车间建设指南》的行业标准实践创新性项目，在集团内部和行业领域具有标杆示范性作用。为推动数字空间项目落地执行，青山工业既用"显微镜"整合现有资源，对现有ERP（企业资源计划）、MES（制造执行系统）、TQM（全面质量管理）、SRM（供应商系统管理）等传统信息化系统进行重新整合，并借助工业互联网平台对积累的数据进行有效治理与深度融合，解决存量数据治理的堵点、痛点与难点，又用"望远镜"预警未来难题，通过对车间的设备数据进行全面采集与实时监测，针对生产制造过程中的瓶颈问题，构建包含生产管理、质量管理和设备预测性维护等方面的产品全生命周期数据管理与分析模型[①]，目前青山工业核心生产线自动化率达 60% 以上，装配检测线自动化率达 65%，DCT 一二期线 OEE 稳定到 88%，HF640 线 OEE 达成 85%，双电机数智电驱产线、新能源二线数智电驱产线 FTT 提升至 98%，初步构建起智能化、数字化、绿色环保工厂，推动产能实现大幅提高。2023 年，青山工业顺应双化协同制造的行业发展趋势，基于以用户为中心的设计思想，以数字化车间的核心——数据驱动运营为切入点，围绕物理连接、数据融合、业务执行、数据管控、用户在线等方面指导建立数字空间，主起草的 CASE 标准《基于数字空间的数字化车间建设要求》获中国汽车工程学会立项并成功发布。同年 12 月，青山工业 DCT 自动变速器年产销突破 100 万台大关，累计产销 310 万台，意味着青山工业数字化车间智造运营水平不断提升，标志着数字空间项目的发展再上一个新台阶。

三、管理革新强化能力建设

（1）完善发展规划，夯实数字基础能力。2019 年，青山工业启动数字化能力建设规划项目，基于企业数字化战略制定数字化转型愿景，现状评估与需求分析、数字化发展规划、实施计划与保障措施三个维度实施，梳理并完善业务架构、应用架构、数据架构、技术架构等架构规划，结合投资估算模型、数字化能力架构、数字化总体功能框架绘就信息化建设路径新图景，并以研发类、业务类、运营管理类、IT 基础设施类、IT 治理类、数据类等多个维度为切入点，从总体建设思路、项目实施路径和安全保障措施三个方面展开规划设计工作，该项目标志着青山工业在数字化能力建设方面又迈出了关键一步，为全面提升企业数字化、智能化、信息化建设奠定了坚实的基础。2020 年，青山工业重点完成了数字化基础能力建设项目可行性研究报批工作，云计算中心建设子项目已进入项目招标阶段，同时，ERP 异构平台迁移、移动办公、PDM 系统升级演练和设计工具环境搭建三专项业务系统优化升级工作的完成，为数字化基础能力建设做足了充分的准备。为进一步夯实数字化基础能力，2022 年 4 月，青山工业《关于

---

① 华龙网. 从"新"出征青山"长青"重庆青山工业电驱动科技公司转型记［EB/OL］.（2023-09-20）. https：//news. cqnews. net/1/detail/1154011601456308224/web/content_1154011601456308224. html.

数字化基础能力建设项目可行性研究报告备案的请示》获得中国长安备案批复，该项目是对"数字化能力建设规划项目"的创造性优化与创新性发展，聚焦于"夯实数字化基础能力"建设阶段，主要建设内容包含云计算中心建设（一期）、工艺管理系统建设、产品研发项目管理系统建设、MES系统升级、数据及IT治理五大部分，致力于提升公司IT应用、数据规划、基础架构、IT治理能力四方面的数字化基础能力。求木之长者，必固其根本；欲流之远者，必浚其泉源。数字化能力建设是推进数字化转型的制胜法宝，唯有夯实数字基础能力，为数字技术与经营业务深度融合应用打牢根基，方能增强青山工业在数字经济时代的核心竞争力。

（2）重构核心流程，提升数字经营能力。2022年，青山工业在全面推进实施"二号工程"的基础上，首次提出把数字经营能力建设为企业六大核心能力之一，围绕战略规划、运营体系、数字文化等方面整体推进数字化工程，推动业务数据化、数据资产化、资产服务化、服务价值化，切实提升数字化车间、数字化供应链、数字化管理等方面的数字经营能力与企业决策效率，为提质增效和科技创新全面赋能，实现管理模式从经验驱动向数据驱动的创造性变革。截至2023年9月，青山工业围绕产品开发、订单到交付、战略到执行、营销与服务四大运营流程，打造数字经营平台以强化数字建设，开展全价值链流程数据分析与运营，已完成2000余个系统表、7大业务主题、6个算法模型等数据治理建设，实现500余个重要指标在线、20余个业务场景的开发与应用，构建了覆盖研、产、供、销等领域的数字化运营体系。为进一步提升数字经营能力，青山工业结合企业当前的数据管理现状，于2024年制定并发布了《新建业务系统数据管理规范》，对相关术语定义进行明确界定，从源头上规范业务系统的建设，以期为后续的数据实施工作提供遵循和参照。唯有通过构建长期、高效的数字化运营体系，围绕决策机制、预算机制、执行机制、组织人员管理机制等维度，着力提升企业的数字经营能力、运营管理水平和业务处置效率，方能保障数字化变革不断落地、可持续发展不断推进、创新成果不断产出，促进经济效益的良性增长、项目建设的提质增效以及转型范式的有效打造。

（3）科技赋能研发，创新数字核心能力。在数字化转型的战略指引下，青山工业以"全面建成与世界一流汽车传动系统企业相适应的数字青山新业态体系"为发展愿景，以"打造数字青山，为效率和科技创新的核心能力全面赋能，加速青山'十四五'战略目标实现"为数字化战略目标，以科技创新赋能自主研发能力，构建"两国五地"全球化研发布局，创立700余人的工程技术团队，围绕"1+4+N+1"科技创新体系，基于 GI-Drive 电气化平台架构，拥有完全独立知识产权产品开发流程体系 TS-PDS、产品评价体系 TS-DES，掌握 MT、DCT、混合动力、电驱动等完全自主开发能力，其设计能力、分析能力、试制能力、试验验证能力、匹配能力、工程化能力、创新能力等研发生产实力不断提升。截至 2023 年 12 月，青山工业累计拥有有效专利 548 件，其中有效发明专利 147 件，发布行业标准 8 项（主持 5 项，参与 3 项），发布团体标准 7 项（主持 2 项，参与 5 项），并获得创建世界一流专业领军示范企业等多项国家级奖项，其研究院在乘用车传动系统领域国家级技术中心排名第一。从最初的传统小型机械厂，到如今中国新能源汽车传动系统行业的领军者，青山工业经历了 50 余年的研发沉淀，以数字技术创新企业核心研发能力，成功突破 DCT 及混合动力液压模块、DCT 及 P2 混动三离合器、车规高效电磁阀、汽车传动系统控制软件等国外垄断的"卡脖子"技术，不仅展示了青山工业实现新能源汽车传动系统从关键核心零部件到产品总成自主可控的科技成果[①]，更彰显了中国品牌独立自主进行研发的大国智造与工匠精神。为加快推进数字化、智能化、电气化转型，青山工业携手高校科研人才创新数字研发核心能力，于 2024 年与重庆理工大学合作启动"高压深度集成多合一控制器关键技术项目"，以期打造电气化领域的标杆合作项目。

第三节 未来：以数字创业赋能价值创造

党的二十大报告提出："建设现代化产业体系。坚持把发展经济的着力点放在实体经济上，推进新型工业化，加快建设制造强国、质量强国、航天强国、交通强国、网络强国、数字中国。"作为一家制造企业，青山工业顺应数字时代发展要求，行远自迩，踔厉奋发，以数字化为锚点，以"科技+创业"双轮驱动，始终秉持"推进第三次创业，向电驱动科技公司转型"的发展目标，加快推进数字化转型，实现数字产业变革创新，打通数字生态发展链路，以智能化、电气化、数字化赋能数字创业，是走好新型工业化道路、加快构建现代化产业体系的

---

① 华龙网．对话青山工业董事长刘波：咬定"青山"不放松 打造百亿级汽车传动智造企业［EB/OL］．（2023－09－05）．https：//news．cqnews．net/1/detail/1148715803290193920/web/content_114871580 329019 3920．html．

题中应有之义。在数字化转型过程中，青山工业将习近平总书记关于汽车行业发展的重要指示批示精神转化为推动企业高质量发展的不竭动力，始终把科技创新放在核心地位，强化"中国企业大国智造"的责任担当，致力于彻底突破"卡脖子"技术和关键核心技术问题，将创新、发展、科技、数字的主动权牢牢掌握在自己手中，以"补短板、强弱项、固底板、扬优势"打好"稳存量、抢增量、保利润"的关键一仗。

在数字经济时代背景下，"打造世界一流汽车传动系统企业"并非一朝一夕之事。面对汽车产业百年未有之大变局，刘波表示，在"时代潮流奔涌向前，产业变革势不可当"的汽车新能源转型大背景下，青山工业将以数字化战略为牵引，以"百亿青山"倍增计划、"协同出海"计划为目标，坚定不移向电驱动科技公司转型，力争 2027 年实现营业收入 200 亿元，国际市场销量占比达到 20%；2030 年营业收入突破 300 亿元，新能源产品销量和收入占比达到 80%，进入世界汽车传动系统企业前列。从驱动数字创业到赋能价值创造，数字化转型是推动青山工业在创业道路上行稳致远的不竭动力，青山工业在探索数字化转型的进程中不断完善数字化战略的顶层规划、运营布局和体系建设，建立可持续发展的长效机制。纵观青山工业数年来的创新创业之路，从特种装备到手动变速器，从自动变速器到新能源产品，企业在数字化转型的过程中已取得诸多成果，展望未来，数字化转型任重而道远，以数字创业赋能价值创造的步履仍不停歇，青山工业已经踏上新一轮的长征。

参考文献

［1］蔡栋梁，王海军，黄金，等．银行数字化转型对小微企业自主创新的影响——兼论数字金融的协同作用［J］．南开管理评论，2023（6）：1-25.

［2］陈怀超，张晶，费玉婷．制度支持是否促进了产学研协同创新？——企业吸收能力的调节作用和产学研合作紧密度的中介作用［J］．科研管理，2020（3）：1-11.

［3］陈彦桦．创新政策对服务业企业绩效的影响机制：以产品与服务创新能力为中介［J］．科研管理，2023（2）：108-115.

［4］重庆华龙网．渝企小康股份15日A股上市涨停几乎没有悬念［EB/OL］.（2016-06-15）．http：//mt. sohu. com/20160615/n454441203. shtml.

［5］丁述磊，刘翠花，李建奇．数实融合的理论机制、模式选择与推进方略［J］．改革，2024（1）：51-68.

［6］第一电动网．亏损4.2亿元，小康股份还是坚持押注新能源［EB/OL］.（2019-11-11）．https：//www. d1ev. com/news/qiye/103071.

［7］杜勇，曹磊，谭畅．平台化如何助力制造企业跨越转型升级的数字鸿沟？——基于宗申集团的探索性案例研究［J］．管理世界，2022（6）：117-139.

［8］杜运周，贾良定．组态视角与定性比较分析（QCA）：管理学研究的一条新道路［J］．管理世界，2017（6）：155-167.

［9］杜运周，刘秋辰，程建青．什么样的营商环境生态产生城市高创业活跃度？——基于制度组态的分析［J］．管理世界，2020（9）：141-155.

［10］凤凰网．小康股份：2021年实现营收167亿新能源汽车业务成为新的

业绩增长引擎［EB/OL］.（2022－04－30）.https：//finance.ifeng.com/c/8Fbw
Q3Q uUdX.

［11］凤凰网科技.近一年37次涨停,一天蒸发74亿元,"妖股"小康股份还
能妖多久?［EB/OL］.（2021－05－14）.https：//tech.ifeng.com/c/86Eubr6fowi.

［12］冯文娜,田英杰,孙梦婷.同群效应下的响应型市场导向、组织惯例
更新与制造企业服务能力［J］.现代财经,2021（3）：37-52.

［13］冯永春,崔连广,张海军,等.制造商如何开发有效的客户解决方案?
［J］.管理世界,2016（10）：150-173.

［14］官建成.企业制造能力与创新绩效的关系研究：一些中国的实证发现
［J］.科研管理,2004（S1）：78-84.

［15］何大安.互联网应用扩张与微观经济学基础——基于未来"数据与数
据对话"的理论解说［J］.经济研究,2018（8）：177-192.

［16］胡青.企业数字化转型的机制与绩效［J］.浙江学刊,2020（2）：
146-154.

［17］华龙网.对话青山工业董事长刘波：咬定"青山"不放松打造百亿级
汽车传动智造企业［EB/OL］.（2023－09－05）.https：//news.cqnews.net/1/detail/
1148715803290193920/web/content_1148715803290193920.html.

［18］华龙网.重庆青山工业：数字化建设为转型升级赋能［EB/OL］.
（2023－07－27）.https：//news.cqnews.net/1/detail/1134213740240752640/web/
content_1134213740240752640.html.

［19］华龙网.从"新"出征青山"长青"重庆青山工业电驱动科技公司转型
记［EB/OL］.（2023－09－20）.https：//news.cqnews.net/1/detail/11540116014
56308224/web/content_1154011601456308224.html.

［20］经济日报.2500万台汽车变速器的背后［EB/OL］.（2021－08－20）.https：//
proapi.jingjiribao.cn/readnews.html?id=254287.

［21］江小涓,王红梅.网络空间服务业：效率、约束及发展前景——以体
育和文化产业为例［J］.经济研究,2018（4）：4-17.

［22］李海舰,李燕.企业组织形态演进研究企业组织形态演进研究：从工
业经济时代到智能经济时代［J］.经济管理,2019（10）：22-36.

［23］李庆雪,綦天熠,王莉静,等.先进制造企业服务创新转型演进逻辑
及驱动机制研究——基于企业资源与能力视角［J］.科研管理,2023（8）：
47-56.

［24］李思飞，李鑫，王赛，等．家族企业代际传承与数字化转型：激励还是抑制？［J］．管理世界，2023（6）：179-191.

［25］李晓华．制造业的数实融合：表现、机制与对策［J］．改革与战略，2022（5）：42-54.

［26］李巍．公司数字创业的四种模式［J］．清华管理评论，2021（11）：41-52.

［27］李巍，冯珠珠，谈丽艳等．团队领导对创业团队交互记忆系统的影响研究［J］．管理学报，2020（6）：881-890.

［28］李巍，丁超．企业家精神、商业模式创新与经营绩效［J］．中国科技论坛，2016（7）：124-129.

［29］李志刚，杜鑫，张敬伟．裂变创业视角下核心企业商业生态系统重塑机理——基于"蒙牛系"创业活动的嵌入式单案例研究［J］．管理世界，2020（11）：80-96.

［30］刘飞．数字化转型如何提升制造业生产率——基于数字化转型的三重影响机制［J］．财经科学，2020（10）：93-107.

［31］刘淑春，闫津臣，张思雪，等．企业管理数字化变革能提升投入产出效率吗［J］．管理世界，2021（5）：170-190+13.

［32］刘志阳，林嵩，邢小强．数字创新创业：研究新范式与新进展［J］．研究与发展管理，2021（1）：1-11.

［33］卢美月，张文贤．企业文化与组织绩效关系研究［J］．南开管理评论，2006（6）：26-30+67.

［34］卢艳秋，宋昶，王向阳．战略导向与组织结构交互的动态能力演化——基于海尔集团的案例研究［J］．管理评论，2021（9）：340-352.

［35］卢艳秋，赵彬，宋昶．决策逻辑、失败学习与企业数字化转型绩效［J］．外国经济与管理，2021（9）：68-82.

［36］罗瑾琏，赵莉，韩杨，等．双元领导研究进展述评［J］．管理学报，2016（12）：1882-1889.

［37］罗珉，周思伟．论组织的复杂性［J］．外国经济与管理，2011（1）：26-33.

［38］马鸿佳，王亚婧，苏中锋．数字化转型背景下中小制造企业如何编排资源利用数字机会？——基于资源编排理论的 fsQCA 研究［J］．南开管理评论，2023（5）：1-18.

［39］戚聿东，肖旭．数字经济时代的企业管理变革［J］．管理世界，2020
（6）：135-152+150.

［40］36氪．小康股份36年变形记：背靠华为，如何从弹簧厂"变身"赛
力斯？［EB/OL］.（2022-08-11）. https：//36kr. com/p/1865672607068553.

［41］欧阳日辉，龚伟．促进数字经济和实体经济深度融合：机理与路径
［J］．北京工商大学学报（社会科学版），2023（4）：10-22.

［42］沈坤荣，孙占．新型基础设施建设与我国产业转型升级［J］．中国特
色社会主义研究，2021（1）：52-57.

［43］宋晶，陈劲．WSR框架下制造企业服务能力的维度探索和量表开发
［J］．管理评论，2021（5）：87-96.

［44］搜狐．大涨？赛力斯4月销量公布［EB/OL］.（2022-05-04）. https：//
www. sohu. com/a/543750008_119627.

［45］搜狐．海外受青睐，自主新能源车企掀起"出海"潮，赛力斯拿下超
2万辆订单［EB/OL］.（2023-01-18）. https：//www. sohu. com/a/631635829_116062.

［46］搜狐．小康股份36年变形记：背靠华为，如何从弹簧厂"变身"赛
力斯？［EB/OL］.（2022-08-11）. https：//www. sohu. com/a/575893656_116132.

［47］搜狐．【重庆创新故事】青山工业：咬定"研发"不放松［EB/
OL］.（2019-10-15）. https：//www. sohu. com/a/347229477_800246.

［48］谈毅．中小企业新产品开发关键成功因素的识别及其实证研究［J］.
管理评论，2011（3）：60-70.

［49］王永贵，汪淋淋．传统企业数字化转型战略的类型识别与转型模式选
择研究［J］．管理评论，2021（11）：84-93.

［50］魏江，戴维奇，林巧．公司创业研究领域两个关键构念——创业导向
与公司创业——的比较［J］．外国经济与管理，2009（1）：24-31.

［51］武立东，李思嘉，王晗，等．基于"公司治理-组织能力"组态模型
的制造业企业数字化转型进阶机制研究［J］．南开管理评论，2023（6）：1-27.

［52］肖静华．企业跨体系数字化转型与管理适应性变革［J］．改革，2020
（4）：37-49.

［53］谢康，吴瑶，肖静华．数据驱动的组织结构适应性创新——数字经济
的创新逻辑（三）［J］．北京交通大学学报（社会科学版），2020（3）：6-17.

［54］许宪春，张美慧，张钟文．数字化转型与经济社会统计的挑战和创新
［J］．统计研究，2021，38（1）：15-26.

［55］杨秀云，从振楠．数字经济与实体经济融合赋能产业高质量发展：理论逻辑、现实困境与实践进路［J］．中州学刊，2023（5）：42-49．

［56］余江，孟庆时，张越，靳景．数字创业：数字化时代创业理论和实践的新趋势［J］．科学学研究，2018（10）：1801-1808．

［57］余艳，王雪莹，郝金星，等．酒香还怕巷子深？制造企业数字化转型信号与资本市场定价［J］．南开管理评论，2023（5）：1-27．

［58］张洁，匡明慧．数字化转型如何提升企业竞争优势——技术市场可供性与商业模式创新的链式中介作用［J］．科技进步与对策，2023（11）：1-12．

［59］张金山，徐广平．创业文化如何影响员工进行公司创新与创业？［J］．科学学研究，2020（7）：1251-1259．

［60］张涛，张川．需求风险对物流企业服务能力的影响机制——跨组织资源整合的中介作用［J］．会计之友，2022（22）：71-79．

［61］张新安，田澎．利用扩展的 GAP 模型评价企业的服务能力［J］．工业工程与管理，2003（5）：17-21．

［62］中华网汽车．赛力斯：以技术实力打破"内卷"，海外市场布局不断深化［EB/OL］．（2023-05-11）．https：//auto.china.com/merchant/30811.html．

［63］张玉利，史宇飞，薛刘洋．数字经济时代大型企业驱动的创业创新实践问题研究［J］．理论与现代化，2021（1）：14-20．

［64］张玉利，杨俊，戴燕丽．中国情境下的创业研究现状探析与未来研究建议［J］．外国经济与管理，2012（1）：1-9+56．

［65］周济．智能制造："中国制造2025"的主攻方向［J］．中国机械工程，2015（17）：2273-2284．

［66］朱秀梅，刘月，陈海涛．数字创业：要素及内核生成机制研究［J］．外国经济与管理，2020（4）：19-35．

［67］Abdallah O.，Shehab E.，Al-Ashaab A. Understanding digital transformation in the manufacturing industry: A systematic literature review and future trends［J］. Product: Management and Development，2021，19（1）：138-157.

［68］Ahlstrom D.，Bruton D. An institutional perspective on the role of culture in shaping strategic actions by technology-focused entrepreneurial firms in China［J］. Entrepreneurship Theory and Practice，2002，26（4）：53-69.

［69］Ahlstrom D.，Bruton D. Rapid institutional shifts and the co-evolution of entrepreneurial firms in transition economies［J］. Entrepreneurship Theory and Practice, 2010, 34（3）: 531-554.

［70］Ahsan M. , Adomako S. , Mole K. Perceived institutional support and small venture performance: The mediating role of entrepreneurial persistence ［J］. International Small Business Journal, 2021, 39（1）: 18-39.

［71］Akgül G. , Ergin D. A. School counselors' attitude toward online counseling services during the pandemic: The effects of resilience and digital self-efficacy ［J］. Psychology in the Schools, 2022, 59（8）: 1672-1685.

［72］Albukhitan S. Developing digital transformation strategy for manufacturing ［J］. Procedia Computer Science, 2020, 170: 664-671.

［73］AlNuaimi K. , Singh K. , Ren S. , et al. Mastering digital transformation: The nexus between leadership, agility, and digital strategy ［J］. Journal of Business Research, 2022, 145: 636-648.

［74］Arfi W. , Hikkerova L. Corporate entrepreneurship, product innovation, and knowledge conversion: The role of digital platforms ［J］. Small Business Economics, 2021, 56（1）: 1191-1204.

［75］Atuahene-Gima K, Wei Y. The vital role of problem-solving competence in new product success ［J］. Journal of Product Innovation Management, 2011, 28（1）: 81-98.

［76］Bachrach D. , Mullins R. A Dual-process contingency model of leadership, transactive memory systems and team performance ［J］. Journal of Business Research, 2019, 96（3）: 297-308.

［77］Bandura A. Self-efficacy: The exercise of control ［M］. New York: W. H. Freeman, 1997.

［78］Brečko N. , Ferrari A. Punie Y. DIGCOMP: A framework for developing and understanding digital competence in Europe ［R］. Publications Office of the Europeantl Union, 2014.

［79］Barney J. Firm resources and sustained competitive advantage ［J］. Journal of Management, 1991, 17（1）: 99-120.

［80］Basurto X. , Speer J. Structuring the calibration of qualitative data as sets for Qualitative Comparative Analysis（QCA）［J］. Field Methods, 2012, 24（2）: 155-174.

［81］Baum R. , Bird J. The successful intelligence of high-growth entrepreneurs:

Links to new venture growth [J]. Organization Science, 2010, 21 (2): 397-412.

[82] Berman J. Digital transformation: Opportunities to create new business models [J]. Strategy & Leadership, 2012, 40 (2): 16-24.

[83] Bilgeri D., Wortmann F., Fleisch E. How digital transformation affects large manufacturing companies' organization [Z]. ICIS 2017 Proceedings, 2017: 1-9.

[84] Boratyńska K. Impact of digital transformation on value creation in Fintech services: An innovative approach [J]. Journal of Promotion Management, 2019, 25 (5): 631-639.

[85] Björkdahl J. Strategies for digitalization in manufacturing firms [J]. California Management Review, 2020, 62 (4): 17-36.

[86] Brivio E., Serino S., Galimberti, C., Riva, G. Efficacy of a digital education program on Life Satisfaction and digital self efficacy in older adults: A mixed method study [J]. Annual Review of Cybertherapy and Telemedicine, 2016 (14): 45-50.

[87] Buccieri D, Javalgi G, Cavusgil E. International new venture performance: Role of international entrepreneurial culture, ambidextrous innovation, and dynamic marketing capabilities [J]. International Business Review, 2020, 29 (2): 101639.

[88] Burgelman R. Managing the new venture division: Research findings and implications for strategic management [J]. Strategic Management Journal, 1985, 6 (1): 39-54.

[89] Burke S., Stagl C., Klein C., et al., What type of leadership behaviors are functional in teams? A meta-analysis [J]. The Leadership Quarterly, 2006, 17 (3): 288-307.

[90] Butt J. A conceptual framework to support digital transformation in manufacturing using an integrated business process management approach [J]. Designs, 2020, 4 (3): 1-39.

[91] Buvat J., Crummenerl C., Slatter M., et al. The digital talent gap: Are companies doing enough? [M]. Paris: Capgemini and Linkedln, 2017.

[92] Capaldo A. Network structure and innovation: The leveraging of a dual network as a distinctive relational capability [J]. Strategic Management Journal, 2007, 28 (6): 585-608.

[93] Chandler G., Detienne D., Mckelvie A., et al. Causation and effectua-

tion processes：A validation study ［J］. Journal of Business Venturing, 2011, 26 （3）：375-390.

［94］Chanias S., Myers D., Hess T. Digital transformation strategy making in pre-digital organizations：The case of a financial services provider ［J］. The Journal of Strategic Information Systems, 2019, 28 （1）：17-33.

［95］Chauvet V., Chollet B., Soda G., et al., The contribution of network research to managerial culture and practice ［J］. European Management Journal, 2011, 29 （5）：321-334.

［96］Chen C., Greene G., Crick A. Does entrepreneurial self-efficacy distinguish entrepreneurs from managers? ［J］. Journal of Business Venturing, 1998, 13 （4）：295-316.

［97］Chen H., Tian Z. Environmental uncertainty, resource orchestration and digital transformation：A fuzzy-set QCA approach ［J］. Journal of Business Research, 2022, 139：184-193.

［98］Chierici R., Tortora D., Del Giudice M., et al. Strengthening digital collaboration to enhance social innovation capital：An analysis of Italian small innovative enterprises ［J］. Journal of Intellectual Capital, 2021, 22 （3）：610-632.

［99］Christine R. European framework for the digital competence of educators：DigCompEdu ［R］. European Commission, 2017.

［100］Compeau R., Higgins A. Computer self-efficacy：Development of a measure and initial test ［J］. MIS Quarterly, 1995：189-211.

［101］Cui L., Su I., Feng Y., et al. Causal or effectual? Dynamics of decision making logics in servitization ［J］. Industrial Marketing Management, 2019, 82：15-26.

［102］Da Silva P., Soltovski R., Pontes J., et al., Human resources management 4.0：Literature review and trends ［J］. Computers & Industrial Engineering, 2022, 168：108111.

［103］Danish Q., Asghar J., Ahmad Z., et al. Factors affecting "entrepreneurial culture"：The mediating role of creativity ［J］. Journal of Innovation and Entrepreneurship, 2019, 8 （1）：1-12.

［104］De la Boutetière H., Montagner A., Reich A. Unlocking success in digital transformations ［M］. McKinsey & Company, 2018.

［105］Deephouse L. Does isomorphism legitimate? ［J］. Academy of Management Journal, 1996, 39 (4): 1024-1039.

［106］Denning S. Recognizing and outmaneuvering the resistance to digital transformation ［J］. Strategy & Leadership, 2023, 51 (2): 10-16.

［107］Dhanaraj C., Parkhe A. Orchestrating innovation networks ［J］. Academy of Management Review, 2006, 31 (3): 659-669.

［108］Dul J. Necessary Condition Analysis (NCA): Logic and methodology of "Necessary but Not Sufficient" causality ［J］. Organizational Research Methods, 2016, 19 (1): 10-52.

［109］Dutta G., Kumar R., Sindhwani R., et al. Digital transformation priorities of India's discrete manufacturing SMEs: A conceptual study in perspective of Industry 4. 0 ［J］. Competitiveness Review, 2020, 30 (3): 289-314.

［110］Eastin S., Larose R. Internet self-efficacy and the psychology of the digital divide ［J］. Journal of Computer-mediated Communication, 2000, 6 (1): JC-MC611.

［111］Edelenbos J., Klijn H. Managing stakeholder involvement in decision making: A comparative analysis of six interactive processes in the Netherlands ［J］. Journal of Public Administration Research and Theory, 2006, 16 (3): 417-446.

［112］Elena S., Nikolay S. Methods of estimation of digital competences of industrial enterprises employees by means of neural network modelling ［J］. Methods, 2019, 40 (27): 5.

［113］Engelen A., Flatten C., Thalmann J., et al. The effect of organizational culture on entrepreneurial orientation: A comparison between Germany and Thailand ［J］. Journal of Small Business Management, 2014, 52 (4): 732-752.

［114］Ernst H., Hoyer D., Rübsaamen C. Sales, marketing, and research-and-development cooperation across new product development stages: Implications for success ［J］. Journal of Marketing, 2010, 74 (5): 80-92.

［115］EstradaCruz M., VerdúJover A. J., GómezGras J. M. The influence of culture on the relationship between the entrepreneur's social identity and decision-making: Effectual and causal logic ［J］. BRQ Business Research Quarterly, 2019, 22 (4): 226-244.

[116] Fang E., Zou S. Antecedents and consequences of marketing dynamic capabilities in international joint ventures [J]. Journal of International Business Studies, 2009, 40 (5): 742-761.

[117] Farid M. Measures of reconfigurability and its key characteristics in intelligent manufacturing systems [J]. Journal of Intelligent Manufacturing, 2017, 28 (2): 353-369.

[118] Fichman R., Santos B., Zheng Z. Digital innovation as a fundamental and powerful concept in the information systems curriculum [J]. MIS Quarterly, 2014, 38 (2): 329-353.

[119] Fischer M., Imgrund F., Janiesch C., et al. Strategy archetypes for digital transformation: Defining meta objectives using business process management [J]. Information & Management, 2020, 57 (5): 103262.

[120] Fischer T., Gebauer H., Gregory M., Ren G., Fleisch E. Exploitation or exploration in service business development? Insights from a dynamic capabilities perspective [J]. Journal of Service Management, 2010, 21 (5): 591-624.

[121] Fiss C. Building better causal theories: A fuzzy set approach to typologies in organization research [J]. Academy of Management Journal, 2011, 54 (2): 393-420.

[122] Fitzgerald M., Kruschwitz N., Bonnet D., et al. Embracing digital technology: A new strategic imperative [J]. MIT Sloan Management Review, 2014, 55 (2): 1-16.

[123] Foss, Saebi T. Fifteen years of research on business model innovation: How far have we come, and where should we go? [J]. Journal of Management, 2017, 43 (1): 200-227.

[124] Frank G., Mendes H., Ayala F., et al. Servitization and Industry 4.0 convergence in the digital transformation of product firms: A business model innovation perspective [J]. Technological Forecasting and Social Change, 2019, 141: 341-351.

[125] Froehlich D., Segers M., Vanden Bossche P. Informal workplace learning in Austrian banks: The influence of learning approach, leadership style, and organizational learning culture on managers' learning outcomes [J]. Human Resource Development Quarterly, 2014, 25 (1): 29-57.

[126] Fry W. Toward a theory of spiritual leadership [J]. The Leadership Quar-

terly, 2003, 14 (6): 693-727.

[127] Galindo-Domínguez H., Bezanilla J. Promoting time management and self-efficacy through digital competence in university students: A mediational model [J]. Contemporary Educational Technology, 2021, 13 (2): 294-307.

[128] Garzoni A., De Turi I., Secundo G., Del Vecchio, P. Fostering digital transformation of SMEs: A four levels approach [J]. Management Decision, 2020, 58 (8): 1543-1562.

[129] Gebauer H., Fleisch E., Friedli T. Overcoming the service paradox in manufacturing companies [J]. European Management Journal, 2005, 23 (1): 14-26.

[130] Genus A., Iskandarova M., Brown C. Institutional entrepreneurship and permaculture: A practice theory perspective [J]. Business Strategy and the Environment, 2021, 30 (3): 1454-1467.

[131] Gerasimenko V., Razumova O. Digital competencies in management: A way to superior competitiveness and resistance to changes [J]. Serbian Journal of Management, 2020, 15 (1): 115-126.

[132] Godkin L., Allcorn S. Overcoming organizational inertia: A tripartite model for achieving strategic organizational change [J]. The Journal of Applied Business and Economics, 2008, 8 (1): 82-94.

[133] Granados N., Gupta A. Transparency strategy: Competing with information in a digital world [J]. MIS Quarterly, 2013, 37 (2): 637-642.

[134] Greenwood R., Suddaby R. Institutional entrepreneurship in mature fields: The big five accounting firms [J]. Academy of Management Journal, 2006, 49 (1): 27-48.

[135] Guitert M., Romeu T., Colas F. Basic digital competences for unemployed citizens: Conceptual framework and training model [J]. Cogent Education, 2020, 7 (1): 1748469.

[136] Gulati R., Lavie D., Madhavan R. How do networks matter? The performance effects of interorganizational networks [J]. Research in Organizational Behavior, 2011, 31, 207-224.

[137] Gurbaxani V., Dunkle D. Gearing up for successful digital transformation [J]. MIS Quarterly Executive, 2019, 18 (3): 6-23.

［138］Hanelt A. , Bohnsack R. , Marz D. , Antunes Marante, C. A systematic review of the literature on digital transformation: Insights and implications for strategy and organizational change ［J］. Journal of Management Studies, 2021, 58 （5）: 1159-1197.

［139］Harrington J. , Guimaraes T. Corporate culture, absorptive capacity and IT success ［J］. Information and Organization, 2005, 15 （1）: 39-63.

［140］Hauser A. , Eggers F. , Güldenberg S. Strategic decision – making in SMEs: Effectuation, causation, and the absence of strategy ［J］. Small Business Economics, 2020, 54: 775-790.

［141］Hayton J. , Cacciotti G. Is there an entrepreneurial culture? A review of empirical research ［J］. Entrepreneurship & Regional Development, 2013, 25 （9-10）: 708-731.

［142］He C. , Lu J. , Qian H. Entrepreneurship in China ［J］. Small Business Economics, 2019, 52 （3）: 563-572.

［143］He Q. , Meadows M. , Angwin D. , et al. Strategic alliance research in the era of digital transformation: Perspectives on future research ［J］. British Journal of Management, 2020, 31 （3）: 589-617.

［144］Hellriegel J. Leadership ［M］. New York: Harper & Row, 2006: 11-121.

［145］Hess T. , Matt C. , Benlian A. , et al. Options for formulating a digital transformation strategy ［J］. MIS Quarterly Executive, 2016, 15 （2）: 123-139.

［146］Hilbert M. Digital technology and social change: The digital transformation of society from a historical perspective ［J］. Dialogues in Clinical Neuroscience, 2020, 22 （2）: 189-194.

［147］Hinings B. , Gegenhuber T. , Greenwood R. Digital innovation and transformation: An institutional perspective ［J］. Information and Organization, 2018, 28 （1）: 52-61.

［148］Hoffmann H. Strategies for managing a portfolio of alliances ［J］. Strategic Management Journal, 2007, 28 （8）: 827-856.

［149］Hoogstraaten J. , Frenken K. , Boon C. The study of institutional entrepreneurship and its implications for transition studies ［J］. Environmental Innovation and Societal Transitions, 2020, 36 （11）: 114-136.

［150］Hoopes D. G. , Madsen T. L. , Walker G. Guest editors' introduction to the special issue: Why is there a resource-based view? Toward a theory of competitive heterogeneity [J]. Strategic Management Journal, 2003, 24 (10): 889-902.

[151] Huang X., Kristal M., Schroeder G. Linking learning and effective process implementation to mass customization capability [J]. Journal of Operations Management, 2008, 26 (6): 714-729.

[152] Hul E., Hung Y., Hair N., et al. Taking advantage of digital opportunities: A typology of digital entrepreneurship [J]. International Journal of Networking and Virtual Organizations, 2007, 4 (3): 290-303.

[153] Ismail M. H., Khater M., Zaki M. Digital business transformation and strategy: What do we know so far [J]. Cambridge Service Alliance, 2017, 10 (1): 1-35.

[154] Iyanna S., Kaur P., Ractham P., Talwar, S., Islam N. Digital transformation of healthcare sector. What is impeding adoption and continued usage of technology-driven innovations by end-users? [J]. Journal of Business Research, 2022, 153: 150-161.

[155] Jafari-Sadeghi V., Garcia-Perez A., Candelo E., Couturier J. Exploring the impact of digital transformation on technology entrepreneurship and technological market expansion: The role of technology readiness, exploration and exploitation [J]. Journal of Business Research, 2021, 124 (1): 100-111.

[156] Järvensivu T., Möller K. Metatheory of network management: A contingency perspective [J]. Industrial Marketing Management, 2009, 38 (6): 654-661.

[157] Jensen T., Andersen B., Bro L., et al. Conceptualizing and measuring transformational and transactional leadership [J]. Administration & Society, 2019, 51 (1): 3-33.

[158] Jeong W., Ha S., Lee H. How to measure social capital in an online brand community? A comparison of three social capital scales [J]. Journal of Business Research, 2021, 131: 652-663.

[159] Jones D., Hutcheson S., Camba D. Past, present, and future barriers to digital transformation in manufacturing: A review [J]. Journal of Manufacturing Systems, 2021, 60: 936-948.

[160] Joshi M., Kathuria R., Das S. Corporate entrepreneurship in the digital era: The cascading effect through operations [J]. Journal of Entrepreneurship, 2019,

28 (1): 4-34.

[161] Khan V. , Hafeez M. H. , Rizivi S. M. H. , et al. Relationship of leadership styles, employees commitment and organization performance A study on custower support representatives [J]. European Journal of Economics, Finance and Administrative Sciences, 2012, 49: 133-143.

[162] Kaleka A. Studying resource and capability effects on export venture performance [J]. Journal of World Business, 2012, 47 (1): 93-105.

[163] Kane C. , Palmer D. , Phillips N. , et al. Strategy, not technology, drives digital transformation [J]. MIT Sloan Management Review, 2015, 25 (6): 27-56.

[164] Kane G. The technology fallacy: People are the real key to digital transformation [J]. Research-Technology Management, 2019, 62 (6): 44-49.

[165] Karimi J. , Walter Z. The role of dynamic capabilities in responding to digital disruption: A factor-based study of the newspaper industry [J]. Journal of Management Information Systems, 2015, 32 (1): 39-81.

[166] Khanna, T. The scope of alliances [J]. Organization Science, 1998, 9 (3): 255-433.

[167] Khatiri M. , Taghi Y. , Gholami R. , et al. Personality characteristics, managers' financial intelligence and corporate performance [J]. Financial Accounting Knowledge, 2019, 6 (3): 141-165.

[168] Khin S. , Ho T. Digital technology, digital capability and organizational performance: A mediating role of digital innovation [J]. International Journal of Innovation Science, 2019, 11 (2): 177-195.

[169] Konopik J. , Jahn C. , Schuster T. , et al. Mastering the digital transformation through organizational capabilities: A conceptual framework [J]. Digital Business, 2022, 2 (2): 100019.

[170] Král P. , Králová V. Approaches to changing organizational structure: The effect of drivers and communication [J]. Journal of Business Research, 2016, 69 (11): 5169-5174.

[171] Kraus S. , Palmer C. , Kailer N. , et al. Digital entrepreneurship: A research agenda on new business models for the twenty-first century [J]. International Journal of Entrepreneurial Behavior & Research, 2019, 25 (2): 353-375.

［172］Kreps M. Corporate culture and economic theory ［J］. Perspectives on Positive Political Economy, 1990, 90 (8): 109-110.

［173］Kreiser P., Kuratko D., Covin J., et al. Corporate entrepreneurship strategy: Extending our knowledge boundaries through configuration theory ［J］. Small Business Economics, 2001, 56 (2): 739-758.

［174］Lavie D. Capability reconfiguration: An analysis of incumbent responses to technological change ［J］. Academy of Management Review, 2006, 31 (1): 153-174.

［175］Li K., Kim J., Lang K. R., et al. How should we understand the digital economy in Asia? Critical assessment and research agenda ［J］. Electronic Commerce research and Applications, 2020, 44: 101004.

［176］Liao Y., Deschamps F., Loures R., et al. Past, present and future of Industry 4.0-a systematic literature review and research agenda proposal ［J］. International Journal of Production Research, 2017, 55 (12): 3609-3629.

［177］Lee W., Lev B., Yeo G. Organizational structure and earnings management ［J］. Journal of Accounting, Auditing & Finance, 2007, 22 (2): 293-331.

［178］Li H., Atuahene-Gima K. Product innovation strategy and the performance of new technology ventures in China ［J］. Academy of Management Journal, 2001, 44 (6): 1123-1134.

［179］Li H., Wu Y., Cao D., et al. Organizational mindfulness towards digital transformation as a prerequisite of information processing capability to achieve market agility ［J］. Journal of Business Research, 2021, 122: 700-712.

［180］Li K., Mai F., Shen R., et al. Measuring corporate culture using machine learning ［J］. The Review of Financial Studies, 2021, 34 (7): 3265-3315.

［181］Li R., Rao J., Wan L. The digital economy, enterprise digital transformation, and enterprise innovation ［J］. Managerial and Decision Economics, 2022, 43 (7): 2875-2886.

［182］Liu W., Gumah B. Leadership style and self-efficacy: The influences of feedback ［J］. Journal of Psychology in Africa, 2020, 30 (4): 289-294.

［183］Llopis-Albert C., Rubio F., Valero F. Impact of digital transformation on the automotive industry ［J］. Technological Forecasting and Social Change, 2021, 162: 120343.

［184］ Lemon N. , Garvis S. Pre-service teacher self-efficacy in digital technology ［J］. Teachers and Teaching, 2016, 22（3）: 387-408.

［185］ Mair J. , Marti I. Entrepreneurship in and around institutional voids: A case study from Bangladesh ［J］. Journal of Business Venturing, 2009, 24（5）: 419-435.

［186］ Maldonado C. , Quintana M. Leadership in the face of digital transformation in an Ecuadorian manufacturing company in 2020 ［J］. Journal of Business and Entrepreneurial Studies, 2022, 6（1）: 1-17.

［187］ Malodia S. , Mishra M. , Fait M. , et al. To digit or to head? Designing digital transformation journey of SMEs among digital self-efficacy and professional leadership ［J］. Journal of Business Research, 2023, 157: 113547.

［188］ Mäkiö-Marusik E. , Colombo W. , Mäkiö J. , et al. Concept and case study for teaching and learning industrial digitalization ［J］. Procedia Manufacturing, 2019, 31（2）: 97-102.

［189］ Marakas M. , Yi Y. , Johnson D. The multilevel and multifaceted character of computer self-efficacy: Toward clarification of the construct and an integrative framework for research ［J］. Information Systems Research, 1998, 9（2）: 126-163.

［190］ Maran K. , Liegl S. , Davila A. , et al. Who fits into the digital workplace? Mapping digital self-efficacy and agility onto psychological traits ［J］. Technological Forecasting and Social Change, 2022, 175: 121352.

［191］ Marsh P. The new industrial revolution: Consumers, globalization and the end of mass production ［M］. New Heaven, CT: Yale University Press, 2012.

［192］ Martínez-León M. , Martínez-García A. The influence of organizational structure on organizational learning ［J］. International Journal of Manpower, 2011, 32（5/6）: 537-566.

［193］ Matt C. , Hess T. , Benlian A. Digital transformation strategies ［J］. Business & Information Systems Engineering, 2015, 57: 339-343.

［194］ Mehrvarz M. , Heidari E. , Farrokhnia M. , Noroozi O. The mediating role of digital informal learning in the relationship between students' digital competence and their academic performance ［J］. Computers & Education, 2021, 167: 104184.

［195］ Meier J. , O'Toole J. Managerial strategies and behaviour in networks: A model with evidence from U. S. public education ［J］. Journal of Public Administration

Research and Theory, 2001, 11 (3): 271-294.

[196] Merz A., He Y., Vargo L. The evolving brand logic: A service-dominant logic perspective [J]. Journal of the Academy of Marketing Science, 2009, 37 (2): 328-344.

[197] Mintzberg H., Westley F. Decisin making: It's not what you think [J]. MIT Sloan Management Review, 2001, 42 (3): 89-93.

[198] Molenaar K., Brown H., Caile S., et al. Corporate culture [J]. Professional Safety, 2002, 47 (7): 18-27.

[199] Möller K., Halinen A. Business relationships and networks: Managerial challenge of network era [J]. Industrial Marketing Management, 1999, 28 (5): 413-427.

[200] Monaghan S., Tippmann E., Coviello N. Born digitals: Thoughts on their internationalization and a research agenda [J]. Journal of International Business Studies, 2020, 51 (1): 11-22.

[201] Nadkarni S., Prügl R. Digital transformation: A review, synthesis and opportunities for future research [J]. Management Review Quarterly, 2021, 71 (2): 233-341.

[202] Nambisan S., Lyytinen K., Majchrzak A., et al. Digital innovation management: Reinventing innovation management research in a digital world [J]. MIS Quarterly, 2017, 41 (1): 223-238.

[203] Nambisan S., Wright M. Feldman M. The digital transformation of innovation and entrepreneurship: Progress, challenges and key themes [J]. Research Policy, 2019, 48 (8): 103-123.

[204] Newbert L. Value, rareness, competitive advantage, and performance: A conceptual-level empirical investigation of the resource-based view of the firm [J]. Strategic Management Journal, 2008, 29 (7): 745-768.

[205] Norveel J., Gonzalez R., Presthus W. Basic digital competence in Norwegian banking [J]. Procedia Computer Science, 2022, 196: 183-190.

[206] Ojasalo J. Key network management [J]. Industrial Marketing Management, 2004, 33 (3): 195-205.

[207] Opland E., Pappas O., Engesmo J., et al. Employee-driven digital innovation: A systematic review and a research agenda [J]. Journal of Business Re-

search, 2022, 143: 255-271.

［208］Organisation for Economic Co-operation and Development （OECD）. The future of education and skills: Education 2030 ［R］. OECD Education Working Papers, 2018.

［209］Paiola M., Saccani, N., Perona M., Gebauer H. Moving from products to solutions: Strategic approaches for developing capabilities ［J］. European Management Journal, 2013, 31 （4）: 390-409.

［210］Peng J., Li, M., Wang, Z., Lin, Y. Transformational leadership and employees' reactions to organizational change: Evidence from a meta - analysis ［J］. The Journal of Applied Behavioral Science, 2021, 57 （3）: 369-397.

［211］Peng M W., Sun S L., Pinkham B., et al. The institution-based view as a third leg for a strategy tripod ［J］. Academy of Management Perspectives, 2009, 23 （3）: 63-81.

［212］Peng Y., Tao C. Can digital transformation promote enterprise performance? From the perspective of public policy and innovation ［J］. Journal of Innovation & Knowledge, 2022, 7 （3）: 100198.

［213］Pesha A. The development of digital competencies and digital literacy in the 21st century: A survey of studies ［J］. Education and Self Development, 2022, 17 （1）: 201-220.

［214］Pillai R., Schriesheim C. A., Willams S. Fairness perceptions and trust as mediators for transformational and transactional leadership: A two - sample study ［J］. Journal of Management, 1999, 25 （6）: 897-933.

［215］Porfírio A., Carrilho T., Felício A., et al., Leadership characteristics and digital transformation ［J］. Journal of Business Research, 2021, 124: 610-619.

［216］Proksch D., Rosin F., Stubner S., et al. The influence of a digital strategy on the digitalization of new ventures: The mediating effect of digital capabilities and a digital culture ［J］. Journal of Small Business Management, 2021, 62 （6）: 1-29.

［217］Pumptow M., Brahm T. Students' digital media self-efficacy and its importance for higher education institutions: Development and validation of a survey instrument ［J］. Technology, Knowledge and Learning, 2021, 26: 555-575.

［218］Quinn E., Spreitzer M. The psychometrics of the competing values culture instrument and an analysis of the impact of organizational culture on quality of life

［J］. Research in Organizational Change and Development, 1991, 5: 115-142.

［219］ Reck F., Fliaster A., Kolloch M. How to build a network that facilitates firm-level Innovation: An integration of structural and managerial perspectives ［J］. Journal of Management Studies, 2022, 59 (4): 998-1031.

［220］ Reed R, DeFillippi J. Causal ambiguity, barriers to imitation, and sustainable competitive advantage ［J］. Academy of Management Review, 1990, 15 (1): 88-102.

［221］ Richard S., Pellerin R., Bellemare J., Perrier, N. A business process and portfolio management approach for Industry 4.0 transformation ［J］. Business Process Management Journal, 2021, 27 (2): 505-528.

［222］ Rigtering J., Behrens M. The Effect of corporate: Start-up collaborations on corporate entrepreneurship ［J］. Review of Managerial Science, 2021, 15: 2427-2454.

［223］ Romanelli E., Tushman L. Organizational transformation as punctuated equilibrium: An empirical test ［J］. Academy of Management Journal, 1994, 37 (5): 1141-1166.

［224］ Rudeloff C., Pakura S., Eggers F., et al. It takes two to tango: The interplay between decision logics, communication strategies and social media engagement in start-ups ［J］. Review of Managerial Science, 2022, 16 (3): 681-712.

［225］ Saarikko T., Westergren U., Blomquist T. Digital transformation: Five recommendations for the digitally conscious firm ［J］. Business Horizons, 2020, 63 (6): 825-839.

［226］ Sadreddin A., Chan E. Pathways to developing information technology-enabled capabilities in born-digital new ventures ［J］. International Journal of Information Management, 2023, 68: 102572.

［227］ Santoro G., Quaglia R., Pellicelli C., De Bernardi P. The interplay among entrepreneur, employees, and firm level factors in explaining SMEs openness: A qualitative micro-foundational approach ［J］. Technological Forecasting and Social Change, 2020, 151: 119820.

［228］ Sarasvathy S. Causation and effectuation: Toward a theoretical shift from economic inevitability to entrepreneurial contingency ［J］. The Academy of Management Review, 2001, 26 (2): 243-263.

［229］ Sarkar B. , Aulakh P. S. , Madhok A. Process capabilities and value generation in alliance portfolios ［J］. Organization Science, 2009, 20 (3): 583-600.

［230］ Schilke O. , Goerzen A. Alliance management capability: An investigation of the construct and its measurement ［J］. Journal of Management, 2010, 36: 1192-219.

［231］ Scott R. Institutions and organizations ［M］. Thousand Oaks, CA: Sage, 1995.

［232］ Scuotto V. , Nicotra M. , Del Giudice M. , Krueger N. , Gregori G. L. A microfoundational perspective on SMEs' growth in the digital transformation era ［J］. Journal of Business Research, 2021, 129: 382-392.

［233］ Sebastian M. , Moloney G. , Ross W. , et al. How big old companies navigate digital transformation ［J］. MIS Quarterly Executive, 2017, 16 (3): 197-213.

［234］ Shakina E. , Parshakov P. , Alsufiev A. Rethinking the corporate digital divide: The complementarity of technologies and the demand for digital skills ［J］. Technological Forecasting and Social Change, 2021, 162: 120405.

［235］ Sheng S. , Zhou Z. , Li J. The effects of business and political ties on firm performance: Evidence from China ［J］. Journal of Marketing, 2011, 75 (1): 1-15.

［236］ Shu C. , De Clercq D. , Zhou Y. , et al. Government institutional support, entrepreneurial orientation, strategic renewal, and firm performance in transitional China ［J］. International Journal of Entrepreneurial Behavior & Research, 2019, 25 (3): 433-456.

［237］ Singh S. , Sharma M. , Dhir S. Modeling the effects of digital transformation in Indian manufacturing industry ［J］. Technology in Society, 2021, 67:101763.

［238］ Sjödin R. , Parida V. , Kohtamäki M. Capability configurations for advanced service offerings in manufacturing firms: Using fuzzy set qualitative comparative analysis ［J］. Journal of Business Research, 2016, 69 (11): 5330-5335.

［239］ Soifer H. D. The causal logic of critical junctures ［J］. Comparative Political Studies, 2012, 45 (12): 1572-1597.

［240］ Solberg E. , Traavik, L. E. , Wong, S. I. Digital mindsets: Recognizing and leveraging individual beliefs for digital transformation ［J］. California Management Review, 2020, 62 (4): 105-124.

［241］Song M. , Zhao Y L. , Di Benedetto A. Do perceived pioneering advantages lead to first-mover decisions? ［J］. Journal of Business Research, 2013, 66 (8): 1143-1152.

［242］Stephan U. , Uhlaner M. , Stride C. Institutions and social entrepreneurship: The role of institutional voids, institutional support, and institutional configurations ［J］. Journal of International Business Studies, 2015, 46: 308-331.

［243］Subramaniam M. , Venkatraman N. Determinants of transnational new product development capability: Testing the influence of transferring and deploying tacit overseas knowledge ［J］. Strategic Management Journal, 2001, 22 (4): 359-378.

［244］Suwanto S. , Sunarsi D. , Achmad W. Effect of transformational leadership, servant leadershi, and digital transformation on MSMEs performance and work innovation capabilities ［J］. Central European Management Journal, 2022, 30 (4): 751-762.

［245］Sydow J. , Schreyögg G. , Koch J. On the theory of organizational path dependence: Clarifications, replies to objections, and extensions ［J］. Academy of Management Review, 2020, 45 (4): 717-734.

［246］Tabrizi B. , Lam E. , Girard K. , et al. Digital transformation is not about technology ［J］. Harvard Business Review, 2019, 13 (3): 1-6.

［247］Tekic Z. , Koroteev D. From disruptively digital to proudly analog: A holistic typology of digital transformation strategies ［J］. Business Horizons, 2019, 62 (6): 683-693.

［248］Tepper B. , Dimotakis N. , Lambert L. Examining follower responses to transformational leadership from a dynamic, person - environment fit perspective ［J］. Academy of Management Journal, 2018, 61 (4): 1343-1368.

［249］To K. , Martinez G. , Orero-Blat M. , Chau P. Predicting motivational outcomes in social entrepreneurship: Roles of entrepreneurial self-efficacy and situational fit ［J］. Journal of Business Research, 2020, 121: 209-222.

［250］Tuli R. , Kohli K. , Bharadwaj G. Rethinking customer solutions: From product bundles to relational processes ［J］. Journal of Marketing, 2007, 71 (3): 1-17.

［251］Ulrich D. , Lake D. Organizational capability: Creating competitive advantage ［J］. Academy of Management Perspectives, 1991, 5 (1): 77-92.

［252］Van Laar E. , Van Deursen J. , Van Dijk A. , et al. The relation between 21st-century skills and digital skills: A systematic literature review ［J］. Computers in Human Behavior. 2017, 72: 577-588.

［253］Varadarajan R. , Yadav S. , Shankar V. First-mover advantage in an Internet-enabled market environment: Conceptual framework and propositions ［J］. Journal of the Academy of Marketing Science, 2008, 36 (3): 293-308.

［254］Vargo L. , Lusch F. Evolving to a new dominant logic for marketing ［J］. Journal of Marketing, 2004, 68 (1): 1-17.

［255］Vargo L. , Lusch F. Institutions and axioms: An extension and update of service-dominant logic ［J］. Journal of the Academy of Marketing Science, 2016, 44 (1): 5-23.

［256］Verhoef P. , Broekhuizen T. , Bart Y. , et al. Digital transformation: A multidisciplinary reflection and research agenda ［J］. Journal of Business Research, 2021, 122: 889-901.

［257］Vial G. Understanding digital transformation: A review and a research agenda ［J］. The Journal of Strategic Information Systems, 2019, 28 (2): 118-144.

［258］Volberda W. , Khanagha S. , Baden-Fuller C. , et al. Strategizing in a digital world: Overcoming cognitive barriers, reconfiguring routines and introducing new organizational forms ［J］. Long Range Planning, 2021, 54 (5): 102-210.

［259］Walker M. , O' Toole Jr J. , Meier J. It's where you are that matters: The networking behaviour of English local government officers ［J］. Public Administration, 2007, 85 (3): 739-756.

［260］Warner R. , Wäger M. Building dynamic capabilities for digital transformation: An ongoing process of strategic renewal ［J］. Long Range Planning, 2019, 52 (3): 326-349.

［261］Whitmore A. , Agarwal A. , Li D. X. The internet of things: A survey of topics and trends ［J］. Information Systems Frontiers, 2015, 17 (3): 261-274.

［262］Wei J. , Sun C. , Wang Q. , Pan Q. The critical role of the institution-led market in the technological catch-up of emerging market enterprises: Evidence from Chinese enterprises ［J］. R & D Management, 2020, 50 (4): 478-493.

［263］Westerman G. Why digital transformation needs a heart ［J］. MIT Sloan Management Review, 2016, 58 (1): 19-21.

［264］Westerman G. , Bonnet D. Revamping your business through digital transformation ［J］. MIT Sloan Management Review, 2015, 56 （3）: 10-13.

［265］Westerman G. , Bonnet D. , McAfee A. The nine elements of digital transformation ［J］. MIT Sloan Management Review, 2014, 55 （3）: 1-6.

［266］Winasis S. , Djumarno, Riyanto S. , Ariyanto E. Digital transformation in the Indonesian banking industry: Impact on employee engagement ［J］. International Journal of Innovation, Creativity and Change, 2020, 12 （4）: 528-543.

［267］Wu Q. , Wang S. , Zhou A. , et al. Effects of digital transformation and environmental resource integration capability on medical equipment suppliers' green innovation performance ［J］. Scientific Reports, 2023, 13 （1）: 17559.

［268］Xie Y. , Chen Z. , Boadu F. , et al. How does digital transformation affect agricultural enterprises' pro-land behavior: The role of environmental protection cognition and cross-border search ［J］. Technology in Society, 2022, 70: 101991.

［269］Yang H. , Zhou D. Perceived organizational support and creativity of science-technology talents in the digital age: The effects of affective commitment, innovative self-efficacy and digital thinking ［J］. Psychology Research and Behavior Management, 2022, 15: 2421-2437.

［270］Yli-Renko H. , Janakiraman R. How customer portfolio affects new product development in technology-based entrepreneurial firms ［J］. Journal of Marketing, 2008, 72 （5）: 131-148.

［271］Yuan L. , Chen X. Managerial learning and new product innovativeness in high-tech industries: Curvilinear effect and the role of multilevel institutional support ［J］. Industrial Marketing Management, 2015, 50: 51-59.

［272］Zahra S. Environment, corporate entrepreneurship, and financial performance: A taxonomic approach ［J］. Journal of Business Venturing, 1993, 8 （4）: 319-340.

［273］Zahoor N. , Zopiatis A. , Adomako S. , Lamprinakos G. The micro-foundations of digitally transforming SMEs: How digital literacy and technology interact with managerial attributes ［J］. Journal of Business Research, 2023, 159: 113755.

［274］Zhang H. , Chen K. , Schlegel R. How do people judge meaning in goal-directed behaviors: The interplay between self-concordance and performance ［J］. Personality and Social Psychology Bulletin, 2018, 44 （11）: 1582-1600.

［275］Zhang X. , Xu Y. , Ma L. Information technology investment and digital transformation: The roles of digital transformation strategy and top management ［J］. Business Process Management Journal, 2023, 29 (2): 528-549.

［276］Zhang W. , Zhang T. , Li H. , et al. Dynamic spillover capacity of R&D and digital investments in China's manufacturing industry under long-term technological progress based on the industry chain perspective ［J］. Technology in Society, 2022, 71: 102129.

［277］Zhang J. , Lyu Y. , Li Y. , et al. Digital economy: An innovation driving factor for low-carbon development ［J］. Environmental Impact Assessment Review, 2022, 96: 106821.

［278］Zhao H. , Seibert E. , Hills E. The mediating role of self-efficacy in the development of entrepreneurial intentions ［J］. Journal of Applied Psychology, 2005, 90 (6): 1265-1272.

［279］Zhao Y. , Llorente P. , Gómez S. Digital competence in higher education research: A systematic literature review ［J］. Computers & Education, 2021, 168: 104212.

［280］Zhuo C. , Chen J. Can digital transformation overcome the enterprise innovation dilemma: Effect, mechanism and effective boundary? ［J］. Technological Forecasting and Social Change, 2023, 190: 122378.

［281］Zhou Z. , Brown R. , Dev S. Market orientation, competitive advantage, and performance: A demand-based perspective ［J］. Journal of Business Research, 2009, 62 (11): 1063-1070.

附　录

调研问卷一

尊敬的先生/女士：

您好！我们是重庆理工大学课题组，正在进行一项有关公司数字化转型的学术研究。我们真诚地希望您能参与我们的研究，让我们共同推动中国企业健康成长！

我们郑重地向您声明：本次问卷调查不会收集任何有关您个人及公司经营活动的信息和数据，也不涉及任何个人隐私和商业机密；所收集到的全部资料仅供学术研究使用，绝无任何商业用途。谢谢您的支持！

重庆理工大学创新驱动创业协同研究中心
2022 年 6 月

Ⅰ. 企业基本情况

1. 贵公司成立的年限为（单项选择，请在正确答案前画"√"）：

□42 个月以下　□42 个月~5 年　□6~10 年　□11~20 年　□20 年以上

2. 截至目前，贵公司正式员工人数为（单项选择，请在正确答案前画"√"）：

□50 人以下　□50~149 人　□150~299 人

□300~499 人　□500 人及以上

3. 贵公司的产品/服务形式主要是（单项选择，请在正确答案前画"√"）：

□以产品为主、服务为辅　□单纯产品

□以服务为主、产品为辅　□单纯服务

4. 贵公司的所有制形式为（单项选择，请在正确答案前画"√"）：

□国有企业　□混合所有制企业　□私营企业（含三资企业）

5. 贵公司所在地区位于（单项选择，请在正确答案前画"√"）：

□西南地区　□西北地区　□华中地区　□华南地区

□华北地区　□华东地区　□东北地区　□其他

Ⅱ. 企业经营及管理活动评价 填写问卷前恳请仔细阅读如下说明：

以下各项是对企业经营活动的详细描述，请根据您公司的实际情况逐一进行对比评价。"1"表示完全不同意（完全不符合您公司的实际情况），"3"表示不确定，"5"表示完全同意（完全符合您公司的实际情况）。"1"至"5"之间表示您对本问项认同程度由低到高的变化，请您在认可的数字上画"√"或"○"。

序号	题项	完全不同意	基本不同意	不确定	基本同意	完全同意
1	企业在内部管理中充分使用信息通信技术	1	2	3	4	5
2	企业将 IT 技术应用于模拟任务以创建信息	1	2	3	4	5
3	企业将模拟信息/任务编码转换为数字信息/任务	1	2	3	4	5
4	企业将生产运营、管理及业务等通过软件等转化为数据	1	2	3	4	5
5	企业运用信息技术改变了管理及业务流程	1	2	3	4	5
6	企业运用软件、平台等信息技术与客户建立紧密联系	1	2	3	4	5
7	企业利用信息技术提高工艺或产品质量	1	2	3	4	5
8	企业运用信息技术实现生产设备之间的连接	1	2	3	4	5
9	企业利用数字技术挖掘新商业机会、重塑商业模式	1	2	3	4	5
10	企业利用数字技术重塑顾客偏好，为市场创造新价值	1	2	3	4	5
11	数字技术的应用改变企业、顾客和竞争对手之间的角色	1	2	3	4	5
12	企业利用数字技术重组业务，以获得竞争优势	1	2	3	4	5

续表

序号	题项	完全不同意	基本不同意	不确定	基本同意	完全同意
13	我可以熟练地使用至少一个操作系统（如 Windows、Android、IOS 等）	1	2	3	4	5
14	我能够操作至少与个人计算机相关的硬件（如台式机、笔记本电脑、平板电脑或智能手机）	1	2	3	4	5
15	我能够使用各种应用程序	1	2	3	4	5
16	我可以通过使用数字技术完成合作	1	2	3	4	5
17	我可以整合和重新制作数字内容	1	2	3	4	5
18	我有意识地保护个人数据和隐私	1	2	3	4	5
19	我能确定工作任务的需求并施以技术响应	1	2	3	4	5
20	我非常享受自己对于数字技术的把控能力	1	2	3	4	5
21	我有动力去学习新的数字技术以获得新知识	1	2	3	4	5
22	我认为我对数字技术应用得很熟练	1	2	3	4	5
23	上级在完成团队目标的过程中极力展示魄力与自信	1	2	3	4	5
24	上级总是向团队成员表达对高绩效的热切期望	1	2	3	4	5
25	上级努力给团队描绘鼓舞人心的未来	1	2	3	4	5
26	上级始终给团队传达一种使命感	1	2	3	4	5
27	当团队成员表现良好时，上级会给予积极反馈和奖励	1	2	3	4	5
28	当团队成员工作效率高时，上级会给予特别关注和赞扬	1	2	3	4	5
29	如果团队成员表现得很差，上级会表示不满和批评	1	2	3	4	5
30	当团队成员工作效率没有达到目标时，上级会立刻指出	1	2	3	4	5
31	我们与合作伙伴密切沟通，随时了解他们的情况和需求	1	2	3	4	5
32	我们定期监控我们关系的状态和发展，涉及合作伙伴的目标、潜力和环境	1	2	3	4	5
33	我们为每个交换关系分配具有相应能力的内部负责人	1	2	3	4	5
34	我们共同制定并执行跨公司的流程和合作标准	1	2	3	4	5
35	我们积极寻找新的潜在知识交流合作伙伴	1	2	3	4	5
36	我们评估合作伙伴之间的相互依赖、冲突和协同作用，以全面协调我们的关系组合	1	2	3	4	5
37	我们根据公司的业务战略制定修改和使用我们网络的目标	1	2	3	4	5

调 研 问 卷 二

尊敬的先生/女士:

您好!我们是重庆理工大学课题组,正在进行一项有关制造企业数字化应用的学术研究。我们真诚地希望您能参与我们的研究,让我们共同推动中国制造企业健康成长!

我们郑重地向您声明:本次问卷调查不会收集任何有关您个人及公司经营活动的信息和数据,也不涉及任何个人隐私和商业机密;所收集到的全部资料仅供学术研究使用,绝无任何商业用途。谢谢您的支持!

重庆理工大学创新驱动创业协同研究中心
2022 年 12 月

Ⅰ.企业基本情况

1. 贵公司成立的年限为(单项选择,请在正确答案前画"√"):

□3 年以下 □3~6 年 □7~15 年 □15 年以上

2. 截至目前,贵公司正式员工人数为(单项选择,请在正确答案前画"√"):

□100 人以下 □100~200 人 □201~400 人

□401~700 人 □700 人及以上

3. 贵公司所在地区位于(单项选择,请在正确答案前画"√"):

□西南地区 □西北地区 □华中地区 □华北地区

□华南地区 □东北地区 □华东地区 □其他

4. 贵公司在制造业中属于(单项选择,请在正确答案前画"√"):

□轻纺工业 □资源加工工业 □机械电子制造工业 □其他

5. 下列题项描述贵公司目前的数字化应用现状最准确的是(单项选择,请在正确答案前画"√"):

□S1. 运用软件和系统将管理及运营资料和信息编码成数字格式,通过计算机存储、处理和传输数据,并将这些数据作为各项管理活动的依据和基础

□S2. 运用数字技术改变商业模式或提供数字技术支持的产品和服务，为企业带来新的收入来源和价值创造机会

□S3. 运用能创造新价值的数字技术对管理结构和经营流程进行根本性改变，为企业创造新的管理模式和经营方式

Ⅱ. 企业经营及管理活动评价 填写问卷前恳请仔细阅读如下说明：

以下各项是对企业经营活动的详细描述，请根据您公司的实际情况逐一进行对比评价。"1"表示完全不同意（完全不符合您公司的实际情况），"3"表示不确定，"5"表示完全同意（完全符合您公司的实际情况）。"1"至"5"之间表示您对本问项认同程度由低到高的变化，请您在认可的数字上画"√"或"○"。

序号	题项	完全不同意	基本不同意	不确定	基本同意	完全同意
1	管理层在完成目标的过程中极力展示魄力与自信	1	2	3	4	5
2	管理层总是向员工表达对高绩效的热切期望	1	2	3	4	5
3	管理层努力给员工描绘鼓舞人心的未来	1	2	3	4	5
4	管理层始终给员工传达一种使命感	1	2	3	4	5
5	当员工表现良好时，管理层会给予积极反馈和奖励	1	2	3	4	5
6	当员工工作效率高时，管理层会给予特别关注和赞扬	1	2	3	4	5
7	如果员工表现得很差，管理层会表示不满和批评	1	2	3	4	5
8	当员工工作效率没有达到目标时，管理层会立刻指出	1	2	3	4	5
9	管理层通过分析长期机会，选择能够提供最佳回报的方案	1	2	3	4	5
10	管理层制定战略来最大限度地利用资源和能力	1	2	3	4	5
11	管理层组织并实施了控制流程，以确保达到目标	1	2	3	4	5
12	对于想要做的事情，管理层有一个清晰而一致的愿景	1	2	3	4	5
13	企业推出的最终产品/服务与最初的想法基本一致	1	2	3	4	5
14	管理层的决策很大程度上是由预期回报驱动的	1	2	3	4	5
15	企业推出的最终产品/服务与最初的想法大相径庭	1	2	3	4	5
16	重要决策的开始很难预知管理层想要的结果	1	2	3	4	5
17	决策时企业评估所拥有的资源和手段，并考虑了不同的选择	1	2	3	4	5
18	企业尝试了不同的产品和/或商业模式	1	2	3	4	5
19	企业与客户、供应商和其他合作伙伴签订了大量协议，以减少不确定性	1	2	3	4	5

序号	题项	完全不同意	基本不同意	不确定	基本同意	完全同意
20	管理层的决策很大程度上是由企业能承受多大的损失决定的	1	2	3	4	5
21	管理层喜欢有机会获得高回报的高风险项目	1	2	3	4	5
22	管理层认为采取大胆和广泛的行动是实现市场目标最好的方式	1	2	3	4	5
23	企业通常是行业内第一家推出同类新产品/服务的企业	1	2	3	4	5
24	企业新业务能持续获得资源投入而不受年度预算限制	1	2	3	4	5
25	管理层喜欢从事稳定且预期回报明确的业务	1	2	3	4	5
26	管理层认为保持稳健和规范是实现市场目标最好的方式	1	2	3	4	5
27	管理层的行动是建立在明确预期收益和风险的基础上	1	2	3	4	5
28	通过计划和预算的方式来确保业务的资源配置和发展方向	1	2	3	4	5
29	企业经常为特定项目建立临时的跨部门项目团队	1	2	3	4	5
30	企业的管理者通常扮演开拓者和冒险者的角色	1	2	3	4	5
31	企业不同职能部门的员工能够及时和有效地沟通	1	2	3	4	5
32	企业强调成长性和增值性，认为协同和创新的运营非常重要	1	2	3	4	5
33	企业非常结构化，既定的程序会指导员工如何开展工作	1	2	3	4	5
34	企业的管理者通常扮演组织者和协调者的角色	1	2	3	4	5
35	明确的层级和正式的规则将企业粘合起来，这对维持平稳运行很重要	1	2	3	4	5
36	企业强调持久性和稳定性，认为高效且平稳的运营非常重要	1	2	3	4	5

调 研 问 卷 三

尊敬的先生/女士：

您好！我们正在进行一项有关我国制造企业数字化转型的学术研究，真诚地希望您能参与我们的研究，共同推动中国制造企业在数字时代健康成长！

我们郑重地声明：本次问卷调查不会收集任何有关您个人及公司经营活动的信息和数据，也不涉及任何个人隐私和商业机密；所收集到的全部资料仅供学术研究使用，绝无任何商业用途。谢谢您的支持！

若需要此次调研分析结果，请联系 librajason@ cqut. edu. cn。

重庆理工大学创新驱动创业协同研究中心

2023 年 8 月

Ⅰ. 企业基本情况

1. 贵公司成立的年限为（单项选择，请在正确答案前画"√"）：

□3 年以下　□3~6 年　□7~12 年　□13~20 年　□20 年以上

2. 截至目前，贵公司正式员工人数为（单项选择，请在正确答案前画"√"）：

□20 人以下　□20~299 人　□300~999 人　□1000 人及以上

3. 贵公司的所有制形式是（单项选择，请在正确答案前画"√"）：

□国有企业　□集体企业　□混合制企业　□私营企业　□三资企业

Ⅱ. 企业数字化活动评价

说明：以下各项是对企业数字化活动的详细描述，请根据您公司的实际情况逐一进行对比评价。"1"表示完全不同意（即完全不符合公司的实际情况），"3"表示不确定，"5"表示完全同意（即完全符合公司的实际情况）。

序号	题项	完全不同意	基本不同意	不确定	基本同意	完全同意
1	在过去的三年里，我们整合了人工智能、大数据、云计算以及社交媒体平台等数字技术，以推动组织结构和文化变革	1	2	3	4	5
2	在过去的三年里，我们整合了人工智能、大数据、云计算以及社交媒体平台等数字技术，以推动领导风格、员工角色和技能的改变	1	2	3	4	5
3	在过去的三年里，我们基于人工智能、大数据、云计算以及社交媒体平台等技术形成了新的业务流程、销售网络和渠道	1	2	3	4	5
4	在过去的三年里，我们吸收和采用数字技术（如人工智能、大数据、云计算和社交平台）以快速适应竞争环境的变化	1	2	3	4	5
5	在过去的三年里，我们基于人工智能、大数据、云计算以及社交媒体平台等技术开发新的产品或服务，积极创造新价值	1	2	3	4	5
6	我们新的业务流程建立在大数据、云计算，以及移动和社交媒体平台等数字技术基础之上	1	2	3	4	5
7	我们将大数据、云计算，以及移动和社交媒体平台等数字技术被整合在一起，以推动变革	1	2	3	4	5
8	我们的业务运营正转向利用数字技术，如大数据、云计算，以及移动和社交媒体平台	1	2	3	4	5
9	相较于主要竞争对手，我们能够优先获得优质的原材料供应	1	2	3	4	5
10	相较于主要竞争对手，我们能够抢占关键的服务分销/交付渠道	1	2	3	4	5
11	相较于主要竞争对手，我们能够更快地应用新技术进行产品或服务开发	1	2	3	4	5
12	相较于主要竞争对手，我们能够更快速地交付产品或服务	1	2	3	4	5
13	主要竞争对手很难模仿我们的产品和服务	1	2	3	4	5
14	相较丁主要竞争对手，我们的品牌更具有影响力	1	2	3	4	5
15	我们提供的产品或服务在功能、特性等方面具有独特性	1	2	3	4	5
16	对顾客而言，我们提供的产品或服务非常具有吸引力	1	2	3	4	5
17	在过去的三年里，政府、行业组织等相关机构制定了引导我们开展数字技术应用的政策和规划	1	2	3	4	5

续表

序号	题项	完全 不同意	基本 不同意	不确定	基本 同意	完全 同意
18	在过去的三年里，政府、行业组织等相关机构通过制定政策与规划，创造了我们应用数字技术的外部需求	1	2	3	4	5
19	在过去的三年里，政府、行业组织等相关机构通过制定政策与规划，鼓励我们在数字技术应用方面进行投入	1	2	3	4	5
20	在过去的三年里，政府、行业组织等相关机构为我们提供数字应用所需的技术信息和技术支持	1	2	3	4	5
21	在过去的三年里，政府、行业组织等相关机构在为我们数字应用提供资金支持方面发挥了重要作用	1	2	3	4	5
22	在过去的三年里，政府、行业组织等相关机构协助我们取得数字技术、智能制造等相关技术资源	1	2	3	4	5
23	我们能够在不增加成本的情况下增加产品种类	1	2	3	4	5
24	我们可以在保持高产量的同时定制产品	1	2	3	4	5
25	我们可以增加产品种类而不影响产品质量	1	2	3	4	5
26	我们能够根据客户的需求优质高效地生产产品	1	2	3	4	5
27	我们以提供产品为主，配套服务是支持性的	1	2	3	4	5
28	我们可以在不显著增加成本的情况下调整服务流程	1	2	3	4	5
29	我们可以在不影响品质的前提下增加服务种类	1	2	3	4	5
30	我们可以在不显著增加成本的情况下增加服务种类	1	2	3	4	5
31	我们能够根据客户的需求优质高效地开发服务	1	2	3	4	5
32	我们以提供服务为主，配套产品是业务载体	1	2	3	4	5

后 记

随着互联网和信息技术的发展，全球制造业正处于数字化变革的关键阶段；数字技术对产品市场、生产方式和企业网络产生了巨大影响，迫使制造企业进行变革以维持和获取市场竞争力。制造业是我国国民经济的基石，在面临"全球化、数字化和生态化"三重叠加的新兴产业环境下，大量的传统制造企业推进数字化转型已不是"选择题"而是"必修课"。数字化转型本质上是企业应用人工智能、区块链、云计算和大数据等数字技术对业务活动和管理流程进行变革的组织过程，是以战略方式应用数字资源重塑竞争优势的创造活动。随着数字中国建设的持续推进，我国制造业数字化水平"均值"持续提升，但产业内"方差"在不断拉大。虽然已有一些先驱的制造企业展示了数字化转型的"最佳实践"，但从产业层面看，我国制造业数字化转型的路途还任重道远。

2023年9月，中共重庆市委办公厅、重庆市人民政府办公厅印发的《深入推进新时代新征程新重庆制造业高质量发展行动方案（2023-2027年）》，坚持把制造业高质量发展放到更加突出的位置，深入推进新型工业化，加快将重庆建设成为国家重要先进制造业中心。重庆市是我国的制造业重镇，拥有全部31个制造业大类行业，工业门类齐全，产业基础坚实；在全面实现中国式现代化的建设过程中，重庆市正在"十四五"期间全力推进数字化转型以实现从"制造大市"迈向"智造重镇"的提档升级。但我们明显感觉到，在重庆既有全球领先的"灯塔工厂""黑灯工厂"等智能制造标杆企业，也有手工制作、粗放管理的家庭小作坊。在诸如赛力斯、宗申集团、青山工业、长安汽车等先行企业的引领下，中国制造企业数字化转型还有很长的路要走，理论界和实践界仍面临诸多的难题和挑战亟须应对，这便成为我们开展研究的初心与使命。

本书由李巍和李雨洋合作完成。其中，李巍负责全书的框架设计，理论篇和实证篇共六章内容的撰写，以及全书的统稿与校订工作；李雨洋负责本书案例篇共三章内容的撰写，并协助进行文献整理和书稿校订工作。同时，重庆理工大学创新驱动创业协同研究中心的全体成员也参与了本书的研究工作：硕士研究生陈薇、朱晓林、方洲、高娅楠、黄千禧和胡春霞同学在文献翻译、资料整理、数据分析、书稿校订等方面做了大量工作；刘乐意、周佳昕、张梅莹、唐宓、李亮、刘洪丽等 MBA 同学在调研数据收集、企业访谈等方面有积极参与和贡献。此外，重庆理工大学管理学院黄磊副教授、吴朝彦副教授、丁超博士、宋建敏博士，四川大学商学院博士生冯珠珠同学，中南大学商学院博士生明荷汶同学对本书的相关研究提出诸多的宝贵意见。在此，感谢团队成员的紧密合作和无私奉献，让本书得以顺利出版。

本书是教育部人文社会科学研究规划项目（编号：23YJA630048）、重庆市教委人文社会科学研究重点项目（编号：23SKGH246）的阶段成果。感谢南开大学商学院许晖教授、张玉利教授在科研道路上给予我的无私指引和提携，以及重庆大学经济与工商管理学院陈逢文教授，西南政法大学商学院韩炜教授的鼓励与共进，感谢重庆理工大学副校长廖林清教授，经济金融学院院长邱冬阳教授，科学技术研究院院长张志刚教授，研究生院院长苏平教授等领导和前辈一直以来对重庆理工大学创新驱动创业协同研究中心以及重庆市研究生导师团（"数智时代创新与创业管理研究团队"）的关心与支持，让我们有机会为学校"十四五"工商管理重点学科的建设添砖加瓦，为学校商科教育与研究贡献微薄的力量。

最后，感谢经济管理出版社赵天宇编辑对本书的认可，以及在图书编辑及出版过程中的辛勤付出，才能使本书顺利面世。本书的研究与撰写是"站在巨人肩上"的探索性工作，为此我们引用了大量的研究文献和报告，以及案例企业新闻与公众号推文，并尽力将所有引用进行了标注和罗列，但由于篇幅限制，仍难免可能有所遗漏，对此我们深表歉意。在此，向数字化创新与转型研究领域的先行者们，向制造企业数字化应用与创新实践领域的开拓者们，表达最衷心的感谢和最诚挚的敬意，我们正努力追随光、靠近光、成为光、散发光。

数字化转型既是管理与创新的技术力量，也是历史与科技的时代命题；时代塑造了我们，我们亦将努力不负时代。让我们紧扣社会经济脉搏，根植中国企业的创新实践，服务成渝地区双城经济圈，把研究做在车间工坊，把论文写在祖国大地，为社会经济与组织管理的繁荣进步做出我们应有的贡献。

　　凡是过往，皆为序章！

李巍

二零二四年初春

于山城重庆